四川省社科规划重大项目"白酒企业战略绩效评价与川酒振兴发展战略研究"（SC19EZD049）

四川省科技厅软科学项目"四川白酒产业高质量发展的测度与战略路径研究"（2022JDR0292）

五粮液与茅台发展历程对比研究（HX2019154）

白酒企业战略绩效评价与川酒振兴发展研究

陈一君　胡文莉　李予卉　武志霞　著

中国社会科学出版社

图书在版编目（CIP）数据

白酒企业战略绩效评价与川酒振兴发展研究/陈一君
等著 . —北京：中国社会科学出版社，2022.9
ISBN 978-7-5227-0251-3

Ⅰ.①白…　Ⅱ.①陈…　Ⅲ.①白酒工业—工业发展—研
究—四川　Ⅳ.①F427.71

中国版本图书馆 CIP 数据核字（2022）第 092058 号

出 版 人	赵剑英
责任编辑	李庆红
责任校对	冯英爽
责任印制	王　超

出　　版	中国社会科学出版社
社　　址	北京鼓楼西大街甲 158 号
邮　　编	100720
网　　址	http://www.csspw.cn
发 行 部	010-84083685
门 市 部	010-84029450
经　　销	新华书店及其他书店

印　　刷	北京君升印刷有限公司
装　　订	廊坊市广阳区广增装订厂
版　　次	2022 年 9 月第 1 版
印　　次	2022 年 9 月第 1 次印刷

开　　本	710×1000　1/16
印　　张	18
插　　页	2
字　　数	295 千字
定　　价	96.00 元

前　言

中国白酒产业规模大、酒文化底蕴深厚，有赤水河流域、长江流域、淮河流域与黄河流域四大名酒带，孕育了一批名优白酒企业。白酒产业作为传统产业之一，面临低端品牌及产量多，缺乏高端产品持续供给等问题，供给侧改革使白酒行业的深层次矛盾凸显。同时，在经济全球化背景下，中国酒精饮料市场不仅要与国内啤酒及红酒等酒精饮料竞争，还要应对外来洋酒的威胁，竞争变得日益激烈。能否促进白酒企业新的竞争优势，进而促进产业发展是目前白酒行业发展的重点和难点。为此，本书从企业战略入手，战略实施绩效评估方法可以协助企业部署及调整战略，适应顾客需求变动等剧烈外部环境变化，提高企业战略竞争优势。同时，对企业战略实施绩效进行综合评价，能实现长期利益最大化，对战略一致性实施动态业务管理，弥补了企业战略规划与实施之间的脱节问题。进一步，本书从产业角度分析了白酒企业竞争力，对四川白酒产业竞争力进行详细分析，并对名优白酒企业发展战略进行对比，对企业发展战略提出新思路、政府产业规划提供新依据具有重要意义。

本书综合运用管理学、经济学等相关学科知识，对白酒企业战略实施绩效、白酒产业竞争力、白酒企业发展战略及其应用进行了阐述。主要内容包括白酒企业战略实施绩效评价及其应用研究、四川白酒产业竞争力强弱分布与提升路径研究、基于与 Gmoutai 对比的 Sfive 发展战略研究三个部分，形成了一定研究成果，尚存在一定的不足之处。第一，随着企业战略实施研究的不断深入，可持续平衡计分卡的五个维度可能不能满足战略实施绩效评价的需求，所以未来研究还需要结合其他维度来对可持续平衡计分卡进行优化，使评价结果更为客观，提升企业应对外部环境变化的战略优势。第二，研究通过权变理论反映企业不同战略而建立的权变指标较少，需要更多的权变指标来补充和改进战略实施评价指标体系。本书提出的战略实施绩效研究框架和方法适用于所有白酒企业，但不同白酒企业实施不同战略，需要根据具体战略实施情况对企业战略实施绩效评价体系进一步调整，重要预测指标的也要依据不同企业的战略规划。第三，本书只对四川省白酒产业七个产区城市作了竞争力水平比较，未涉及其他省份的横向对比，形成的研究成果的层次和学术影响力尚有较大提升空间。

本书由成员陈一君、胡文莉、李予卉、武志霞参与撰写，在此感谢本书团队成员的共同努力。

本书在写作过程中，笔者参考并借鉴了大量的国内外专家学者的学术观点和最新成果，从而进一步丰富了本书的内容，在此向有关人士表示深深的谢意和敬意。

目　录

第一编　白酒企业战略实施绩效评价及其应用研究

第一章　白酒企业战略实施绩效评价及其应用研究

第一节　白酒企业战略实施研究背景

一　新时代国家主要矛盾及经济环境变化对白酒企业的影响

我国进入新时代，经济发展进入新常态，人民消费需求发生了转变，主要表现在消费媒介逐渐升级、理性消费逐渐加强、消费水平逐渐提高以及新兴消费群体不断崛起等方面。需求的改变加剧了企业、行业间竞争程度，企业经营面临更艰巨的挑战。企业经营需要一个更为有效的评价方法和工具来应对环境变化，处理经营面临的各类难题。战略实施绩效评估方法可以协助企业部署及调整战略，适应顾客需求变动等剧烈外部环境变化，提高企业战略竞争优势，进而实现长期利益最大化。精准的战略实施绩效评价对战略竞争力有明显促进作用，竞争力越强的企业越能满足新时代发展需求，进而保持可持续发展优势。

在经济环境方面，我国在进行供给侧结构改革，即传统产业创新转型及其高质量发展。白酒产业作为传统产业之一，面临低端品牌性产量多，而高端产品缺乏持续供给能力等问题。供给侧结构性改革使白酒行业发展的深层次矛盾凸显。表现在：①规模以上企业数量减少，据前沿数据库统计，2019年中国白酒规模以上企业有1176家，较2015年减少387家，行业集中度进一步提升；②产量进一步缩减，年酿酒产量（785.9万千升）较历史产量最高1358.4万千升（2016年）减少了42.15%；③行业效益维持高增长，主营业务收入达到5618亿元，较2018年增长8.46%。白酒行业的深度调整对白酒企业的战略规划完成效果产生重大影响的同时，增加了战略实施及评价难度。

二　政策支撑白酒企业发展及其自身发展的需要

近年来，白酒产业为不同区域经济发展做出了卓越贡献，地方政府已采取行动发展白酒产业，相继部署了白酒产业高质量发展政策，行业发展势不可当，白酒企业也借机迎来了新的发展机遇。贵州、四川、安徽等白酒市场机制完善，产业发展基础较好，各省政府对白酒发展逐渐重视，为白酒产业发展提供了新思路与新举措，同时还为白酒企业实现高质量可持续发展提供支持。在此背景下，企业如何通过政策引导企业发展、建设企业品牌、整合企业资源、实现战略目标，将企业投入效益发挥到最优，进而提升企业战略实施绩效并创造可持续竞争优势，是企业可持续发展重点。

此外，在经济全球化背景下，中国酒精饮料市场不仅要与国内啤酒及红酒等酒精饮料竞争，还要应对外来洋酒的威胁，竞争变得日益激烈。据华经产业研究院数据显示，2018 年中国酒类进口数量同比增长 51.6%（237.3 千升），进口金额同比增长 18.1%（56 亿美元）。随着新兴企业管理模式和观念逐渐兴起，白酒企业规模及管理范围也逐渐增长，让企业战略规划与发展的联系更加紧密。能否有效评价企业战略实施效果逐渐成为制约企业可持续发展的关键因素，白酒企业急需对战略实施绩效进行科学评价并及时反馈企业发展战略。未来拥有高效率、动态能力的企业，在市场竞争中优势更为明显。

第二节　白酒企业战略实施绩效研究目的和意义

企业作为新时代社会经济活动最基础的组织，其能否可持续高质量地发展成为社会和谐及解决人民发展需求的关键因素。白酒作为新时代民营企业经济发展与供给侧结构性改革的亮点之一，对其战略实施绩效进行综合评价，合理调整企业发展战略进行有效供给，能持续保持企业活力及可持续发展，为企业发展战略提出新思路、为政府产业规划提供新依据。白酒企业战略实施绩效的理论意义和实际意义如下。

一　理论意义

（一）建立系统化企业战略实施绩效评价模型

通过企业战略实施绩效评价的概念界定、研究方法、模型建立及应用研究等四个方面，对白酒企业战略实施绩效评价模型进行深入分析及探讨。建立白酒企业战略实施绩效分析框架及评价模型，有助于健全战略实施绩效评价方法和评价模型，为企业战略规划提供科学依据，进而推动这一理论的深入研究。在此基础上，并运用系统动力学构建白酒企业战略实施重点指标预测模型，对战略调整提供有效支持。

（二）加强学科间的融合及渗透

积极借鉴利益相关者理论及可持续发展理论，拓宽了战略研究视野，进而对战略管理理论研究有一定促进作用。并结合战略管理学、系统动力学等，多层次、多维度探究白酒企业战略内在联系和互动效果。研究白酒企业战略实施绩效，在一定程度上能补充和丰富战略管理、利益相关者及可持续发展等理论，为未来类似研究特别是企业战略实施绩效研究提供有效依据及支撑。

二　实际意义

从宏观层面看，有利于构建和谐社会及满足消费需求变化，符合宏观经济发展趋势。企业作为国民经济运行中的中坚力量，企业战略实施绩效评价模型中顾客层面及企业社会层面的战略绩效状况与人们美好生活需要密切相关。该模型关注消费需求，有助于缓解主要矛盾，同时，为新时代国民经济健康运营提供了科学及准确的测评工具，为政府宏观决策提供一定依据。

从微观层面看，一是提供理论参考依据和应用指导，对新时代白酒企业可持续高质量发展提供一定现实意义。因企业战略实施绩效评价结果具有一定可靠性，能很好地对企业战略进行合理性评价，弥补战略规划与实施之间的脱节，有助于提升酒企管理者的战略管理水平，更有利于企业调整长期战略规划及提高白酒企业供给效率；战略实施绩效能够准确认识白酒企业战略内涵和机制，改善企业发展战略。有利于优化白酒企业的管理模式及提高企业影响力，为白酒企业战略实施绩效评价提供理论参考依据和应用指导，对促进川酒振兴及新时代白酒可持续高质量发展提供一定现实意义。二是有益于建立和谐、可持续的白酒企业间良性竞争关系。后新冠肺炎疫情时代有"反全球化"呼声，但国际主流仍是经济全球化，白酒企业不仅要与国内的酒产品竞争，还要同国外强势酒类竞争。如何使白酒企业在如此激烈的竞争环境中保持可持续、高质量发展？这需要企业保持警惕，放眼未来，从战略的角度经营企业，科学地建立战略实施绩效评价模型及预测模型，为白酒企业发展提供科学的战略绩效评价依据。

第三节　国内外研究动态

一　国外企业战略绩效研究动态

企业战略定位及描述是分析企业战略绩效的基础，企业应以理性观点看待企业战略，才能在考虑外界环境和内部资源环境变化情况下对战略做出适当调整（Porter，1980）。Yamanashi（1985）认为企业制定和实施战略能力是决定企业绩效的关键因素，企业绩效水平决定着企业的经营发展。最初，国外研究关注于企业战略对企业绩效作用，如 Conant、Mokwa（1990）提出的 Miles、Snow 战略类型，Datta D. K.（1991）提出的多元化战略等类型对绩效产生的影响。随着时间的推移，学者的研究逐渐转向绩效评价度量指标及方法探索，如从财务角度提出的杜邦分析模型，特点是能较好评价短期经营效益，但缺乏对长期效益的考虑。直到 1992 年，Kaplan、Norton 提出平衡计分卡（Balanced Score card，BSC）的概念，综合了企业定量财务指标、定性与定量结合的非财务指标，囊括了完成短期绩效标准及长期规划定位，从财务、顾客、内部流程及学习与成长层面研究。进入 21 世纪后，企业评价重点逐渐从绩效层面转移到战略层面。Kaplan、Norton 从战略角度出发探究 BSC，并提出了战略地图的构想，以提高评价指标与企业战略的契合度，使 BSC 从企业绩效评价成为能够评价企业战略实施绩效的方法。并在零售企业国际化战略实施的绩效、以客服为导向的战略实施绩效等方面进行了丰富研究。此外，研究企业绩效的方法还有绩效棱柱法，基于作业的 ABPA 模式等，但此类方法不能将企业战略制定、战略实施及绩效评价进行恰当联系，研究企业战略实施绩效具有局限性。

二　国内企业战略绩效研究动态

（一）战略绩效研究动态

国内对企业战略绩效研究较晚，方振邦（2007）认为战略绩效评价在企业战略基础上进行设计绩效评价指标体系，组织需要不断改善绩效评价水平来完成组织战略。陈收等（2011）认为企业战略定位准确性及战略选择合理性是企业持续发展的保障与前提。多数学者结合 BSC 研究企业战略绩效评价，BSC 的产生标志着战略绩效评价阶段的来临。少数学者从经济学、创新及成长绩效等角度研究战略绩效评价模型，或结合利益相关者理论、绿色发展理论等方面衡量战略绩效并建模。并对粗糙集企业技术并购战略绩效，高新技术产业结构性供给侧改革等企业战略绩效进行评价。此外，部分学者针对指标赋权问题，对灰色模糊系统理论、二阶因子模型、结构方程模型、熵权法等进行深入研究，丰富指标赋权方法，使战略绩效评价更具有科学性及可操作性。

（二）战略实施绩效研究动态

研究企业战略实施绩效是保持企业竞争优势的趋势，战略实施绩效研究现状主要可从定性研究动态、定量研究动态及研究视角三个方面进行分析。

最初，战略实施绩效评价多从定性角度出发，定量研究较少，主要运用战略管理理论分析企业的竞争优势，李玉刚、白人朴（2000）提出战略实施绩效评价中信息、管理、创新等生产要素的评估是突破传统衡量指标局限性的关键；蔡跃三（2002）分析了多元化战略实施绩效，认为该战略能产生管理协同等效应能有效增加企业的价值；乔永忠、文家春（2009）探讨了知识产权战略实施绩效评价中研究的重点，主要是收集相关信息，这对于其他战略研究同等重要。随后，万小丽（2009）提出建立战略实施绩效评价体系思想，如不能过度追求数量指标，需要结合质量指标构建全面地评价体系；高晴（2011）指出不能片面地追究经济指标，并提出定性与定量指标并重等思路，为企业战略实施绩效指标体系构建提供发展方向。

随着研究的不断深入，朱承亮等（2009）考虑相关价格信息的缺失，特定生产函数构建困难等特点，采用 Malmquist 生产率指数来研究战略实施绩效的效果。之后，因子分析法运用较为广泛，唐杰、周勇涛（2009），朱肖颖、吴红（2010）等运用该方法分别构建了企业知识产权战略、专利战略实施绩效评价模型，丰富了研究方法及对象。为研究不同区域的战略实施效果，赵嘉茜等（2013）用案用链式网络 DEA 法对我国知识产权战略实施进行了实证分析。多数学者运用改进 BSC 研究企业战略实施绩效，如史文雷等（2019）运用"三重底线"理论对平衡计分卡进行改进，增加了环境、社会等六个维度，建立了战略实施绩效评价指标体系，利用 ANP 法赋权，该评价结果具有一定主观性误差。此外，部分学者从 SCP、竞值架构等新的视角对企业战略实施绩效进行研究，丰富了研究视角。

三 白酒企业战略研究动态

白酒企业战略研究主要集中于战略制定和实施，对白酒企业战略实施绩效关注度较低。除张仁萍等（2016）用因子分析法和张学军等（2017）用组合赋权法对白酒企业战略绩效进行研究外，学者主要从白酒企业集群效应、白酒企业战略转型、出口战略等发展战略角度研究，目的是优化白酒产业结构及提高白酒国际竞争力，对白酒企业战略实施绩效的关注较少。企业缺乏对战略实施绩效进行系统性评价研究，难以完成有效的战略发展目标，建立优势互补的运行机制和长期的发展战略规划。

综上，企业战略一直是国内外学者关注的焦点，现有文献对白酒企业发展战略的理论依据、分析方法、研究结论等方面为本书奠定了研究基础。企业战略实施绩效评价主要囊括了主观评价因素和客观评价因素，二者相结合形成了一个复杂的评价过程，就某个因素进行评价并不能科学地评价白酒企业战略实施绩效。如刘冰等（2017）以交通可达性为核心，对武汉市空间战略实施效果及相关演变进行了详细分析，但仅从单个指标出发，未考虑乘客等指标的影响，使评价结果具有一定局限性。同时，现阶段对企业绩效评价指标比较固化，没有很好地反映时代情况，AHP 等方法研究权重存在主观误差，熵值法能运用客观方法确定权重，避免了客观方法及主客观结合权重分配问题产生的误差，提高了最终绩效结果的准确性。TOPSIS 法能评价企业绩效，操作简单，有利于在白酒企业战略实施绩效评价中推广使用。但传统 TOPSIS 法是利用欧式距离计算相对贴近度，其直线式计算会造成数据信息损失等问题，李守林等（2018）认为灰色关联法（Grey Relational Analysis，GRA）能利用较少的数据充分挖掘其分布规律研究其态势变化。因此，将熵权、GRA、TOPSIS 结合起来能够更准确地评价企业战略实施绩效并掌握战略实施效果。此外，目前对于企业战略实施绩效的研究主要拓展了平衡计分卡维度，而忽略战略实施后对企业战略预测等问题，并不能对战略调整提供强劲支撑。研究整合 BSC 与 SD 能对企业战略实施重要指标进行预测，且能为战略调整提供科学及有效的依据，以促进白酒企业健康可持续发展。

第四节　白酒企业战略实施绩效主要内容及技术路线

一　白酒企业实施战略绩效主要内容

本书从新时代主要矛盾及经济环境变化出发，对白酒企业战略进行调研和分析，充分研究市场环境、顾客需求、竞争优势等因素，为战略实施绩效评价提供详细、客观的信息导向。在此基础上，结合战略管理理论、系统动力学（System Dynamics，SD）等理论来建立白酒企业战略实施绩效评价模型并提出白酒企业发展战略新思路："提出问题—理论分析—模型方法设计—应用研究—政策建议"研究思路。主要内容如下：(1) 在梳理文献的基础上，界定企业战略实施绩效的相关概念和分析相关理论；(2) 通过实地调研判断白酒企业战略实施的发展现状并建立白酒企业战略实施绩效评价指标体系；(3) 对白酒企业战略实施绩效评价及指标预测模型方法进行设计，并建立白酒企业战略实施绩效 GRA-TOP-SIS 评价模型和 SD-SBSC 重要指标预测模型；(4) 对模型进行应用研究，评价白酒四川企业领军企业即 Sfive 战略实施效果，并对 Sfive 战略发展提供实用性意见，以提高企业管理水平增强竞争优势；(5) 总结并对白酒企业运用战略实施绩效评价模型提出实用型建议，进而实现白酒企业高质量可持续发展。

二　白酒企业战略实施绩效评价技术路线

白酒企业战略实施绩效研究采用的总体框架如图 1-1 所示。

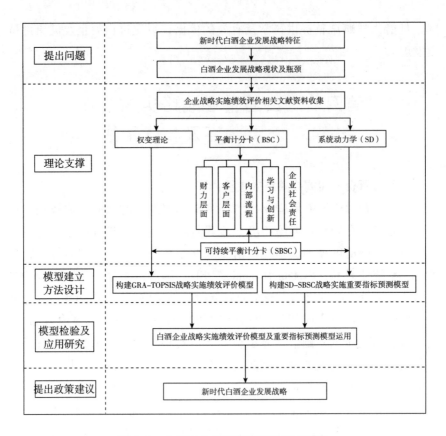

图1-1 白酒企业战略实施绩效技术路线

第五节 白酒企业战略实施绩效研究方法

白酒企业战略实施绩效主要采用的研究方法如下:

第一,文献分析法。通过梳理国内外企业战略绩效研究动态,确定研究的问题及对象,了解战略绩效评价的发展状况及白酒行业战略研究现状。

第二,专家访谈法及实地调研法。本书在研究前、中期对国内白酒行业专家进行访谈,并到 Sfive、Gmoutai 等知名酒企和酒业集中发展地区进行实地调研,分析白酒企业发展情况及问题。

　　第三，定性到定量的集成方法。本书在平衡计分卡与系统动力学理论的基础上，结合前期调查数据确定企业战略绩效评价指标各个要素之间的关系，将定性与定量相结合建立白酒企业战略绩效 GRA-TOPSIS 评价模型及 SD-SBSC 预测模型。

　　第四，理论与实际结合法。运用白酒企业战略实施模型对白酒企业战略绩效进行仿真模拟，对白酒企业运用模型提供指导，并对企业战略发展提出相关建议。

第二章 相关概念界定及理论研究基础

第一节 相关概念界定

一 企业绩效评价

企业绩效评价概念最初来源于西方，在此之前，对于企业绩效的判断主要来自企业净利润、营业成本等几个指标。随着企业的发展壮大，仅从成本、利润指标评价企业绩效不再具有适用性，评价结果也不利于企业扩张。为了扩大企业规模，形成规范的企业绩效评价。企业绩效评价主要是指使用各种指标来评价企业过去经营状况，并结合社会经济发展和管理目标来确定绩效。绩效评价的进展主要体现在指标之间的差异上，从早期单个指标到当前多个指标，从最初的全定量到如今定量与定性研究。企业战略绩效发展与科学研究方法的优化密切相关，各个学科的交融发展促成了如今的绩效评价。

二 企业战略绩效评价

企业战略构成要素包括对企业发展远景顾虑、企业现有资源的有效利用、企业长期目标的思考、企业业务发展的基本情况及企业内部管理体制的设定。这些要素的有效配合形成了一个独特的有机体。其中，企业内部管理体制是促使几个要素发展的桥梁，主要保证企业内部各个部门的有效配置、增加资源的利用效率及实现企业的目标，并确保企业战略的完成效果，企业绩效评价也应属于企业内部管理机制的内容。企业战略绩效评价是对企业长期发展的掌控，对企业可持续发展具有不可替代的意义。此外，许金叶等（2018）认为企业战略绩效评价是企业战略控制的基本环节，对战略的实施效果做出精准的评价，为企业战略制定提供科学的判断依据。徐光华（2007）对企业战略绩效评价进行界定，认为所谓企业战略绩效评价是结合企业战略目标，通过财务与非财务指标对企业战略进行综合评价，及时反馈信息并对企业未来发展战略起到导向作用，是组织人员决策的表现形式。企业战略规划是一定期限内对企业发展方向和速度的决策，较为宽泛，然而战略实施非常具体，企业战略实施的效果也可以反映战略制定的好坏。Charan、Colvin（1999）认为 70% 的首席执行官失败的原因与企业战略实施水平密切相关，企业战略实施绩效评价可以作为战略制定的有效依据，也是战略实施与战略调整之间的桥梁。白酒企业如何将战略分解为各类目标，选择恰当的战略绩效指标评价战略实施绩效，给企业管理战略带来了难度。所以，对于多数企业而言，拥有一套符合企业自身特点的战略实施绩效评价体系，有协助企业化战略为行动，并有效的实施战略，对企业可持续发展十分重要。

三　企业战略实施绩效评价

战略实施是指通过有效的管理活动实现战略目标及战略意图的过程。战略实施的主要原则是将企业制定的策略转换为执行语言，整合资源以提高绩效，并将战略发展具体到员工的日常运营上。企业战略实施过程分为启动阶段、计划阶段、运营阶段以及控制和评价阶段。

在战略启动阶段，需要依靠领导人分清新战略优势和旧战略的缺点，将新战略的理想变为员工能操作的层面，并调动员工积极性。企业在战略计划阶段，主要是制定目标计划和目标分解，自上而下的战略目标沟通，完善企业的战略实施绩效评估计划和资源分配计划，确保战略合理性及可操作性。在运营阶段，企业需要对外部面临的风险进行掌控，通过正规渠道对同行业不同企业情报进行收集和归纳，主要目的是分析同行业的竞争情况，了解战略合作伙伴和竞争对象的战略调整和实施策略。企业常运用 SWOT 分析方法对经营环境潜在威胁和企业内部资源运用情况进行初步分析。

战略控制是指在战略运行过程中对偏离战略目标的管理和控制并实行纠偏的过程。Xu（2014）认为战略实施绩效评价是对战略实施后整体情况的评价，考察企业战略实施的具体成效，为下一步企业战略规划提供参考依据，体现了价值化特点。中大型企业能依据企业的经营情况及战略目标制定企业五年战略绩效规划、三年的滚动规划等，对企业战略绩效效果进行定时考核，并对具体实施计划和步骤进行调控，具有动态化和数字化的特点。企业在执行战略的过程中会面对诸多的困难和挑战，战略实施的效果也具有一定差异。因此，组织想要实现自身价值，获取可持续竞争优势，掌握并使用恰当的战略绩效措施对企业战略定位至关重要。

第二节　企业战略绩效评价的理论基础

一　利益相关者理论

（一）利益相关者理论基础概念

企业发展就是利益博弈过程，由于资源有限性，不能达到平衡最优点，产生了企业竞争。对于企业而言，杨修发、许刚（2004）认为利益相关者是指在企业经营过程中，存在一些群体，企业如果缺少该群体的支持就无法生存，这是狭义的定义。不同利益群体都追寻自身利益最大化，但这些群体的目标不一致性会导致冲突及资源协同困难，因此，企业战略绩效评价需要考虑企业经营者、股东、顾客等的权益。疫情对全球经济发展产生了影响，企业跨国经营的案例增加，行业壁垒的提高及文化差异加大了提高企业获得可持续竞争的难度。在一定程度上，"影响企业生存"定义局限利益相关者方法拓展，为此，把对企业对社区责任如解决就业、社会的责任如环境保护等问题等都融入了该理论范畴，与企业社会责任的内涵与核心内容一致，得到了学者广泛认同。

（二）利益相关者理论在企业战略实施绩效评价中的体现

在运用利益相关者研究白酒企业战略绩效时的首要问题是，谁是企业的利益相关者？如何界定白酒企业的利益相关者？如果界定不准确会对后期模型建立的准确性产生影响。程卓蕾等（2010）认为在企业战略实施绩效评价和管理过程中，需要考虑不同身份个体、不同利益群体的权益，实现不同主体的权益对绩效管理有理论及现实意义上的帮助。利益相关者存在于如员工、管理者及股东利益的企业内部，也存在于企业外部，如顾客、供应商、社会群体等与企业战略发展密切相关者内部。如何实现企业战略绩效的最优，需要一个评价机制来辅助判断企业利益相关者的增长效益、资源的配置效率。实现利益相关者博弈均衡是企业战略绩效取得最优的基础。

本书主要运用可持续平衡计分卡，以白酒企业战略实施绩效为研究对象，侧重企业股东、管理者及其他利益相关者的权益均衡为研究视角，建立战略绩效评价模型，考虑白酒企业战略实施各个利益主体的利益均衡问题，旨在说明除股东外其他利益相关者对白酒企业战略实施的重要性。

二　可持续发展理论

工业技术的改革，使生产力得到提高，加大了环境资源的利用程度，对环境也造成了不可忽略的破坏。人类在发展的同时未顾虑到环境污染的问题，这从根本上导致了发展的不可持续性，有限性。可持续发展的思想最初来源于人类活动与生态环境之间的发展不平衡，其目的是在不破坏生态环境或能保障生态正常发展的前提下，达到在该生态环境内经济发展的要求。孙太清（2004）在分析不可持续性发展的危害下提出从三个层次转变形成可持续发展：一是观念形态层次，经济发展的观念从发展到可持续发展的转变是观念上的重大变革，但对于经济发展不理想的区域和国家而言，满足人类的基本需求是发展的主要关注点，对环境保护等可持续性发展观念意识不够强烈。二是经济—社会制度，经济发展受所处经营环境的影响较大，其中，地区及国家发展战略的影响尤甚，如我国提出的发展战略—可持续性发展，为如今中国的快速增长奠定了可持续的坚实基础。环境恶变的责任来源于人类社会中的经济——社会制度，不是源于单个个体或者自然界。过度的强调经济指标的增长，一方面不利于对经济发展的衡量，另一方面过多地追求经济效益，重视数据增长而忽略了长期对环境变化和资源的影响问题，间接损害了经济发展的可持续性。三是科学技术层次，越是大型的技术变革，对自然的损害越大，不利于经济的长期发展，也不利于人类的可持续发展。研究其可持续发展的可行性，需要注重资源的重复利用、减少水体流失、节能减排等。对于企业技术变革也需要具有长远的目光和注重环境保护。

第三节　系统动力学

一　系统动力学基本概念及发展

系统动力学是研究信息反馈的学科，最初是用来管理企业内部库存及生产提出的一种动态仿真方法，是一门交叉学科，它融入了系统论、控制论及信息论的优点，是由美国麻省理工学院一名教授创立的。系统动力学的基础是系统行为与内部机制之间的紧密联系，主要运用数学理论方法及模型来探究某几种变量之间的作用，并确定及量化联系中的因果联系，在 SD 中称之为结构。系统动力学可运用于预测研究，提高组织资源的调度能力，在煤炭产能、债务风险、区域绿色竞争力等预测方面得到广泛运用。

二　企业战略实施绩效预测系统内部特征

（一）非线性

战略实施最终效果与其系统内部多个因素有关，因素之间具有无序性，最终形成一个动态系统，并受到系统内部因素的驱动与系统外部环境的影响。企业内部与战略实施绩效有关的因素之间无法用简单的线性关系定义。因此，可以认为企业战略绩效具有非线性的特征。

（二）多样性

企业战略实施的效果具有多样性，但这一过程也并非完全不可预测，通过对企业生命周期的全过程理论进行分析，有的企业逐渐发展壮大，竞争优势增加，核心竞争力也逐渐加强，如 Gmoutai 企业；有的企业却逐渐衰退，核心竞争力消失，如皇台酒业（ST＊），企业经营面临退市的风险。企业自身发展的变化是多样的，可以依据企业现有的表现、行业内企业竞争情况进行预测，但也具有一定的不确定性，不能准确地对企业绩效情况进行测定，这就是企业战略绩效的多样性。

（三）多层次性

与其他复杂的系统相似，企业战略实施绩效的多层次也体现于两个方面，即微观和宏观。从宏观的角度来看，企业战略的实施是处于一个大的市场环境中，同时也受到社会、政策的影响。企业战略绩效的内部环境具有多个不同的层次，企业战略的实施处于这多变的环境中，也影响着环境的变化，二者的影响是相互的。从微观的角度来看，企业内部的各个部门之间也体现了多层次性的特点，其最能展现在从战略制定到各个管理部门再到具体员工实施的过程中，各个部门之间都是相互影响的。

（四）整体性

企业战略实施绩效评价并不是简单地对内部各个部门绩效评价的加

权综合，而是对战略实施效果整体进行评价。战略实施绩效评价囊括了企业内部的资源使用情况、资金流动情况、各个要素之间的相互作用等方面。企业战略的实施效果是处于动态发展中的，自身的效益也不仅是各个相关因素的简单叠加，而是各个管理部门之间产生的整体效益，通过评价整体效益更合理，这就是企业战略绩效评价的整体性。

三 系统动力学建模适用性

SD 构建模型思路是逐步挖掘产生因果变化的不同变量之间的关系，形成一个脉络清晰的因果联系，并借助数学原理来构建内部系统之间的紧密结构。总体来看，SD 是从系统内部来探索影响研究对象发展趋势的根源，对外部环境影响波动较小，因而系统动力学在以下三种情况中适用性更强：

（一）数据缺失

在实际企业经营活动中，战略绩效评价相关数据很难获取，很难收集关键指标数据，难以确定来源，数据缺失已成常态。本书研究白酒企业战略绩效也存在同样的问题，鉴于系统动力学可以允许数据缺失，并运用已有的数据来分析或预测相关问题，从相关问题出发进行模拟。

（二）经济周期问题

不同企业、行业经济环境变化，乃至国情的变化都会对企业战略绩效产生短期或长期的不同影响，经济周期性、不确定性等问题对衡量企业战略绩效精确性产生了不同影响，结合 SD 模型模拟仿真研究影响白酒企业战略绩效评价多个不同变量随时间变化产生的波动情况，并进行对比，能够反映出白酒企业经营周期性变化，在一定限制条件下对企业未来经营进行预测。

（三）指标变量的非线性问题

企业战略绩效问题可能涉及企业员工和顾客等人力、企业内部资金使用情况等财力、企业固有的环境优势等物力，内部之间的联系十分复杂，不能简单地运用线性关系来表达，需要更为符合实际的模型或方法来展现内部复杂的因果联系，SD 可以很好地弥补这一缺陷，同时，模型运行结果能较为清晰地找到确切的联系。

第四节　平衡计分卡

一　平衡计分卡及可持续平衡计分卡基本概念

平衡计分卡是当今运用最多的一种绩效评价方法，突破了仅从经济价值评价企业绩效的局限，经过十多年的发展不断得到改善。结合利益相关者的角度来看，BSC 能较好地反映顾客的诉求及满意度，对员工的工作环境及满意度也有关注，但忽略了对社会、环境等其他利益相关者的利益。平衡计分卡主要结合货币性及非货币性指标研究企业绩效，衡量财务等货币性因素是评价企业战略实施绩效的基础，并将客户、供应商和技术等非货币性、定性因素结合起来形成综合评价。同样的，它也可以将生态和社会非货币性，定性和软性因素整合到公司的主营业务系统中，就如可持续平衡计分卡的形成，可持续平衡计分卡丰富了平衡计分卡的内容及结构。Epstein、Wisner（2001）论证 BSC 评价企业绩效能促进企业可持续发展。Dias-Sardinha 等（2002）从环境及生态效应研究BSC 可持续性。Rabbani 等（2014）发现可持续性是一种企业发展趋势，提出了可持续平衡计分卡（sustainability balanced scorecard，SBSC）的概念，可持续平衡计分卡可以将企业可持续发展战略、发展目标及绩效紧密联系，Kalender 等（2016）认为这将成为平衡计分卡第五大支柱。Lu（2018）运用 SBSC 评估机场绩效，研究机场的持续发展，识别出机场形象是绩效评估中的最关键影响因素，社会影响是最高程度的净影响力。许良虎、万露（2014）基于企业社会责任的思考，食品危机及环境危机对企业战略绩效产生了重大影响，借此建立了可持续发展的企业社会责任战略评价。

随着对平衡计分卡研究的进一步加深，企业发展更重视企业社会责任及环境效益。周虹（2019）认为企业战略规划应考虑与社会需求相结合的道路，同年，边卫军（2019）提出企业在履行企业社会责任方面需要营造良好的社会环境与氛围；党齐民（2019）认为企业想要可持续发展需要兼顾所有利益相关者的利益，未来运用可持续平衡计分卡研究企业战略实施绩效及相关指标预测也需要考虑社会责任这一维度。

本书认为在企业战略实施绩效评价中，必须考虑到与影响企业战略实施及长期竞争优势相关的所有方面。在战略实施绩效评价体系的设计中，各个层次的目标和措施都服从长期战略规划，科学的层级结构确保了所有类型的活动都与企业战略的成功相联系。本书根据白酒企业战略实施的特点，参考可持续平衡计分卡的概念，从原有四维度上增加社会及环境绩效，从五个方面建立白酒企业战略实施绩效评价体系。

二　可持续平衡计分卡在企业战略绩效评价中的体现及优势

可持续平衡计分卡主要针对企业绩效内部的静态研究，在实际运用中，企业经营发展想要所有指标都达到最优是不现实的，在不同指标之间有所权衡是企业战略的重点，也是企业战略实施绩效评价的难点。企业绩效主要针对相关部门的绩效评价，难以评价到个体，企业需要结合战略的目标、方向及战略绩效评价结果对企业各个内部部门分别制定相关评价体系，做到评价结果落实到个体，从而具有实践意义。在 SBSC 实际运用中能从业务角度出发，综合考虑各个部门的需求，是企业战略绩效管理的一个有效的工具。周婷婷、张浩（2018）认为内部控制与企业风险具有一定联系，将内部控制引入到企业绩效和企业战略绩效评价之中，对风险评估、风险应对具有重要意义，企业战略实施绩效与风险管理相结合对企业可持续发展也具有一定意义。此外，平衡计分卡注重内部绩效的相关利益而不是仅关注股东的利益，评价结果更具有长远性，利于企业战略规划长期稳定发展。

应用可持续平衡计分卡设计评价体系有三个优势：一是将可持续发展的多个维度整合到企业的关键业务系统中，以维持公司的可持续发展并减轻金融危机的影响。因可持续发展不仅要在企业成功的情况下实施，而且真正的可持续发展要充分考虑到企业的主营业务范围、市场定位、经营环境及政策；二是通过选择竞争对手作为加强和促进可持续发展的标准，企业可以在实现财务绩效目标的同时，思考企业的长期竞争优势并实践可持续性，通常可以成为其他公司的模范；三是将环境和社会因素整合到公司的关键业务系统中，以确保业务的可持续发展。这三个方面通常是相辅相成的，企业发展在这三个层次上实现可持续至关重要。

三　以可持续平衡计分卡为基础的系统动力学建模

运用 BSC 模型对企业战略绩效进行评价时，大多数学者从拓展平衡计分卡维度对战略实施进行评价，忽略战略实施过程后对企业战略进行预测的问题，并不能对战略调整提供强劲支撑。1998 年，Levy 对丹麦运用 BSC 的企业进行调查，发现超过七成的企业都没有完成定制目标并对 BSC 绩效评价结果提出了质疑。其次，Kermans、Oorschot（2002）发现 BSC 研究企业战略绩效内部因果性、忽略时间延迟及静态反馈等不足。Kaplan、Norton 提出平衡计分卡绩效评价与战略相结合形成战略绩效评价应满足因果关系明确、业绩绩效驱动并且与财务绩效挂钩的原则。系统动力学作为信息反馈的学科，能够较好地反映系统不同要素间的因果关系。因此，将 BSC 与 SD 相结合建立评价模型，仿真模拟能够动态地反映评价结果，并弥补时间延时的问题。基于 BSC 的局限，魏玲（2009）详细分析了 SD 与 BSC 之间的关系，提出了二者结合的实施具体步骤。惠树鹏等（2016）研究食品企业战略绩效评价，论证了 SD 与 BSC 结合的科学性。因此，白酒企业应加强战略绩效预测方面的研究，可持续平衡计分卡与系统动力学结合能较好地解决这一问题，能协助企业适应产业转型升级及国民需求变化，符合时代的发展以创造更多的经济效益。

本章小结

首先，本章是对相关概念及基本理论进行概述，为后续深入研究企业战略实施绩效奠定基础。界定了企业绩效评价、企业战略绩效评价及企业战略实施绩效评价等概念。并论述了利益相关者理论与可持续发展理论的基本概念及在企业中的运用。其次，介绍了系统动力学的基本概念及发展；企业战略实施绩效预测系统内部特征，既非线性、多样性、多层次性、整体性；并对 SD 建模适用性进行详细分析。最后，深入研究平衡计分卡及可持续平衡计分卡概念、分析了可持续平衡研究企业战略实施绩效的三大优势及以可持续平衡计分卡为基础的系统动力学建模的优点。

第三章　白酒企业战略实施现状及评价指标体系构建

第一节　我国白酒企业经营发展现状

　　白酒企业的发展是一个动态过程，研究其发展较为复杂，企业内部结构形成的系统受到外部环境如白酒行业市场、社会环境等因素的影响，同时也持续影响着外部环境，如白酒市场内部的竞争和企业外部竞争等。白酒行业近几年得到飞速发展，是食品饮料行业的主要组成元素之一，为我国经济发展做出了重大的贡献。白酒企业内部的酿酒原材料供应到白酒生产和销售形成一个独特的闭合回路（如图3-1所示）。这些方面的

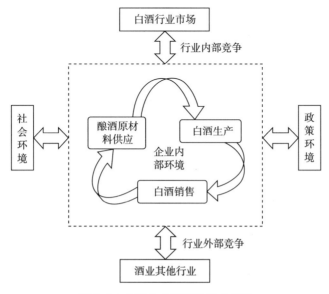

图3-1　白酒企业运营的社会环境

活动能够具体展现出企业战略的实施过程。将企业战略实施计划和行动具体到各个部门的采购、预定销售额度，如 2015 年年末 Sfive 公司的五年企业战略规划中明确提到销售额超千亿元的目标，对白酒的生产和原材料的供应产生了影响。

白酒产业高质量发展与行业政策制定息息相关。近几年，白酒行业在进行供给侧结构性改革，为迎合消费需求，拓展中高端市场，去库存并提高白酒企业酿酒质量是目前行业改革重点、难点，不同发展定位白酒企业的生产量及品牌营销都受到了影响。这一影响也体现在白酒企业战略规划等内部经济活动中。此外，企业高速的发展，特别是大企业发展对社会环境承担着重要责任，在一定程度上，对社会环境也会产生影响。本书也主要通过这一思路，主要研究企业各个经营活动的变化来检验战略的实施情况，具体指标的变化与政策环境、社会环境、行业内外竞争息息相关。

第二节　白酒企业战略实施现状及问题

一　白酒企业战略实施现状调查

我国企业普遍面临的问题是企业战略与企业内部的绩效考核脱节，如何对企业战略实施的具体情况进行跟踪、真实评价和反馈成为一个现实命题。企业需要建立以战略为导向的考核机制，战略实施绩效评价主要是测定、评判企业战略实施情况。由于企业经营环境及政策影响有差异，其发展面临的瓶颈和战略方向也有区别，通过网络调研对白酒企业战略实施有初步了解后，为深入研究白酒企业战略实施现状，研究对中小型、大型白酒进行了实地调研以确定白酒企业战略实施现状，访问群体及白酒类型。不同类型的白酒企业战略实施具有很大区别，为区分不同白酒的战略实施的真实效果，本书依据销售额将白酒企业类型分为中小型白酒企业、大型白酒企业及超大型白酒企业，为后续模型建立提供有力支撑。

二　白酒企业战略实施问题

通过实地调研，深入分析白酒企业战略实施现状及原因，建立一套科学合理的白酒企业战略实施绩效评价体系是企业战略规划能够安全、可靠、有效运营的关键。

（一）企业组织结构与战略实施不匹配

在对收集资料和调研过程中发现白酒企业战略规划都不太清晰，重点是对财务类目标进行规划，部分企业存在组织结构僵化、不能有效提高经营效率的问题。

（二）战略实施绩效评价标准不健全

企业研究战略多注重对外部环境的研究，而忽略对内部问题进行深入研究，这造成的结果往往是企业在不能充分掌握外部环境情况的同时，也忽略了对企业内部环境的真实把握，尤其是从战略实施的角度来看。在白酒企业长期的实践过程中，企业发展积累了丰富的经验，但从现有的企业战略分析方法中，对企业经营绩效的要素性、静态性、职能性进行评价，缺少系统、可靠的战略实施评价标准，并缺乏有效的测量工具，对后期战略的调整也不具有针对性，企业战略失去了制定的意义。

（三）企业战略实施执行力不足

多数白酒企业的战略规划很模糊，只能一味地控制和督促，没有完善的实施流程，就很难实现战略目标。战略实施成功的关键是人，许多白酒企业人力资源管理观念陈旧，不利于企业的长期发展，没有将战略的实施融入人力资源管理中。对白酒企业调查发现，大型、超大型企业对战略规划较为看中，企业在经营过程中也运用了一些科学的管理体系，小型白酒企业战略经营理念不强，针对员工绩效考核的评价指标体系较多，对于战略实施绩效的评价较少。白酒企业对人力资源的管理主要停留在薪资管理模型阶段，中小企业对于员工培训投入较少，战略的执行力较弱。同时，从绩效角度评价白酒企业难以观察到白酒企业内部运营效果，企业战略成功的关键取决于企业员工的知识结构技术水平及对工作的态度。

（四）企业战略实施与目标不符

部分大型白酒企业、超大型白酒企业战略规划涉及绿色发展的计划，但实际执行中出现了污染事故，战略实施与战略目标脱节，只重视短期利益而忽略了企业长期发展，有损企业形象，公众满意度逐年下降，不利于企业可持续发展。

第三节　基于利益相关者的白酒企业
战略实施绩效地图绘制

　　白酒企业战略地图是通过可持续平衡计分卡的五大维度内部互相作用方式绘制而成。如图 3-2 所示，财务绩效是企业战略实施效果的关键，其余四个维度都会对财务指标产生影响。财务指标反映了企业经营中主要成本问题、销售收入及企业获得的利润，这些指标的变动都受到顾客满意程度、销售渠道、生产效率、节能减排等指标的影响。需要考虑多方面的利益，来达到增加经济效益、满足顾客需求、提高管理效率、实现社会环境效益的持续增加，完成技术创新等目标，进而实现酒企可持续经营发展。结合对白酒企业战略效果分析，构建白酒企业战略地图。

　　从可持续平衡计分卡的五个层面进行分析如下。

（一）白酒企业财务绩效

　　目前白酒企业绩效评价体系的主要目标是增加经济效益，所以财务绩效依旧是白酒企业战略发展的关键。财务绩效主要考虑营业成本，如节能减排、社会贡献等（如图 3-2 所示），提高市场占有率和加强品牌建设等以提高销售收入，增加经济效益，可以满足股东权益的目标。

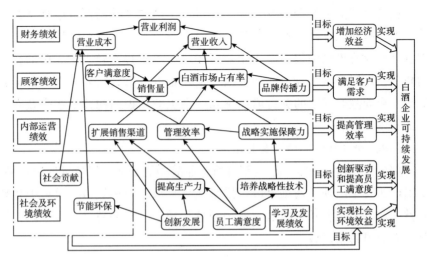

图 3-2　白酒企业战略地图

（二）顾客绩效

对于白酒企业而言，顾客主要指购买白酒的顾客，顾客满意度受到管理效率的影响，白酒的供给侧改革是消费者需求变化的结果，符合时代变化，新型消费群体的崛起、对品牌认可度的提高，促进了白酒企业向中高端发展。因此，加强品牌建设，提高产品安全、健康是满足顾客需求的关键。

（三）内部运营绩效

内部运营绩效是为了提高管理效率，受到学习及发展绩效的影响，也进一步影响顾客绩效。销售渠道的拓展依赖于技术的创新及市场运营的发展，而管理效率和战略组织结构都受到员工满意度的直接影响和间接影响。因此，完善的战略组织结构是保障战略实施的关键。

（四）学习及发展绩效

提高员工满意度，有利于提高白酒企业生产力、员工企业文化认同度、员工归属感及工作活力。其中，生产力的提高不仅依赖劳动力，也受到技术创新的影响。如泸州老窖智能化的酿造技术逐渐投入生产，减少了传统人工劳动力的投入，在提高酿酒产能的同时减少了人工成本。此外，技术创新有利于销售渠道的拓展，新冠肺炎疫情加速了互联网的影响，提高了顾客线上购物的频次，如 Gmoutai、Sfive 等企业都与京东、淘宝进行了不同程度的合作，取得了良好的效果。

（五）社会及环境绩效

对于企业而言，履行社会责任如节能减排等，在无形中扩大了白酒企业的影响力和威信，对于中小企业的发展尤为重要。中小企业规模较小，影响力较弱，跨区域发展较难，有必要注重社会及环境绩效，吸引潜在客户，提高销售量，进而提高市场份额，以获得社会效益和环境效益。

第四节　白酒企业战略实施绩效评价指标体系构建

一　战略实施绩效指标体系设计

"体系"是指通过特定的周期性交互作用或相互依赖性而集成的事物整体或集合。换一种说法，指标体系由一组相互关联和交互的度量以及一组反映特定科学现象的指标组成。

　　建立白酒企业战略实施绩效评价指标体系的根本目的是通过构建适当的指标，能够详细反映和评价战略实施绩效的真实效果，识别和诊断影响白酒企业战略实施中的关键因素，为后期战略实施绩效提供预测方向，为企业战略制定或调整提供支撑。战略实施绩效指标应反映战略目标，由于企业经营环境及政策影响有差异，战略实施绩效指标也有所不同。

二　评价体系构建原则

　　建立白酒企业战略实施绩效涉及企业财务、内部运营、顾客、员工、环境等，需要统筹当前和长远、制定者和执行者乃至顾客等多元关系。在分析白酒企业战略地图基础上，构建白酒企业战略实施绩效评价指标体系必须遵循以下基本原则。

　　（一）结合全面性与协调性的原则

　　企业战略管理内容丰富，判断战略实施绩效既要以实际财务绩效为依据，又需要对员工、顾客、创新、效率等有精准的发展定位。因此，无论是构建酒企战略还是绩效评价指标体系，既要综合考量，将财务绩效、品牌建设、创新发展、生态文明等战略发展方向纳入战略实施绩效评价体系中；又需要具有协同性，具体指标的选择不但能够从不同利益相关者角度出发，体现白酒企业战略实施水平，还能充分反映企业经营发展、社会贡献及环境之间的协调共进关系。

　　（二）结合科学性与前瞻性的原则

　　白酒企业战略绩效实施指标体系在战略制定或调整时应发挥指导作用，具体指标的选择既要精准、全面及客观地反映白酒企业战略实施的根本要求；又要具有前瞻性，将有利于评价白酒企业战略实施绩效的资源分配、资源管理、创新驱动等指标纳入其中。

　　（三）结合可获得性和简明性的原则

　　白酒企业战略实施绩效指标体系的构建，首先，要注重评价共识原则，该原则具体指出指标选取数据适中，不宜过多也不能太少，指标应具有概括性、针对性及代表性，在选取时候要选择成熟的指标。其次，要保证指标可获得性和真实性，在收集指标过程中，选取来源精确、时间完整的各类指标，既有利于形成企业战略实施绩效评价的统一标准，也对企业战略实施绩效管理具有重要意义。

（四）结合普遍性与特殊性的原则

不同白酒企业所处地理环境、具体战略实施、企业经营及发展状态存在不同，建立白酒企业战略实施绩效需要不同企业依据自身经营基础及战略计划中寻找符合企业特色和优势的详细定位；又要符合普遍性，指标体系既要能满足单个企业战略实施绩效的评价要求，也要能囊括整个白酒企业战略实施的差异，不同白酒企业之间能形成对比。

三　指标选取及评价体系建立

企业是我国经济发展的基础，白酒企业战略实施绩效必须反映企业战略的特征和时代发展的需求，能与国家政策如供给侧结构性改革政策，去产能、去库存等发展战略发展方向一致。但处于不同企业生命周期的白酒企业执行的不同战略，同一白酒企业在不同经营时代的战略也有所不同，区域竞争环境的优劣也导致企业健康可持续发展的关键影响因素有区别。所以本书在构建白酒企业战略绩效实施评价体系前，系统地统计了不同白酒企业战略背景及类型，对白酒企业战略实施绩效存在的问题分别设定了基本指标和权变指标两大不同的指标类型。其中基本指标适用于所有类型的白酒企业战略，而权变指标是基于企业生命周期理论，考虑不同企业处于不同的生命周期，其战略部署及战略实施绩效侧重点有所差异为主要权变因素建立的，同时也考虑了企业外部影响因素及内部竞争优势。

在权变指标实际运用中，白酒企业可以根据不同战略的差异对白酒企业战略实施绩效评价指标体系进行调整和修正。该指标体系主要是在可持续平衡计分卡的基础上设计的，同时反映了企业的经济效益、环境效益及社会效益（如表3-1所示）。

表3-1　　　　白酒企业战略实施绩效评价维度和关键绩效指标

目标层	准则层	基本绩效指标	权变绩效指标	
			特殊指标	适合战略、竞争优势
财务绩效	偿债、运营、盈利能力	资产负债率、资产流动率、现金流动负债比率、资产周转率、应收账款周转率、净资产收益率、营业净利率、净利润现金含量、净资产增长率	可持续增长率、投资资本回报率、资本回报率、资本成本、权益资本成本、总资产报酬率、资本保值增值率、投资回报率	财务战略，提高资产利用率

续表

目标层	准则层	基本绩效指标	权变绩效指标	
			特殊指标	适合战略、竞争优势
顾客绩效	品牌传播力	品牌宣传、年度营销费用、品牌价值、品牌知名度、品牌美誉度	国外销售增长率、省外销售增长率、高端品牌销售增长率、新产品或品牌开发能力等	品牌战略、国际化战略、市场拓展战略
	客户满意度	大客户收入比、质量达标率、白酒市场占有率、新客户吸引度、老客户忠诚度		
内部运营绩效	管理效率	产品质量管理体系认证、安全生产、酒类安全质量发生率、酒产品毛利率、酒类存货占比、管理费用率、经营计划完成情况、酿酒增长率		生产战略
	战略实施保障力	管理层持股比例、独立董事比例、董事会规模、前三名董事薪酬合计、建立相应战略实施的组织结构、企业战略规划布局	股权集中度、董事会投资者参与比、战略信息覆盖率等	
学习及发展绩效	员工满意度与贡献率	员工培训、员工工资增长率、员工人均营收比、人均年度培训数、培训计划覆盖率	人均利税、员工工资占销售收入之比、员工认同企业文化率、员工合理化建议采纳度、员工发展等	
	创新发展	研发投入占营收比、科研人员率、专利增长率、人均专利	创新收益、新产品研发成功率、达到国际先进水平产品的数量、达到国内先进水平产品数量等	研发战略、专利战略、国际化发展战略

续表

目标层	准则层	基本绩效指标	权变绩效指标	
			特殊指标	适合战略、竞争优势
社会及环境绩效	社会贡献	企业支付税费增长率、捐赠收入比、提供岗位增长率		
	节能环保	酒类污染物排放比、单位耗水率、噪声措施、单位酿酒能耗费用下降率、原材料单位消耗		

本书主要针对财务指标，围绕战略实施情况，测定不同白酒企业之间的战略实施水平。战略实施绩效评价指标体系借鉴《中国酒业"十三五"发展指导意见》（简称酒业"十三五"规划意见）提出关于创新发展、绿色发展、共享发展等理念。并结合白酒企业战略实施现状和企业战略实施规划，基于可持续平衡计分卡的主要特征和利益相关者理论来构建指标体系。创新是白酒企业重要驱动力，生态环境、企业社会责任是白酒企业可持续发展的关键，通过战略实施的经济收益、品牌发展、保障措施来充分反映白酒企业战略实施效果；同时，高质量发展也是白酒企业未来竞争的主题，通过增加品牌价值，创新技术提高资源利用率，增强企业核心竞争优势，优化企业发展战略，不断拓展企业的发展空间。

（一）财务绩效

实现白酒企业战略绩效系统性评价的关键是把握企业经济效益变化，财务绩效是企业战略实施的基础，能直接反映企业战略实施的实际效果，可以进一步细分为偿债、运营、盈利能力。指标体系将财务指标分为两类，一是评价列举的 9 个基础指标，如资产负债率、资产周转率、净资产增长率等，这些指标主要是从资产的利用程度来反映财务运作水平。其中，除资产负债率和资产流动率为适度指标外，其余均为正向指标。适度指标值的大小与整个行业的适度值有关。正向指标值越大，说明资产运营效果越优，资金流动越快。二是列举的 8 个权变指标，如投资资本回报率、资本回报率、再无资本成本等，更注重企业经济发展的具体效果，反映经济增长的质量。

（二）顾客绩效

顾客满意度是保持企业竞争活力的关键。基本指标分为两类，一是关于品牌建设的 5 个指标，品牌发展是白酒企业取得成功的关键，品牌的运营和维护也关系到企业的营业收入，具体为品牌宣传、年度营销费用、品牌价值等正向指标，品牌的成功运营是企业持续发展的关键之一。权变指标为国外销售增长率、省外销售增长率、高端品牌销售增长率、新产品或品牌开发能力。其中，国外销售增长率反映的是当年国外销售总额相对于前年国外销售总额之比，这类指标主要体现超大型企业白酒企业国际化发展战略情况；新产品市场开发能力或老产品的拓展能力主要是体现市场拓展战略，但在实际的数据获取中此类指标数据获取困难。而省外销售增长率能体现白酒企业突破国内省销售壁垒，也间接包括了老产品市场拓展战略或新产品市场拓展战略的部分信息，对提高市场知名度、市场占有率的评价也有重要的参考价值。二是对客户满意度的检测，具体指标为大客户收入比、质量达标率、白酒市场占有率、新客户吸引度、老客户忠诚度。其中大客户收入比为适度指标，其余均为正向指标。

（三）内部运营绩效

企业内部运营绩效对资源耗用水平的管理、战略实施制度保障能力的测定，是企业可持续发展的体现，能在一定程度上反映战略实施的效果，对推进企业战略实施、资源控制具有重要意义。二级指标分为管理效率、战略实施保障力。其中，对资源耗用水平的测定主要是从企业的生产战略来制定的，对于酿酒企业而言，酿酒增长率都能反映企业对独特酿酒资源利用的有效性，对于战略实施制度保障能力，主要是从管理层持股比例、独立董事比例、董事会投资者参与比、战略信息覆盖率等来体现。

（四）学习及发展绩效

随着酿造方式的机械化，白酒企业以资源为要素驱动企业发展的方式难以保持持续性，创新驱动是白酒企业发展的新动力，实现白酒企业资源配置，提高生产效率、打开销售模式、促进白酒企业多方位发展。因此，本书设计了员工满意度与贡献率和创新发展两个二级指标来体现白酒企业的发展潜力，更好地评价学习及发展绩效水平。员工满意度与贡献率主要从基础指标如员工培训、员工工资增长率、员工人均营收比等；权变指标如员工认同企业文化率、员工合理化建议采纳度、员工发展等体现，较高的员工满意度能有效提高工作效率，进一步提高贡献率形成良性循环。创新发展存在高成本、高风险两个关键特质，是测量整体创新水平的关键。创新的高成本在于，企业必须拥有足够的资金、高水平人才和基础的创新环境才能支撑开展创新；企业创新的高风险在于具有不确定性，由于信息的不对称，使得企业很难管理创新主要进程，对创新的结果也不能严格把控，并且从设立资金投入到研发产品产出是一个漫长的过程，时间漫长加大了企业的经营风险。此外，知识具有排他性，使得创新成果一般都会归于企业的商业机密，不愿向外部披露，在 2014 年之前 Sfive 公司披露的信息很少，但在新会计准则实施之后，Sfive 公司与 Gmoutai 公司才将企业创新投入在财务报表之中公开。研发投入、营收占比、科研人员率、专利增长率都是衡量创新的基础指标，而创新产品收益、新产品研发成功率、达到国际先进水平产品数量、达到国内先进水平产品数量都能进一步体现白酒企业研发战略、国际发展战略等的权变因素，也是形成创新发展的重要权变指标。

（五）社会及环境绩效

社会及环境绩效的测定主要是对企业绿色发展的实践情况的判断。一是白酒企业对社会的贡献程度，如指标企业支付税费增长率、捐赠收入比、提供岗位增长率等侧重于企业社会贡献并能反映企业社区责任的情况。此类指标均为正向指标，指标值越大，也间接说明企业对社会及环境的投入越多，愈加重视，效果越好。二是白酒企业在利用生态资源、改造自然环境过程中需要注重对环境的保护。国家质监局发布了《发酵酒精和白酒工业水污染排放标准》等文件提高了白酒处理酒类污染物的标准，限制了不同白酒企业排放量，进一步契合绿色经济发展的价值取向。同时，中大型、超大型企业都把节能减排纳入了企业规划。针对企业污染排放、节能环保类问题，主要指标为酒类污染物排放比、单位耗水情况、噪声措施等指标来体现节能环保水平。其中，酒类污染物排放比主要指白酒企业排放量与规定污染物排放量之比，为逆向指标，指标越大说明企业污染排放越多。

本章小结

　　本章首先分析了白酒企业经营特点，在经营过程中受到外部环境，如政策、社会环境作用，对企业战略实施和战略规划都产生不同程度的影响，研究主要通过企业内部变化来反映战略实施的现状；并实地调研了白酒企业战略实施现状；利用利益相关者理论对可持续平衡计分卡的五大绩效层面构建白酒企业战略地图。在此基础上，设计了白酒企业战略实施绩效评价指标体系，该评价指标体系分为五个目标层、九个准则层及若干绩效指标层。其中，绩效指标层分为基本绩效指标和权变绩效指标，并详细介绍了指标概念及方向，有助于实施不同战略的白酒企业有针对性地建模。

第四章　白酒企业战略实施绩效评价模型构建

　　白酒企业战略实施绩效构建主要围绕白酒企业战略实施现状及白酒企业战略规划，瞄准重点发展情况，凸显不同企业战略实施的特点。研究构建 GAR–TOPSIS 评价模型，运用熵权法进行客观赋权，该战略实施绩效评价模型能实现白酒企业战略实施结构不断优化，提高员工与顾客的满意度，确保企业发展的可持续性，为社会提供更多的福利。

第一节　构建白酒企业战略实施绩效熵权 GRA–TOPSIS 评价模型

一　确定指标权重

　　指标权重设定是构建绩效评价体系中的关键环节，科学合理地设定标准值有助于白酒企业管理人员对白酒企业运营情况进行定量分析。目前采用的方法有主观赋权法，如德尔菲法，其指标权重的计算主要依赖于专家对研究问题的实际经验及喜好，客观性不足。因此，本书采用客观赋权的方法，即熵值法。指标权重大小随信息的离散程度正相关。熵值法给出的指标权重值比专家法、模糊综合评价法等较为可信，适用于多指标企业绩效评价，具体步骤如下。

　　1. 构建原始数据矩阵 X $(x_{ij})_{m \times n}$。

$$X = \begin{pmatrix} x_{11} & \cdots & x_{1n} \\ \vdots & \vdots & \vdots \\ x_{m1} & \cdots & x_{mn} \end{pmatrix} \tag{4-1}$$

　　式（4-1）中 n 为评价对象数目，m 为评价具体指标数，x_{ij} （$i = 1$, 2, $\cdots$, m; $j = 1$, 2, $\cdots$, n）。

　　2. 消除行业不可比性，构造矩阵 $X' = (x'_{ij})_{m \times n}$。在标准化之前，部分指标存在不可比因素，消除适度指标行业不可比性，见式（4-2）。

$$x'_{ij} = |x_{ij}-k|, \quad i=1, 2, \cdots, m; \quad j=1, 2, \cdots, n \tag{4-2}$$

式中，k 是白酒行业适度值，研究主要统计了当年上市企业（除当年ST 股票企业）对第 j 项指标的均值来展现。

3. 构造标准化的决策矩阵 $Y=(y_{ij})_{m\times n}$。为降低计算的复杂程度，采用极差法对决策矩阵 X' 进行同向无量纲化处理，目的是消除质变的量纲，减少误差。其中，对正向指标处理见式（4-3），对负向指标和消除行业不可比因素的适度指标标准化处理，见式（4-4）。

$$y_{ij} = \{x'_{ij}-\min(x'_{ij})\}/\{\max(x'_{ij})-\min(x'_{ij})\} \tag{4-3}$$

$$y_{ij} = \{\max(x'_{ij})-x'_{ij}\}/\{\max(x'_{ij})-\min(x'_{ij})\} \tag{4-4}$$

4. 为消除标准化后的负值数据，可将 y_{ij} 平移为 y'_{ij}。

$$y'_{ij} = y_{ij}+H \tag{4-5}$$

式中，H 代表平移幅度，一般取 1。

5. 计算第 j 项指标的熵值 H_j。

$$H_j = -\frac{1}{Inm} \sum_{i=1}^{m} f_{ij}Inf_{ij}, \quad (j=1, 2, \cdots, n) \tag{4-6}$$

式中，$f_{ij} = \dfrac{y'_{ij}}{\sum\limits_{i=1}^{m} y'_{ij}}$，此外，为了避免求对数时熵值无意义，规定当 $f_{ij}=0$ 时，$f_{ij}In(f_{ij})=0$，由此可计算第 j 项指标的熵权 W_j：

$$W_j = (1-H_j)/(n - \sum_{j=1}^{n} H_j) \tag{4-7}$$

式中，$(1-H_j)$ 为第 j 项指标的差异系数，$W_i \in [0, 1]$，且 $\sum\limits_{i=1}^{m} W_j=1$

二 构建 GRA-TOPSIS 评价模型

研究基于熵值法确定各个指标的权重矢量，运用灰色关联法对 TOP-SIS 法进行改进，以弥补其不能反映内部变化趋势的缺陷，建立了更符合现实的贴近函数，计算综合贴近度来表示白酒企业战略实施绩效，并依据该结果进行排序，具体方法如下。

1. 依据标准化的决策矩阵 $Y=(y_{ij})_{m\times n}$ 及前面得到各项指标熵权权重数值，求得加权决策矩阵 $Z=(z_{ij})_{m\times n}$。

$$Z = W^t Y = (w_j y_{ij})_{m\times n} (j=1, 2, \cdots, m) \tag{4-8}$$

2. 确定正理想解与负理想解。

$$Z_j^+ = \{ \max_{1 \leqslant i \leqslant n} [(z_{ij})_{i=1}^n] j \in \overset{+}{J}, \ \min_{1 \leqslant i \leqslant n} [(z_{ij})_{i=1}^n] j \in \overline{J} \} \tag{4-9}$$

$$Z_j^- = \{ \min_{1 \leqslant i \leqslant n} [(z_{ij})_{i=1}^n] j \in \overset{+}{J}, \ \max_{1 \leqslant i \leqslant n} [(z_{ij})_{i=1}^n] j \in \overline{J} \} \tag{4-10}$$

上式中，$\overset{+}{J}$ 为正向指标集，$\overline{J}$ 为负向指标集。

3. 计算每个解到理想解之间的距离，并对欧式距离计算进行加权处理，见如下公式。

$$d_i^+ = \sqrt{\sum_{j=1}^m (z_{ij} - z_j^+)^2} \ , \ i = 1, \ 2, \ \cdots, \ n \tag{4-11}$$

$$d_i^- = \sqrt{\sum_{j=1}^m (z_{ij} - z_j^-)^2} \ , \ i = 1, \ 2, \ \cdots, \ n \tag{4-12}$$

4. 计算灰色关联度。依据式（4-13）、式（4-14）求解第 i 个评价与正理想解和负理想解的灰色关联度。

$$r_i^+ = \frac{1}{m} \sum_{j=1}^m \frac{\min\limits_i \min\limits_j |z_j^+ - z_{ij}| + \varepsilon \max\limits_i \max\limits_j |z_j^+ - z_{ij}|}{|z_j^+ - z_{ij}| + \varepsilon \max\limits_i \max\limits_j |z_j^+ - z_{ij}|}, \ i = 1, \ 2, \ \cdots, \ n$$

$$\tag{4-13}$$

$$r_i^- = \frac{1}{m} \sum_{j=1}^m \frac{\min\limits_i \min\limits_j |z_j^- - z_{ij}| + \varepsilon \max\limits_i \max\limits_j |z_j^- - z_{ij}|}{|z_j^- - z_{ij}| + \varepsilon \max\limits_i \max\limits_j |z_j^- - z_{ij}|}, \ i = 1, \ 2, \ \cdots, \ n$$

$$\tag{4-14}$$

式中：ε-分辨系数，在绩效研究中通常取值为 0.5。

5. 构建相对贴近函数，依据式（4-15）分别对欧式距离与灰色关联度进行无量纲化处理。

$$Q_i = q_i / \max_{1 \leqslant i \leqslant n} (q_i), \ i = 1, \ 2, \ \cdots, \ n \tag{4-15}$$

式中，$q_i = d_i^+$、d_i^-、r_i^+、r_i^-，$Q_i = D_i^+$、D_i^-、R_i^+、R_i^-

在考虑欧式距离的同时思考灰色关联度，对 TOPSIS 及灰色关联法进行加权综合无量纲化处理。

$$S_i^+ = \alpha \times Z_i^- + \beta \times R_i^+, \ i = 1, \ 2, \ \cdots, \ n \tag{4-16}$$

$$S_i^- = \alpha \times Z_i^+ + \beta \times R_i^-, \ i = 1, \ 2, \ \cdots, \ n \tag{4-17}$$

式中，$\alpha + \beta = 1$，α、β 体现对位置形状的倾向程度，但通常认为 α、β 同等重要，所以，建议取 $\alpha = \beta = 0.5$。

依据式（4-18）及 S_i^+、S_i^- 可以计算出白酒企业战略实施绩效与正理想值的相对贴近度。

$$\xi_i = S_i^+ / (S_i^+ + S_i^-), \quad i = 1, 2, \cdots, n \tag{4-18}$$

6. 构建综合绩效函数，考虑企业战略执行期间，每年的战略绩效重要程度相等，依据式（4-19）计算企业战略实施的最终绩效。

$$\zeta = (\xi_1 + \xi_2 +, \cdots, + \xi_i) / i, \quad i = 1, 2, \cdots, n \tag{4-19}$$

依据改良后的计算方法计算贴近度值 ξ_i 并进行排序，战略实施绩效水平随 ξ_i 值的增大而增加。ξ_i 越大，表明白酒企业绩效越高，越贴近正理想样本，该企业可持续发展越强。借鉴相关成果，将相对贴近度 ξ_i 分为以下几个等级，来分析白酒企业战略实施绩效水平（如表4-1所示）。

表 4-1　　　　　白酒企业战略实施绩效水平程度划分标准

相对贴近度	绩效水平
0-0.3	较低
0.3-0.6	中等
0.6-0.8	良好
0.8-1.0	优质

第二节　白酒企业战略实施绩效
重要指标预测模型构建

系统动力学研究白酒企业战略实施绩效预测模型的适用性，其以整个系统为视角，研究企业战略实施绩效内部随时间变化而显现出动态发展情况，能够直观地反映不同指标之间非线性关系，并解决战略实施绩效预测中较为复杂的反馈问题，此方法多用于研究社会经济课题。通过因果关系图反映企业战略实施绩效内部不同指标间复杂的因果联系，进而构成多条正反馈和负反馈回路，形成系统的反馈机制。之后，从企业经营环境、企业发展规模变化、创新驱动企业发展等方面来分析企业战略绩效的作用途径。

一　明确建模目的及边界界定

明确建模的目的，本书运用 SD 方法构建白酒企业战略绩效评价模型，该模型是由多个闭合回路组成的环构成，主要是对重要指标进行预测，协助白酒企业战略制定。

模型边界的确定与模型的运营息息相关，要遵循适当原则。构建的预测模型太大会提高分析的复杂程度，对该系统的绘制难度也会提升，且不便于对模型中变量的后续进行深入分析。构建的预测模型太小，模型内部的变量并不能反映整个系统的真实情况，也不能较好地进行模拟和预测，且与现实状况也是有区别的。为此，需要从整体的角度考虑，对研究的范围进行界定，确保模型建立的有效性。

二　白酒企业战略实施绩效模型构建

（一）Vensim 软件介绍

求解因果关系图的方法有很多种，可以将定性与定量相结合分析，在选择软件模拟上也有诸多选择，如运用 Vensim 软件研究因果联系，此软件是目前运用最广的软件之一。此外还有 Powersim、Dynamo 等软件建立模型，综合不同软件的优劣势，本书采用 Vensim 软件来建立白酒企业战略绩效因果联系图并对模型仿真，进一步提出相关建议或意见。

（二）白酒企业战略实施绩效因果回路图构建

战略地图是评价企业战略实施的重要组成部分，但其建立是从下往上构建的，不能有效反映不同指标间的因果关系，具有一定局限性。利用系统动力学的原理，建立各个层面不同指标的因果反馈消息对白酒企业战略实施绩效的反馈进行分析。通过因果反馈可以了解到，在整个战略实施绩效的系统中是由多个正、负反馈回路交互运作形成的，对于系统内部的分析应以环为具体单位，这样能够清晰地了解整个系统单个指标与整个系统之间的联系。在白酒企业战略实施绩效评价指标体系中，对财务绩效、顾客绩效、内部运营绩效、学习及发展绩效、社会及环境绩效五个因素的反馈进行简要分析。

此外，运用系统动力学建立白酒企业战略实施重要指标预测模型，不是还原白酒企业战略实施的整个系统，而是根据研究的问题及目的，将复杂的模型进行抽象和简化。借鉴可持续平衡计分卡将系统分为 5 个子系统，按照企业经营情况及目标对指标进行筛选，最终建立白酒企业战略实施绩效预测模型。

将可持续平衡计分卡结合系统动力学能确保白酒企业战略实施绩效评价指标体系的系统性，能将白酒企业战略实施绩效的评价指标的复杂因果性弄清楚。白酒企业战略实施效果主要还是从财务绩效方面体现，但财务绩效不能完全反映战略实施的好坏，需要结合顾客、内部业务流程、学习与成长等来判断。企业财务绩效获得增长，会对社会及环境、顾客渠道建设、加大创新力度的投入产生影响，这是一个因果反馈的关系。通过白酒企业战略实施绩效指标，运用系统动力学原理分析不同维度指标之间的因果反馈消息，进而建立五大绩效维度的因果关系模型。结合第三章自下而上建立的战略地图，构建五大绩效间的因果回路图（如图 4-1 所示）。

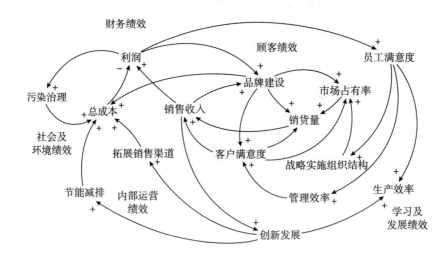

图 4-1　白酒企业战略实施因果回路

可以将上述的因果回路图分解为多个反馈环，以下图 4-2 和图 4-3 两个反馈环作简单的解释。图 4-2 为营收正反馈循环，表示白酒企业利润增加时会促使企业加大员工培训力度，注重员工发展，提高员工满意度；员工满意度增加会提高企业的管理效率；有效的管理模式、完善的管理制度能提高办公效率，进一步提升顾客的满意度；顾客满意度的增加提高销售收入；销售收入的提高会增加利润的累积，形成一个正反馈循环回路。

图 4-3 表示利润、成本以及扶贫捐赠的效果，利润的提高会加大企业污染治理进一步提高企业的运营成本，成本上升利润也随之下降，形成一个负反馈回路。

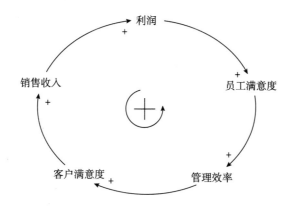

图 4-2 营收正反馈回路

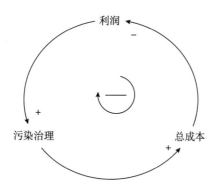

图 4-3 负反馈回路

（三）模型建立

在分析企业战略实施绩效评价五大绩效维度因果关系图的基础上，依据企业战略实施情况及战略目标，运用 Vensim 软件建立具体的因果回路图及存量流量图，并确定相关方程式，最后对模型进行相关指标检验。

三　模型检验

（一）模型适用性检验

著名的系统动力学研究人员 Forester 强调，所构建模型的适用性必须要基于所构建模型的目标，并且需要通过检验。模型适用性检验根本上是对 SD 构建模型是否符合现实的发展规律，构建的结构是否具有合理性等方面进行检测。本书中建立绩效预测模型的目的是预测未来目标期间白酒企业战略实施绩效指标的变化。将 SD 构建的因果反馈分析与企业战略图的实际分析相结合，将相关的变量方程式输入到仿真中，通过适用性检验证明模型的合理性。

（二）单位一致性检验

在使用系统动力学理论建立模型时，我们需要一种方法来确保所有方程等式两边量纲相同，才能对其进行度量，这是针对 SD 建模的单位一致性测试。其中，Vensim 等相关建模软件附带单位检验功能，可以在构建模型过程中随时检查变量单位，并不是在构建完整模型后才能使用，该功能能够较快反映出模型的单位问题，及时纠正，提高建模速度。

（三）模型灵敏度分析

灵敏度的测试分析的思想是对改变模型中某个影响因素进行测验，抑或是对构建模型中解释不够精准的某部分的结构进行测试。因素的初值变化对模型的运行趋势也会产生影响，通过比较模型的初始结果，观察它的灵敏性。可以结合 Vensim 及其他相关软件辅助进行测验，通过软件自带功能来实现测量的有效性及合理性。

（四）基于实证的模型有效性检验

基于实证的模型有效性检验是将初始模拟年限中企业经营真实数据输入模型进行仿真，并以此进行准确建模。有效性的检验是指将预测模型对相关指标模拟数据、变化趋势与现实指标数据、变化趋势进行对比，保证误差在一定范围内则通过检验。本书基于 SD、SBSC 建立的战略实施绩效重点指标预测模型，可以结合五大维度，借助相对误差值对同期方差指标和实际值的预测结果进行分析，检验所建模型的有效性和合理性。

四 指标预测分析

模型通过四个检验后，调整系统的变量及参数可对重要指标进行预测分析，预测指标选择范围主要是 GRA-TOPSIS 评价模型中权重影响较大的指标以及企业战略实施中较为看重相关指标，对后期企业战略实施及战略规划的调整提供科学依据。

本章小结

首先，本章结合第三章白酒企业战略实施绩效评价体系的构建，进一步论述了指标权重赋权详细的过程，运用熵权法获得指标权重，在此基础上构建了 GRA-TOPSIS 评价模型，计算出相对贴近度，并划分为四个等级（较低、中等、良好、优质）评价白酒企业战略实施绩效水平标准。其次，分析了白酒企业战略实施绩效预测模型的详细建模步骤、模型检验、指标预测选择等方面。最后，对 Vensim 软件的运行进行了介绍，构建了五大绩效因果回路图，并对因果关系图的几个基本反馈环进行了分析。

第五章　白酒企业战略实施绩效评价模型应用研究

第一节　白酒企业战略实施绩效评价指标体系应用分析

本书以四川白酒企业即 Sfive 公司为例,对其战略进行研究能较好地反映中国超大型白酒企业的战略实施情况,为川酒振兴发展思路提供参考意见。通过实地调研分析 Sfive 公司现状,结合战略实施重点、难点,构建 Sfive 白酒企业战略实施绩效评价指标体系,并对白酒企业战略实施绩效评价模型和重要指标预测模型进行应用,来综合评价战略实施绩效及产生原因。

一　Sfive 公司的战略背景

(一) Sfive 公司概况

Sfive 公司发展历史悠久,见证了中国白酒行业过去几十年的发展历程。Sfive 是第一个在央视投放广告的白酒企业,广告的宣传效应刺激了顾客的欲望、迅速提升了全国知名度以及企业的品牌价值。随着市场消费人群的变化,Sfive 公司对市场需求重新调研,加大产品研发和创新后开始采取多品牌战略,迅速提高了市场占有率和销量,在 1994 年之后连续九年蝉联白酒行业第一。但多品牌战略给 Sfive 公司带来收益的同时,也埋下了隐患,在 2001 年,Sfive 公司研发出上百个产品,拥有了上百个子品牌后弊端显现,市场上这些研发产品良莠不齐,将 Sfive 公司的品牌价值严重透支,并且 Sfive 公司实行的买断经营、地区品牌联营策略让其饱受争议,最终 Sfive 公司只能对杂乱品牌进行清理,集中发展优势品牌。如今,Sfive 公司持续增强经营能力,企业创新能力、品牌经营得到国内外顾客的认可，2020 年 Sfive 公司品牌价值全球 500 强企业排名中位于第 79 位。

　　然而，白酒供给侧改革及新政策的执行，使市场竞争更为激烈。由于相似的地理环境和文化背景，同一个地区所产酒的类型都相似或相近，Sfive 公司的酒产区位于四川省，香型酒市场竞争中，Sfive 公司一度想成为浓香型的代表，但有 Jian Nan chun、Luzhou Lao jiao 等强劲对手；从国内市场分布及高端市场竞争来看，Gmoutai 公司竞争优势较大。研究 Sfive 公司战略实施绩效对发挥企业战略优势具有重要意义。

　　（二）Sfive 公司战略实施现状

　　目前，Sfive 公司依旧施行"十三五"战略，结合企业年报和企业社会责任报告等来看，"十三五"战略愿景是"致力于打造世界领先品牌、实现高质量可持续的快速发展"。企业的发展战略主要从创新模式、提升品牌、整合资源展开。并在酿酒自动化创新方面有重大进步，品牌价值不断提高，能够较好地完成企业日常主营业务的经营。由于白酒产量大，企业组织庞大，员工近 3 万人，在同行业竞争中竞争优势较大，但与领军企业相比，竞争优势提升不明显，市场占有率虽有提升，但利润率远不及领军企业。人员管理方面，员工数量能满足企业战略实施行动，由于机构设置不当，Sfive 公司的白酒产值稳步增长，但高端市场占有率提升较慢。

　　本书对 Sfive 公司员工进行了访谈，了解到企业处于"二次创业"时期，Sfive 公司在战略实施方面也存在超大型白酒企业发展面临的难题，如企业战略目标和企业战略不太明朗，组织结构存在部分老化，战略实施结构与部分组织结构不匹配，间接影响了企业的经营效率。为此，研究以 Sfive 公司为例对白酒企业战略绩效评价和预测模型进行应用研究。

　　二　Sfive 公司战略实施绩效评价指标体系构建

　　本书在白酒企业战略实施绩效评价指标体系的基础上，针对 Sfive 公司战略规划及特点，建立了如表 5-1 所示的 Sfive 公司战略实施绩效评价指标体系。

　　在财务绩效指标方面切合企业资本运营目标及规划，主要选取资产负债率、资产流动率、现金流动负债比率等指标来体现资产运营的情况。在顾客绩效方面，加强品牌建设一直是 Sfive 公司的战略目标，这也是市场营销能力的体现，反映了顾客的满意程度。主要选择营销费用占比、品牌价值增长率、高端品牌销售增长率、大客户收入比、白酒市场占有

表 5-1 　　　　　　　　　Sfive 公司战略实施绩效评价指标体系

目标层	准则层	绩效指标	指标指向
财务绩效	偿债能力	资产负债率	适度
		资产流动率	适度
	资产运营	应收账款周转率	正向
		现金流动负债比率	正向
		资产周转率	正向
	盈利能力	主营业务收入增长率	正向
		资本保值增值率	正向
		加权平均净资产收益率	正向
顾客绩效	品牌传播力	营销费用占比	正向
		品牌价值增长率	正向
		高端品牌销售增长率	正向
	客户满意度	大客户收入比	适度
		白酒市场占有率	正向
		产品质量管理	正向
		安全生产	正向
内部运营绩效	管理效率	管理费用率	适度
		酒产品毛利率	正向
		酒类存货占比	适度
		酿酒产销比	正向
		经营计划完成率	正向
	战略实施保障力	董事会投资者参与比	正向
		独立董事比例	正向
		战略实施保障结构	正向
		企业战略规划布局	正向
学习及发展绩效	员工满意度与贡献率	员工工资增长率	正向
		员工人均营收比	正向
		员工有效发展	正向
	创新发展	研发投入占营收比	正向
		科研人员比重	正向
		专利增长率	正向
		人均专利数	正向

续表

目标层	准则层	绩效指标	指标指向
社会及 环境绩效	社会效益	企业支付税费增长率	正向
		捐赠收入比	正向
		提供岗位增长率	正向
	环境保护	污染治理	正向

率、产品质量管理、安全生产等指标。其中，通过调查了解到 Sfive 公司积极实施"质量强企"战略，因此，在内部运营绩效中加入了产品质量体系认证、高端品牌销售增长率。企业创新是指异于常规或思路，利用现有资源满足发展需要，从而改进酿造方法、设计新品牌和新包装并获得额外的经济效益。创新发展是指在企业创新过程中投入与产出之比，影响创新效率的因素有很多，本书主要从企业内部投入和产出以及市场占有率来比较。通过调查发现，对于 Sfive 公司而言，2015—2019 年安全事故为零，对安全生产率指标测量意义不大，因此，在建立 Sfive 公司战略实施绩效评价指标体系中不考虑此指标（详细指标如表 5-1 所示）。

第二节　白酒企业战略实施绩效评价模型应用分析

一　指标权重计算及分析

1. 构建原始矩阵。其中，矩阵数据主要由 2016—2020 年 Sfive 公司战略实施绩效评价指标体系的原始数据组成。白酒企业战略实施绩效的评价时间点选取与企业战略周期、白酒行业战略影响周期密切相关。白酒企业战略实施周期主要以五年为一周期，其中包括企业战略制定、企业战略实施、实施效果的评估，最后对企业战略进行调整并终结，形成了一个完整的期间。数据来源于 Sfive 公司 2016—2020 年的平度报告，当同一指标不同年份数据有冲突时，选取最新年份数据为准。部分定性指标采用评分的方式获取（具体评分标准见附录 1），由式（4-1）构建如下矩阵。

$$X = \begin{pmatrix}
0.2295 & 0.2848 & 0.2436 & 0.2291 & 0.2247 \\
3.9552 & 3.2172 & 3.7720 & 3.9629 & 3.9820 \\
651.5761 & 382.9010 & 337.9489 & 277.8705 & 228.6804 \\
0.5680 & 0.7695 & 0.5948 & 0.6116 & 0.8545 \\
0.5204 & 0.5207 & 0.5099 & 0.4536 & 0.4279 \\
0.1437 & 0.2520 & 0.3261 & 0.2299 & 0.1332 \\
1.1533 & 1.1686 & 1.1910 & 1.1342 & 1.0871 \\
0.2494 & 0.2526 & 0.2280 & 0.1938 & 0.1501 \\
0.0973 & 0.0995 & 0.0944 & 0.1201 & 0.1913 \\
0.3100 & 0.3477 & 0.2829 & 0.1325 & 0.0896 \\
0.1107 & 0.3141 & 0.4111 & 0.2284 & 0.1231 \\
0.1807 & 0.1328 & 0.1093 & 0.1086 & 0.1295 \\
0.0982 & 0.0892 & 0.0746 & 0.0534 & 0.0401 \\
3.0000 & 3.0000 & 3.0000 & 3.0000 & 2.0000 \\
4.0000 & 4.0000 & 4.0000 & 3.0000 & 3.0000 \\
0.0455 & 0.0530 & 0.0585 & 0.0726 & 0.0873 \\
0.8028 & 0.7995 & 0.7759 & 0.7671 & 0.7540 \\
0.1161 & 0.1286 & 0.1370 & 0.1489 & 0.1489 \\
1.0101 & 0.9830 & 0.9981 & 0.9987 & 0.9828 \\
1.0000 & 1.0024 & 1.0524 & 1.1181 & 1.0313 \\
0.7179 & 0.7125 & 0.6655 & 0.6547 & 0.6869 \\
0.1875 & 0.1765 & 0.1667 & 0.1765 & 0.1765 \\
4.0000 & 4.0000 & 4.0000 & 4.0000 & 3.0000 \\
3.0000 & 3.0000 & 3.0000 & 3.0000 & 2.0000 \\
0.0096 & 0.2981 & 0.0790 & 0.1287 & (0.0474) \\
221.4707 & 190.2160 & 152.2581 & 118.4818 & 96.6215 \\
4.0000 & 4.0000 & 3.0000 & 3.0000 & 2.0000 \\
0.0023 & 0.0025 & 0.0021 & 0.0026 & 0.0035 \\
0.1051 & 0.1032 & 0.1019 & 0.1054 & 0.1076 \\
0.0208 & 0.2973 & (0.0976) & 0.1081 & (0.0513) \\
0.0541 & 0.0530 & 0.0414 & 0.0458 & 0.0406 \\
(0.4325) & 0.3601 & 0.4794 & 0.5872 & 0.0453 \\
0.0028 & 0.0029 & 0.0032 & 0.0003 & 0.0003 \\
(0.0177) & 0.0022 & 0.0319 & 0.0030 & (0.0207) \\
5.0000 & 5.0000 & 5.0000 & 5.0000 & 4.0000
\end{pmatrix}$$

2. 运用式（4-2）计算除皇台酒业（ST 股票）外 2016—2020 年白酒上市企业行业适度值（如表 5-2 所示）。

表 5-2　　　　　　　　　　　　**行业适度值**

	资产负债率	资产流动率	大客户收入比	管理费用率	酒类存货占比
k_{2016}	0.5607	2.4869	0.2356	0.0858	0.2616
k_{2017}	0.3172	2.5019	0.2074	0.0857	0.2683
k_{2018}	0.3309	2.4360	0.2188	0.0744	0.2722
k_{2019}	0.3367	2.5626	0.2299	0.0751	0.2652
k_{2020}	0.3243	2.6024	0.2442	0.0745	0.2671

3. 对正向指标和适度指标进行无量纲化处理，由式（4-3）和式（4-4）构建矩阵 $Y = (y_{ij})_{m \times n}$，其中，矩阵 Y 主要由消除不可比因素的原始矩阵，再进行无量纲化处理。

$$Y = \begin{pmatrix}
0.8489 & 1.0000 & 0.8755 & 0.8726 & 0.0000 \\
0.1693 & 1.0000 & 0.1893 & 0.0406 & 0.0000 \\
1.0000 & 0.3647 & 0.2584 & 0.1163 & 0.0000 \\
0.0000 & 0.7033 & 0.0937 & 0.1523 & 1.0000 \\
0.9966 & 1.0000 & 0.8832 & 0.2770 & 0.0000 \\
0.0547 & 0.6160 & 1.0000 & 0.5015 & 0.0000 \\
0.6366 & 0.7838 & 1.0000 & 0.4532 & 0.0000 \\
0.9688 & 1.0000 & 0.7600 & 0.4263 & 0.0000 \\
0.0303 & 0.0525 & 0.0000 & 0.2654 & 1.0000 \\
0.8540 & 1.0000 & 0.7489 & 0.1663 & 0.0000 \\
0.0000 & 0.6770 & 1.0000 & 0.3918 & 0.0414 \\
1.0000 & 0.2687 & 0.0000 & 0.2325 & 0.0740 \\
1.0000 & 0.8452 & 0.5944 & 0.2291 & 0.0000 \\
1.0000 & 1.0000 & 1.0000 & 1.0000 & 0.0000 \\
1.0000 & 1.0000 & 1.0000 & 0.0000 & 0.0000 \\
0.0000 & 0.2483 & 0.4748 & 0.5774 & 1.0000 \\
1.0000 & 0.9324 & 0.4488 & 0.2684 & 0.0000 \\
0.0000 & 0.3730 & 0.4118 & 0.8245 & 1.0000 \\
1.0000 & 0.0073 & 0.5581 & 0.5819 & 0.0000 \\
0.0000 & 0.0200 & 0.4440 & 1.0000 & 0.2647 \\
1.0000 & 0.9146 & 0.1709 & 0.0000 & 0.5095 \\
1.0000 & 0.4706 & 0.0000 & 0.4706 & 0.4706 \\
1.0000 & 1.0000 & 1.0000 & 1.0000 & 0.0000 \\
1.0000 & 1.0000 & 1.0000 & 1.0000 & 0.0000 \\
0.1650 & 1.0000 & 0.3657 & 0.5096 & 0.0000 \\
1.0000 & 0.7497 & 0.4456 & 0.1751 & 0.0000 \\
1.0000 & 1.0000 & 0.5000 & 0.5000 & 0.0000 \\
0.1429 & 0.2857 & 0.0000 & 0.3571 & 1.0000 \\
0.5614 & 0.2281 & 0.0000 & 0.6140 & 1.0000 \\
0.2998 & 1.0000 & 0.0000 & 0.5209 & 0.1172 \\
1.0000 & 0.9180 & 0.0597 & 0.3863 & 0.0000 \\
0.0000 & 0.7773 & 0.8943 & 1.0000 & 0.4686 \\
0.8790 & 0.9276 & 1.0000 & 0.0217 & 0.0000 \\
0.0580 & 0.4351 & 1.0000 & 0.4508 & 0.0000 \\
1.0000 & 1.0000 & 1.0000 & 1.0000 & 0.0000
\end{pmatrix}$$

4. 由式（4-5）计算消除标准化后的负值数据，并由式（4-6）和式（4-7）求得各个指标的权重（如表5-3所示）。从目标层来看五大维度在企业战略实施绩效评价指标体系中权重相近。从准则层来看，管理效率（0.1395）、客户满意度（0.1267）、创新发展（0.1147）权重较高，而偿债能力（0.0556），盈利能力（0.0769）权重较低。从基本绩效指标来看，安全生产（0.0443）、捐赠收入比（0.0396）、人均专利数（0.0361）指标权重较高，可以作为重点预测指标，而独立董事比例（0.0204）、资本保值增值率（0.0218）、资产负债率（0.0225）指标权重较低，对白酒企业战略实施绩效影响较高。

表5-3 白酒企业战略实施绩效指标权重

目标层	准则层	基本绩效指标
财务绩效 （0.2249）	偿债能力（0.0556）	资产负债率（0.0225）
		资产流动率（0.0331）
	资产运营（0.0924）	应收账款周转率（0.0278）
		现金流动负债比率（0.0342）
		资产周转率（0.0304）
	盈利能力（0.0769）	主营业务收入增长率（0.0299）
		资本保值增值率（0.0218）
		加权平均净资产收益（0.0253）
顾客绩效 （0.2239）	品牌传播力（0.0972）	营销费用占比（0.0355）
		品牌价值增长率（0.0302）
		高端品牌销售增长率（0.0316）
	客户满意度（0.1267）	大客户收入比（0.0300）
		白酒市场占有率（0.0271）
		产品质量管理（0.0252）
		安全生产（0.0443）
内部运营绩效 （0.2410）	管理效率（0.1395）	管理费用率（0.0234）
		酒产品毛利率（0.0285）
		酒类存货占比（0.0246）
		酿酒产销比（0.0319）
		经营计划完成率（0.0312）

续表

目标层	准则层	基本绩效指标
内部运营绩效 （0.2410）	资源配置（0.1014）	董事会投资者参与比（0.0306）
		独立董事比例（0.0204）
		战略实施保障结构（0.0252）
		企业战略规划布局（0.0252）
学习及发展绩效 （0.1932）	员工满意度与贡献率 （0.0785）	员工工资增长率（0.0256）
		员工人均营收比（0.0275）
		员工有效发展（0.0255）
	创新发展（0.1147）	研发投入占营收比（0.0268）
		科研人员比重（0.0242）
		专利增长率（0.0277）
		人均专利数（0.0361）
社会及环境绩效 （0.1171）	社会效益（0.0919）	企业支付税费增长率（0.0236）
		捐赠收入比（0.0396）
		提供岗位增长率（0.0286）
	环境保护（0.0252）	污染治理（0.0252）

二　GRA-TOPSIS 评价模型运算

1. 运用式（4-8）求得加权决策矩阵 $Z = (z_{ij})_{m \times n}$，在此基础上运用式（4-9）—式（4-12）得到正负理想解的欧氏距离如下所示。

$d_i^+ = (0.0995, 0.0773, 0.1027, 0.1164, 0.1495)$

$d_i^- = (0.1307, 0.1348, 0.1157, 0.0876, 0.0736)$

2. 依据式（4-13）、式（4-14）计算各个年份战略实施绩效与正理想解与负理想解的灰色关联度。

$r_i^+ = (0.7666, 0.7891, 0.7033, 0.6353, 0.5537)$

$r_i^- = (0.6332, 0.5660, 0.6491, 0.6755, 0.8594)$

3. 运用式（4-15）对 d_i^+、d_i^-、r_i^+、r_i^- 进行无量纲化处理，计算出 D_i^+、D_i^-、R_i^+、R_i^-，在此基础上结合式（4-16）、式（4-17）对 Z_i^+、Z_i^-、R_i^+、R_i^- 进行加权无量纲化处理得到 S_i^+、S_i^-（如表5-4所示）。

4. 运用式（4-18）计算出白酒企业战略实施绩效评价的相对贴近度 ξ_i，并结合绩效水平进行分类（如表5-5所示）。

表 5-4   Sfive 公司战略绩效评价参数值

年份	D_i^+	D_i^-	R_i^+	R_i^-	S_i^+	S_i^-
2016	1.0000	0.5461	0.7017	1.0000	0.6239	1.0000
2017	0.7785	0.6503	0.8051	0.7861	0.7277	0.7823
2018	0.6868	0.8585	0.8913	0.7553	0.8749	0.7211
2019	0.5172	1.0000	1.0000	0.6586	1.0000	0.5879
2020	0.6653	0.9698	0.9715	0.7368	0.9706	0.7010

表 5-5   Sfive 公司战略实施绩效评价绩效水平

年份	ξ_i	排序	绩效水平
2016	0.3842	5	中等
2017	0.4819	4	中等
2018	0.5482	3	中等
2019	0.6298	1	良好
2020	0.5806	2	中等

从表 5-5 中我们可以看出，在 Sfive 公司"十三五"战略规划期间，战略实施绩效水平从 2016 年中等水平逐渐提升，到 2019 年达到良好水平，由于受到疫情的重大影响，到 2020 年年底战略实施水平有所下降，回到中等水平。为更清晰地观察 Sfive 公司五年不同维度的战略绩效变化，从五大绩效维度分析其原因，用同样的公式分别计算出五大绩效维度、综合绩效的相对贴近度及排序，并结合绩效水平对综合绩效进行分类（如图 5-1 所示）。

从图 5-1 中我们可以很清晰地看到，财务绩效维度、社会及环境绩效维度相对贴近度波动较大；内部运营绩效波动较小，提升较小。其中，财务绩效相对贴近度 2016—2019 年逐渐提高，从中等水平上升到良好水平，财务绩效受疫情影响较大，从良好水平回落到中等水平。从顾客绩效来看，2019 年最高并达到良好水平，顾客绩效受疫情影响较小，略有下降，但保持良好水平。内部运营绩效相对贴近度差距波动最小，2016—2017 年上升之后绩效水平有所下降，2020 年达到最高。从学习及发展绩效来看，仅 2019 年达到良好水平并与其余四年差距较大，综合分析发现 2019 年企业营业收入猛增，人均员工贡献加大，员工收益增加，在一定程度上满意度得到提升，进而学习及发展绩效得到提升。从社会及环境绩效来看，"十三五"战略初期 Sfive 公司对社会贡献和环境保护意识较低，2016 年社会及环境绩效相对贴近度都处于较低水平，2017 年开始企业开始重视其发展，2018 年相对贴近度最高，接近优秀水平，随后下降。

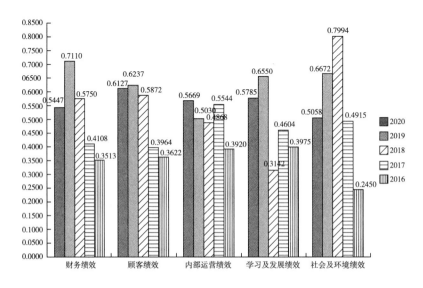

图 5-1 企业战略实施绩效分析

5. 运用式（4-19）计算企业战略实施综合绩效，并分别计算五个不同维度的综合绩效（如表 5-6 所示）。

表 5-6　　　　　　　　　企业战略实施综合绩效

综合绩效	ζ	综合绩效	ζ
财务综合绩效	0.5186	学习及发展综合绩效	0.4811
顾客综合绩效	0.5164	社会及环境综合绩效	0.5418
内部运营综合绩效	0.5006	总绩效	0.5249

从表 5-6 中可以得出，五个维度综合绩效及总绩效的绩效水平都处于中等，水平还有待提高。从五个维度综合绩效来看，社会及环境综合绩效最高，学习及发展综合绩效水平最低，顾客综合绩效、财务综合绩

效水平适中，总绩效为中等水平。综合来看，Sfive 公司的"十三五"战略实施绩效处于中等水平。

第三节　白酒企业战略实施绩效重要
指标预测模型应用分析

一　模型目的及边界界定

白酒企业战略实施绩效重要指标预测模型建立主要是将系统动力学与 Sfive 公司战略实施绩效评价指标体系相结合，并确定五大维度之间及具体指标之间的因果联系。该评价系统包括基础变量和权变变量，通过对战略实施绩效模型的预测可以获得绩效间有关自变量与因变量的互相联系，并且能够借助系统动力学模型找到战略实施优化的路径。但在实际运营中该模型也会存在许多的不确定性，为确保模型的正常运营需要对模型进行一些假设并界定模型的边界，将研究的问题与企业无关的环境相区分。

本章主要研究的是白酒企业战略实施绩效预测问题，其研究的根本还是依据可持续平衡计分卡并结合白酒企业战略实施绩效评价指标体系来构建预测模型的系统，因此在构建时要考虑模型的财务绩效、顾客绩效、内部运营绩效、学习及发展绩效、社会及环境绩效五个维度的重要指标，通过构建的系统模型能够较为全面地分析白酒企业战略实施预测指标与实际白酒企业战略实施经营成果之间的联系。

二　模型构建

结合第四章系统动力学建模特点及 Sfive 公司自身特殊性进行分析，在参考大量相关文献资料之后，按照第四章的建模步骤构建存量流量图，构建后的模型中包括基本变量及权变变量，其中包括主营业务收入、白酒市场占有率等绩效指标。换句话说白酒企业战略实施绩效重要指标范围实际上是指标中的变量的全集，因此，白酒企业战略实施绩效重要指标预测模型从白酒企业战略实施绩效评价指标体系中选取了较为重要的关键指标。

系统动力学模型清晰地构建了不同绩效指标之间的因果关系，但部分指标之间的关系是非直接关联的，本书对此类关系进行了整合（如

图 5-2 所示）。

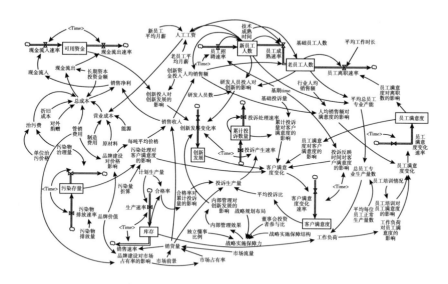

图 5-2　白酒企业战略实施重要指标预测模型

利用 Vensim 软件功能可以分析主要原因（如图 5-3 所示）。从图中我们可以详细分析影响库存变化的主要因素，直接影响因素有生产速率、销售速率、销货量；间接影响因素主要有计划生产量、市场前景、市场占有率、市场流量等。

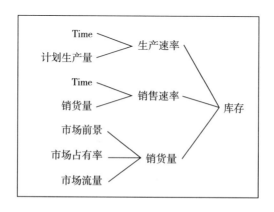

图 5-3　库存变化原因

三 变量说明及方程式构建

在构建的白酒企业战略实施重要指标预测模型图中，需要定量描述指标间的因果关系，并构建存量流量图，以下对相关变量指标及主要方程式进行详细介绍（如表5-7所示）。

表5-7　　白酒企业战略实施重要指标预测模型变量说明

变量名	类型	单位	变量名	类型	单位
人均销售额	A	元/人	客户满意度变化	A	Dmnl
人均销售额对满意度的影响	A	Dmnl	内部管理对创新发展的影响	A	Dmnl
内部管理效果	A	Dmnl	创新发展	T	Dmnl
创新发展变化率	R	Dmnl/Month	创新投入对创新发展的影响	A	Dmnl
创新资金投入	C	元	制造费用	C	元
单位治污价格	C	元/吨	原材料	C	元
可用资金	L	元	合格率	A	Dmnl
合格率对累计投诉量的影响	A	Dmnl	员工培训对员工满意度的影响	A	Dmnl
员工成熟速率	R	人/Month	员工培训情况	C	Dmnl
员工招聘速率	R	人/Month	员工满意度	L	Dmnl
员工满意度变化速率	R	Dmnl/Month	人工工资	A	元
员工满意度对客户满意度的影响	A	Dmnl	员工满意度对离职数的影响	A	Dmnl
员工离职速率	R	人/Month	品牌价值	C	元
品牌建设对价格影响	A	Dmnl	品牌建设对市场占有率的影响	A	Dmnl
基期（time）	A	Month	基础员工人数	C	人
基础投诉量	C	件	客户满意度	L	Dmnl
客户满意度变化速率	R	Dmnl/Month	市场流量	C	吨
对外捐赠	C	元	工作负荷	A	Dmnl
市场占有率	A	Dmnl	员工满意度变化	A	Dmnl
平均工作时长	C	Month	平均投诉比	A	Dmnl
市场前景	C	Dmnl	库存	L	吨

续表

变量名	类型	单位	变量名	类型	单位
平均每位员工正常生产量数	C	吨/人	工作负荷对员工满意度的影响	N	Dmnl
平均总员工专业产能	A	人	总员工专业生产量数	A	吨
销售速率	R	吨/Month	总成本	A	元
战略实施保障力	A	Dmnl	战略实施保障结构	C	Dmnl
战略规划布局	A	Dmnl	技术成熟时间	C	Month
投诉产生速率	R	件/Month	投诉生产量	A	件
投诉处理速率	R	件/Month	折旧成本	C	元
投诉反映时间对客户满意度的影响	A	Dmnl	累计投诉量对客户满意度的影响	A	Dmnl
新员工人数	L	人	新员工平均月薪	C	元/人
每吨平均价格	A	元/吨	污染存量	L	吨
污染物排放速率	R	吨/Month	累计投诉数量	L	件
污染量折算	C	吨	治污费	A	元
独立懂事比例	C	Dmnl	现金流入	A	元
现金流入速率	R	元/Month	现金流出	A	元
现金流出速率	R	元/Month	目标差距	A	Dmnl
研发人员投入对创新的影响	A	Dmnl	污染处理对客户满意度的影响	A	Dmnl
管销费用	C	元	污染物排放量	C	吨
研发人员数	C	人	长期资本投资金额	C	元
生产速率	R	吨/Month	老员工人数	L	人
老员工平均月薪	C	元/人	能源	C	元
营业成本	A	元	董事会投资者参与比	C	Dmnl
行业人均销售额	C	元/人	计划生产量	C	吨
销售净利	A	元	销售收入	A	元

（一）主要变量说明

从模型来看，变量主要分为三类，一是常量（Constant，简称 C），二是辅助变量（Auxiliary，简称 A），三是水平变量（Level，简称 L），四是速率变量（Rate，简称 R）（如表 5-7 所示）。

（二）主要方程式

本书以 Sfive 公司为例进行模拟仿真，模型中采用的数据来自白酒企业年报及社会责任报告等，主要方程式如附录2所示。

四 模型检验

（一）模型单位检验

在运用 Vensim 软件构建模型之后需要对模型所有流量、存量、辅助变量的单位进行检验以确保方程式左右两边的单位一致，并对具体变量进行详细说明，这就是系统动力学中的单位检验。该步骤可以在建模过程中间断检验，根据修改提示修改变量单位，以确保模型的正确性。其中，对于客户满意度变化速率这类无单位变量，运用 Dmnl 来表示。单位一致性检验结果如图 5-4 所示。

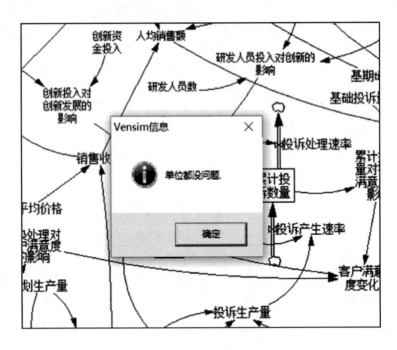

图 5-4 单位一致性检验

（二）模型适用性检验

本书系统地分析了白酒企业战略实施绩效的相关指标，并在研究企业进行深入调研，得到企业相关人员的认可，基本实现了模型结构与现实的一致性。并运用 Vensim 软件相关功能对模型适用性进行检验。本书构建白酒企业战略实施绩效模型的目的是预测所关注的白酒企业战略实施绩效相关指标在未来目标内的变化，协助企业进行战略调整。根据可持续平衡计分卡从五大维度出发，运用系统动力学原理分析白酒企业战略地图，并利用 Vensim 软件输入相关方程进行模拟仿真。结合可持续平衡计分卡理念，对模型进行修正优化。本书构建的白酒企业战略实施重要指标预测模型是合理的（如图 5-5 所示）。

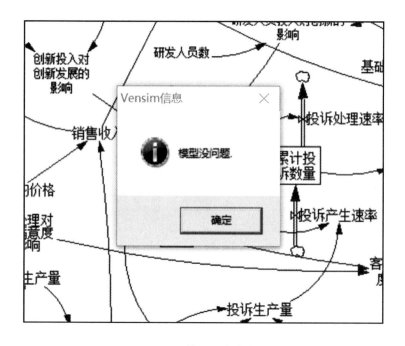

图 5-5　模型适应性检验

（三）模型灵敏度分析

本书基于系统动力学理论，并运用 Vensim 软件建立预测模型，其中灵敏度分析是模型验证的关键。灵敏度分析主要是指对模型参数或部分结构变化前和变化后进行对比，即在对模型进行仿真模拟后获取数据与模型前数据的差别分析的一种方法。模型中部分变量的详细变化趋势能够通过软件中灵敏性分析获得，并依据此数据获得变动的重大影响因素。

本书选择销售收入与销售量变量进行灵敏度分析（如图 5-6 所示）。

由于白酒企业销售收入与销货量休戚相关，在一定程度下，销货量的提高有利于提高销售收入，通过曲线观察，在销货量发生改变时，销售收入的变化趋势相同，销售收入对销货量的变化应该是敏感的。

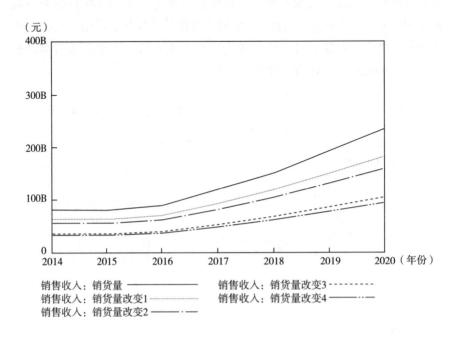

图5-6　销货量对销售收入灵敏性测试

（四）模型行为检验

基于现实数据的模型行为检验主要是将模拟数据与收集的实际历史数据进行精确程度检验，确保模型能够进行准确的仿真模拟。在白酒企业战略实施重要指标预测模型中输入的值与模型模拟值对比，本书所构建的模型是以白酒企业为研究对象，所运用的现实数据来源于白酒企业2015—2020年年度报告及企业社会责任报告相关数据，如创新资金投入、市场占有率、独立董事比例、战略实施保障结构、管销费用、战略规划、研究人员数在第四章矩阵 X 中所示。

通过输入 Sfive 公司 2015 年基本状况的模型数据与模型模拟值比较，并运用式相对误差值＝（模拟值-实际值）/实际值计算相对误差率，相关理论认为相对误差小于 10%，且相对误差率小于 5% 的占 70% 以上的模型仿真预测的性能较好，结果如表 5-8 所示。其中，由于市场占有率数值较小，模拟值与实际值相近，为更好地体现其差异，文中保留了 6 位小数。

表 5-8　　Sfive 公司 2015—2020 年主要指标实际数值与模拟值

年份	2015	2016	2017	2018	2019	2020
销售收入						
实际值（万元）	2165929	2454379	3018678	4003019	5011811	5732106
模拟值（万元）	2127620	2330970	3154990	3980700	5042530	6112090
相对误差率（%）	-1.7687	-5.0281	4.5156	-0.5576	0.6129	6.6290
销货量						
实际值（吨）	137373	148707	180007	191596	165411	160443
模拟值（吨）	134943	141230	188135	190528	166426	163224
相对误差率（%）	-1.7689	-5.0280	4.5154	-0.5574	0.6136	1.7333
员工人数						
实际值（人）	25940	25402	25478	26291	26348	25882
模拟值（人）	25982	26079	26251	26372	26544	26122
相对误差率（%）	0.1619	2.6651	3.0340	0.3081	0.7439	0.9273
市场占有率						
实际值（%）	0.03901	0.040011	0.053299	0.07473	0.089122	0.098213
模拟值（%）	0.038918	0.040067	0.053386	0.074639	0.089213	0.10512
相对误差率（%）	-0.2358	0.1400	0.1632	-0.1218	0.1021	7.0324

综合来看，主要模拟数值的相对误差率均小于 10%，小于 5% 的共 20次，占 83.33%，并大于 70%。因此，白酒企业战略实施绩效相关指标模型的仿真预测性能较好，且与企业发展现状拟合效果较好。根据检验结果，虽然部分变量存在误差，但其值的变化符合企业大致发展规律。

五　指标预测分析

（一）预测指标的选择

通过对第四章白酒企业战略实施绩效评价指标权重详细分析，并结合企业战略规划重点选择预测指标。在构建的 Sfive 公司战略实施绩效评价模型指标权重中，权重较高的指标为安全生产、捐赠收入比、品牌价值增长率等。首先，通过计算式可以了解捐赠收入比指标主要与企业捐赠值、主营收入值直接相关，在此主要预测营业收入，为企业未来捐赠提供依据,也对企业预测捐赠收入比起到一定的作用。其次,本书的研究对象具有多年经营历史,企业发展较为稳定,通过数据调查发现,安全生产的波动性较小,在此不作为预测的重点。对于品牌价值增长率具体通过企业营业收入和销货量来间接预测品牌价值的增长情况。此外,对 Sfive 公司战略规划进行详细分析发现,企业较为看中经营计划的完成情况及市场占有率。因此,本书选择营业收入、销货量及市场占有率三个指标进行预测,为白酒企业制定战略规划及战略调整提供有效支撑。

(二)预测结果

根据相关数据输入模型,对 Sfive 公司战略实施相关指标进行预测,得到 2021—2025 年 Sfive 公司的市场占有率、销售收入及销货量的发展趋势(如图 5-7 所示)。

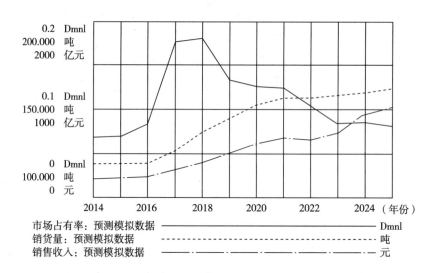

图 5-7　重要指标预测走向

通过观察 Sfive 公司重要指标预测图,可知按当前白酒企业战略实施情况及环境发展,2021—2025 年,Sfive 公司企业销售量会进一步降低,但降低水平变慢,市场占有率会缓慢提升,销售收入进一步提高。进一步分析发现,各个城市对白酒产业的支持力度在加大,白酒企业营商环境在不断优化,白酒企业发展前景较好,有利于大型及超大型白酒企业的发展,同时,白酒行业也从限制性目录中剔除,更多优质资源涌入白酒市场，短期而言，对 Sfive 公司销售收入的提升速率产生了一定影响。总体来看，Sfive 公司继续按照当前战略实施，销货量下降，销售收入和市场占有率进一步提升，Sfive 公司供给侧改革将会取得进一步成功。

第四节　相关建议

面对消费需求及经营环境等社会背景变化，企业需对战略实施绩效进行综合评价，实现对企业发展的整体把控。企业战略实施绩效评价是企业战略规划的重要依据，是企业实现自身价值并获得持续竞争优势的关键。因此，为提高白酒企业战略实施绩效评价的效率，促进白酒企业的健康可持续发展，本书提出以下建议。

（一）强化白酒企业战略实施绩效评价意识

研究发现白酒企业对战略实施绩效关注较少，战略实施绩效评价是企业保持竞争优势的重点之一，白酒企业战略实施绩效评价有助于企业发现战略实施中存在的不足。战略实施绩效评价不明确就不易整合白酒企业的战略目标、发展方向及发展战略。白酒企业掌握并使用恰当的战略绩效评价方法对企业制定战略目标、战略实施管理及战略管理能力的提升有显著作用。在战略管理时代，企业竞争更为激烈，运用评价指标对企业战略实施绩效进行衡量，是未来企业战略发展趋势。企业要想完成战略目标进而提高竞争优势，只有从根本上即掌握企业战略实施绩效才能发现实际问题并及时纠正，从而提高企业整体竞争力，满足顾客需求并促进良性竞争。

（二）运用科学的企业战略实施绩效评价体系和方法

在大数据时代，企业经营提高了数字化处理能力要求，企业需要拥有更先进的战略绩效评价方法，中大型白酒企业建立战略实施管理平台是未来企业发展的方向。企业可以针对战略绩效评价的结果及预测情况，掌握战略实施效果并为战略调整提供有效依据，实现企业战略目标，对目前白酒企业健康可持续发展，并推动我国社会经济和谐发展具有重要意义。战略实施绩效评价及重要指标预测是完善下一步工作的重要依据，要使用恰当的方法。本书构建的白酒企业战略实施绩效评价模型及重要指标预测模型，为企业完善和调整战略提供有效依据，战略实施绩效评价能明确企业在战略实施中的重点和难点，有效提高战略实施的效率。

（三）重视企业战略实施绩效评价结果的消化、吸收和运用

实施企业战略需要企业员工的实际参与，管理人员可以依据模型相关结果对后期战略实施重点进行规划，完善白酒企业员工和战略系统的管理。企业人员和管理系统与公司战略实施的有效性紧密相关。企业的组织结构是否与公司战略的实施相一致，战略实施应注意建立强大的战略组织结构，关系到其促进公司战略实施的能力。此外，组织结构的决策效率和员工合作程度会影响战略实施的效果，为此提出以下建议。

首先，企业应以部门轮换等措施有计划、有意识地优化和调整管理人员的工作，以完善企业战略实施管理中处理问题的深度和广度。战略实施绩效评价能降低企业经营风险，实时监控企业战略实施效果，企业高层对各个部门进行调整，明确企业所有部门都有一个符合战略目标的绩效考核。注意这些部门的冲突和诉求，因为实施策略可能有其自己的目标和要求，而这些目标和要求通常代表不同部门的不同利益和要求，企业需要调整并选择适当的控制系统。为了执行企业战略，企业内的各个部门必须从整体上协同工作，从而实现企业内各个系统和组织协调。因此，企业需要确定每个部门的实施标准，以使部门的目标与企业战略目标相匹配。

其次，企业应分层次、循序渐进地对管理者进行职业培训，管理人员可随时前往外部教育和培训机构进行系统研究和特别研究，以便为企业人员提供系统、标准化和专业的定向培训，并不断提高管理能力。

再次，改进管理人员业绩评估机制，通过管理业绩评估和反馈管理人员的工作能力，促进职位竞争，从而使管理人员承担更深层次的工作责任和更大的积极性，并提供强有力的保证企业战略实施的有效执行。

最后，对于社会而言，需要完善企业战略实施绩效评价信息网络管理体系。信息是白酒企业制定战略的基础，也是企业战略实施绩效评价及进行指标预测的依据。对白酒企业战略实施绩效进行综合评价，合理的调整企业发展战略符合市场需求，能持续保持企业活力及可持续发展，为企业制定发展战略提供新思路、为政府产业规划提供新依据。

本章小结

　　本章选取 Sfive 公司做应用研究，通过指标赋权发现捐赠收入比、董事会年度会议次数、品牌价值增值率、酒类存货占比指标权重较高。为更详细地分析其变化，分别计算了五个维度绩效相对贴近度，发现内部运营综合绩效水平最高，学习及发展综合绩效水平最低，顾客综合绩效、社会及环境综合绩效水平适中。综合来看 Sfive 公司"十三五"战略实施绩效处于中等水平。结合战略绩效评价模型中的部分参数及相关指标权重，建立了 Sfive 公司战略实施绩效预测模型，并通过了单位检验、模型适用性检验、灵敏度分析及模型行为检验，对主要影响战略实施绩效指标进行预测。

第六章　白酒企业战略实施绩效评价总结

第一节　白酒企业战略实施绩效研究结论

通过对白酒企业战略实施绩效的理论分析、模型构建、应用研究，得出主要结论如下。

一是白酒行业仍处于结构性繁荣为特征的新一轮增长的长周期，但受经济环境、消费环境等影响存在短期的反复波动。通过实地调研发现目前白酒企业战略实施绩效存在企业组织结构与战略实施不匹配、战略实施绩效评价标准不健全、企业战略实施的执行能力不足、企业战略实施与目标不符等问题。

二是白酒企业战略实施绩效评价模型能较好地反映企业战略实施绩效情况。研究并验证了该方法判断白酒企业战略实施绩效优劣的科学性及适用性。通过应用研究发现内部运营绩效权重最高、对白酒企业战略实施绩效影响较大，社会及环境绩效影响较小。"十三五"时期，Sfive 的社会及环境绩效、财务绩效维度发展差异较大，已成为判断战略实施绩效水平的主要因素，内部运营绩效发展均匀，提升较小。综合来看 Sfive 公司"十三五"战略实施总绩效处于中等水平。

三是白酒企业战略实施绩效相关指标的仿真预测性能较好，且与企业发展现状拟合效果较好，能对战略调整提供有效支持。研究整合可持续平衡计分卡与系统动力学建立的白酒企业战略实施重要指标预测模型，基于企业战略规划重点选择预测指标及权重较高指标发展方向进行预测。通过对 Sfive 公司 2021—2025 年重要指标的预测，发现企业继续维持当前战略实施计划，销货量会持续下降，销售收入、市场占有率能进一步提升，Sfive 公司的供给侧改革战略将会取得进一步成功。

第二节　白酒企业战略实施绩效创新点

一　内容创新

第一，本编运用新的视角和依据来研究企业战略。本书立足于新时代我国主要矛盾及经济环境变化大背景，从白酒企业自身变化及市场需求变化角度，探索影响白酒企业战略实施绩效评价关键性因素及白酒企业战略发展中存在的问题。指标选取需满足在新时代背景下，能对企业已制定战略达到判断及评价的目的，也能为企业制定未来发展战略起到导向的作用。

第二，本书详细分析了企业战略绩效评价对企业高质量可持续发展的作用机制。研究从利益相关者、可持续发展等方面，积极探索可持续平衡计分卡并进行适当延伸，详细分析了企业战略绩效评价对企业高质量可持续发展的促进作用，有助于丰富和完善企业战略实施绩效评价内容，对企业未来经济发展有一定促进作用。

二　方法创新

现有研究关于企业战略绩效评价的文献多是侧重于建立企业战略绩效评价体系，关于企业战略预测的较少，也缺少一个完整的评价框架，在方法上有如下两点创新。

第一，建立一个较为完善的企业战略绩效评价系统框架。本书运用多种理论工具，主要运用可持续平衡计分卡及企业利益相关者理论构建白酒企业战略实施地图，并结合权变理论构建了白酒企业战略实施绩效评价指标体系。第二，构建一个关于白酒企业战略实施绩效评价及预测模型。本书对白酒企业战略实施绩效进行评价，并运用 SD、SBSC、Vensim 等方法及软件建立白酒企业战略实施绩效评价模型，在一定程度上也拓展了可持续平衡计分卡的应用。模型能够良好地评价指标的重要程度，并且对企业战略实施重要指标进行预测模拟。从而揭示影响白酒企业战略绩效的关键性因素，能够较好地反映白酒企业战略的优势与劣势，为新时代白酒发展战略提出的新思路。

第三节　下一步研究工作展望

尽管本书对企业战略实施绩效评价领域有所创新，但还存在进一步的研究空间。可以对可持续平衡计分卡的维度进一步进行完善，将改进后的 TOPSIS 评价模型不仅能运用于白酒企业，也可对其他行业的企业战略实施绩效评价提供借鉴。

第一，不同企业具有不同特点，战略实施也有所差异。为此可结合其他维度来对可持续平衡计分卡进行优化，使评价结果更为客观，提升企业应对外部环境变化的战略优势。

第二，研究通过权变理论反映企业不同战略而建立的权变指标较少，需要更多的权变指标来补充和改进战略实施评价指标体系。本书提出的战略实施绩效评价模型和方法适用于所有白酒企业，且不同企业具有不同战略和不同问题，需要根据具体战略实施情况对企业战略实施绩效评价体系进行调整，预测指标可依据不同企业的战略规划进行调整。因而在未来研究中，可以多结合主观数据，来提高评价的适用性。

第三，运用系统动力学构建模型，存量流量图中的方程式的构建是模型运行的基础，为后续仿真模型的真实性及适用性提供了保障。未来对白酒企业战略实施绩效评价模型中各个指标间的函数关系需要进一步验证研究，以增加模型的说服力和现实性。

第二编　四川白酒产业竞争力强弱分布与提升路径研究

第七章 四川白酒产业竞争力
强弱分布与提升路径

第一节 白酒产业竞争力研究背景及意义

一 白酒产业竞争力研究背景

中国白酒产业规模较大，酒文化底蕴深厚，有赤水河流域、长江流域、淮河流域与黄河流域四大名酒带，孕育了 Gmoutai 公司、Sfive 公司等一批优秀企业，创立了诸多品牌。白酒产业的经济贡献较高，行业的整体发展速度较快，在我国国民经济发展中占据重要地位。为促进白酒产业资源合理优化，国家出台了相关指导政策，如国家发改委公布的《产业结构调整指导目录（2019 年版）》，进一步加快了白酒产业的供给侧改革，降低了行业壁垒。新的资源和企业的涌入会对白酒行业的生产技术、不同区域的产业布局提出更高的标准，为白酒产业稳健发展提供适宜环境与机遇。

随着全球经济一体化加快，市场开放程度提高，大数据与互联网平台的发展使得信息化社会资源共享进一步提高，顾客对白酒市场有了更多的选择权与知情权，对白酒产业结构产生了深远影响：健康饮酒、科学饮酒成为一种生活趋势；葡萄酒等果酒替代产品竞争力增强；白酒市场竞争激烈。白酒产业作为四川省经济支柱性产业之一，当下四川白酒产业的发展模式还有待优化。提升四川白酒产业竞争力、打造"世界白酒—中国白酒—四川名酒"的省域名片已成为四川白酒产业的期盼与追求。鉴于此，本书分析四川白酒产业竞争力强弱分布态势及挖掘四川白酒产业竞争力提升路径，这是促进四川白酒产业高质量发展的关键。四川白酒产业作为最具有比较优势的特色产业，应当承担引领四川省经济发展的重要职责。在经济新常态的背景下，未来的四川白酒产业如何提升产业竞争力、优化白酒产业结构、促进白酒产业的转型升级是一个极具现实意义的问题。

二 白酒产业竞争力研究意义

对于四川白酒产业的发展而言，提升白酒产业竞争力是使其高质量地可持续发展的核心。因而，为了促进白酒产业的发展，本书分析四川白酒产业竞争态势，并提出川酒振兴发展可行性建议，这对研究白酒产业竞争力具有重要的理论意义，对研究白酒产业振兴发展具有现实意义，具体来看：

第一，丰富了产业竞争力的研究内容。研究四川白酒产业竞争力强弱分布与提升路径，进一步丰富产业竞争力的研究内容，这为今后的白酒产业研究或白酒行业相关政策理论工作的开展提供了可借鉴依据。

第二，顺应"中国白酒金三角"战略要求，提升四川白酒产业竞争实力。本书以四川白酒产业作为调查对象，建立四川白酒产业竞争力的评价体系，以评估四川白酒产业竞争力强弱分布态势，从而为四川白酒产业如何提高竞争力提供对策。这有利于增强四川白酒产业的竞争实力，助力川酒振兴，有利于推动川酒国际化发展进程。

第三，推动四川白酒产业结构优化升级。四川白酒产业面临着产业体系失衡等诸多问题。建立四川白酒产业科学可行的竞争力评价体系，有利于了解产业现状、预测产业前景以及制定产业发展规划，从而推动白酒产业的转型升级。

第四，有利于提高川酒行业影响力。四川白酒是中国白酒行业的领跑者，对四川白酒作科学客观的评价，可对其他省域白酒产业提供借鉴，让白酒行业各参与主体认识四川白酒产业发展机制，这将有助于提升川酒影响力，有利于四川白酒高质量可持续发展。

第二节 产业竞争力研究综述

一 产业竞争力国内外研究综述

产业竞争力比较最早是由 Balassa 在 19 世纪 50 年代研究的。国外关于产业竞争力评价多采用比较优势指数、波特"钻石模型"及生产率法测量一国的产业竞争力。关于我国产业竞争力的研究始于 1990 年，曹远征、孙安琴（1995）从利润观的角度出发，强调盈利能力；盛世豪（1999）从有效供给能力的角度出发，强调产业竞争力的供给、价格等能力；金碚（1996）从综合观出发研究产业竞争力概念得到国内广泛认同，为建立产业竞争力评价模型和指标体系提供了初步研究框架，并为分析白酒产业竞争力提供了参考资料。

随着时间的推移，国内学者多采用综合评价法、波特"钻石模型"、生产率法、因子分析法，或者构建多个测算指数来分析产业竞争力水平。石会娟等（2019）运用因子分析法从苹果产业生产的角度对产业竞争力进行分析，以促进苹果产业的强大发展。田泽等（2019）运用数据包络分析研究多个省份制造业发展情况，该方法降低了随机误差的影响，增加了评价结果的准确性。唐莉等（2018）从成本收益角度出发，结合不同维度指标分析产品竞争力，如研究影响中国羊肉竞争优势的主要因素，选取指标分析羊肉的竞争优势。夏思楠（2019）利用钻石模型对贸易流通竞争力进行量化，并运用线性回归从数据层面分析产业竞争前景，更具有科学性。陶忠元、唐秀玲（2019）分析了国际市场占有率对主要农机产品贸易出口竞争力的影响，并利用贸易竞争力指数计算产业整体竞争力情况，丰富了产业评价指标。

二　白酒产业竞争力研究现状

近 20 年来，我国白酒产业获得了迅速发展，逐渐成为四川省经济支柱性产业，受此影响，行业内学者对白酒产业竞争力研究越发关注。关于白酒产业竞争力，国内学者主要从产业竞争力强弱评价与产业竞争力提升路径两个视角进行。为保持白酒产业发展的健康化并提高白酒产业的竞争力，部分学者通过分析白酒产业竞争环境对其产业竞争力的影响，为产业的发展提出了大量对策和建议。此外，也有学者提出基于研究模型或构建评价指标体系来测评白酒产业竞争力。

（一）基于白酒产业竞争环境的竞争力分析

学者们用 SWOT 分析、"五力模型"、波特"钻石模型"从定性角度，综合分析白酒产业发展所面临的竞争环境研究白酒产业竞争力。

一是利用 SWOT 分析白酒行业面临的困境，如杨柳（2006）利用 SWOT 分析模型，对整个白酒产业发展优劣势进行了综合分析，得出文化力是白酒产业核心竞争力的结论，兼具历史文化价值与工艺价值；郭旭、周山荣（2018）运用 SWOT 分析模型对独具白酒产业聚集效应的仁怀市进行了全面分析，发现具有聚集效应、完善配套的产业体系、交通物流迅速等发展优势。

二是在此基础上，部分学者借助"五力模型"进行研究，如郭旭、周山荣（2019）对白酒产业进行了深入研究，主要依据五力模型对酱香型白酒竞争环境进行了分析，详细论述了行业发展内部竞争程度等指标进行了分析和研究；王应之、尹波（2018）则应用波特的五力模型研究川酒产业区域内的竞争情况，并结合国家"一带一路"政策发展背景，提出建设交通运输能减少区域内白酒产业经营成本，一定程度上能促进区域内白酒产业发展。

三是从定性的角度分析，杨慧、殷为华（2015）从资源、产业特色、品牌战略、文旅结合等角度为山西杏花村酒业的转型发展提出了重要战略。在白酒产业竞争力提升路径研究方面，学者们从不同的角度展开了定性研究。苏奎（2017）从供给侧的角度出发，提出了白酒产业创新增长路径，即长期路径与短期路径，其中长期路径主要从技术、制度、区域等方向进行创新，而短期路径则主要考虑投资优化、管理与市场创新。曾祥凤（2017）认为处于深化改革阶段的白酒产业应注重战略转型发展并提出了实施路径。弓韬（2010）从营销创新的角度分析山西白酒产业竞争力，提出山西白酒产业的营销创新能力培育路径。

（二）白酒产业竞争力评价

国内学者对于白酒产业竞争力的评价研究主要从产业集群、区际竞争力、国际竞争力等方向进行。韩草（2018）通过集中度指数从横向与纵向两个方面测度了贵州白酒产业集聚水平，利用风险价值模型探析了白酒产业集聚的经济内、外部性表现，以综合指数评价法建立关于白酒产业竞争力指标，并选取我国多地白酒企业，如四川、贵州等地酒企竞争力对比分析。吴莎莎等（2016）基于 GEM 模型，测算了泸州白酒产业竞争力，并根据研究结果详述了改善建议，为提高泸州白酒产业竞争力提供了参考方向。毛莉平（2016）通过钻石模型分析了泸州白酒产业园区竞争力，采用 AHP 法测算泸州、洋河等地的竞争力水平。章家清等（2008）以蒸馏酒为研究对象，分析其竞争力，以蒸馏酒为着手点分析提高我国白酒国际竞争力的有效方式。

(三) 白酒产业研究现状述评

首先,关于白酒产业竞争力的研究,从白酒产业角度出发的相关文献较少。其次,就白酒产业视角而言,多是定性分析白酒产业竞争环境与竞争力的研究,定量研究测评较少,且定量研究侧重于产业集群、区际竞争力、国际竞争力等方向。再次,对于省域或市域层面的白酒产业竞争力提升路径中,由于各个区域的产业要素、产业结构等存在很大差异,结论与对策未必适用于每个区域。最后,现有研究就白酒产业竞争力的探讨还存有以下不足:一是对白酒产业竞争力的分析较多是观点探讨,即定性分析的较多,定量研究较少;二是在指标体系构建方面,关于白酒产业的评估体系尚处在探索之中,对于四川白酒产业竞争力的研究尚无定论;三是缺乏对白酒产业竞争力的研究方法。

第三节　研究思路及技术路线

本书就四川白酒产业竞争力强弱分布与提升路径的研究,从白酒产业竞争力研究的文献分析展开,主要内容如下。第一,文献分析。主要目的是明确白酒产业竞争力已有研究成果与研究空白,确定研究的理论与现实意义。第二,理论基础。介绍钻石模型基本概念,为下文白酒产业竞争力评价奠基。第三,设计评价体系,构建模型。本书基于波特"钻石模型"与白酒产业特点,对"钻石模型"进行改进,建立了白酒产业竞争力钻石模型,并设计了白酒产业竞争力评价体系及评价模型。第四,实证研究。运用评价模型对四川白酒产业主要城市——成都、德阳、宜宾、泸州、绵阳、遂宁、巴中进行产业竞争力评价。第五,对策建议。根据前述章节的评价分析,提出针对性建议。技术路线图(如图 7-1 所示)。

此外,本书主要采用了文献分析法、层次分析法及 TOPSIS 综合评价法。应用 TOPSIS 法对成都、德阳、宜宾、泸州、绵阳、遂宁、巴中进行相对优劣的评价,从而对四川白酒产业竞争力进行分析。

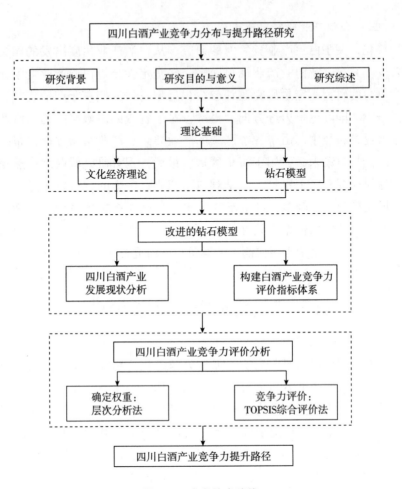

图 7-1 本书技术路线

第八章 理论基础与相关概念

第一节 理论基础

一 比较优势理论

1776 年，亚当·斯密提出绝对优势理论，强调国家可以凭借其绝对优势在国际分工中占得一席之地，该理论强调自由贸易。随后大卫·李嘉图提出比较优势理论，其内涵在于打造区别于同类产品的比较优势，从而获益于对外贸易。该理论本质是随着被比较对象的不同，其发展阶段亦不同，完善了绝对优势的内涵。李嘉图认为，国家间贸易的基础是基于产品具有比较优势、市场发挥配置资源作用的条件，市场自由机制会倾向于较高生产率行业。

换言之，即四川白酒产业应以营销生产率高且占优势的产品弥补生产率低的劣势产品的不足。本书以比较优势理论为基础，评价四川省七个城市白酒产业竞争力，通过比较每个城市间白酒产业面临的优势与劣势，有助于发掘七个城市的发展局限和竞争优势，从而提出合理建议。

二 要素禀赋理论

俄林与赫克歇尔认为国家某产品具备国际竞争力的基础在于要素禀赋，其内涵在于国家应该引进短缺、高价商品，出口丰富、便宜商品，并提出要素禀赋理论。因为产品供应量大，产品的价格就相对较低，成本亦较低；反之，产品供应量小，产品价格相对较高，则成本就较高。但该理论基本上以静态视角分析对外贸易，缺乏从动态角度对国家资源与比较优势的考量。基于上述原因，本书在建立白酒产业竞争力评价指标体系时，要重视资源要素指标的选取。

三　钻石模型理论

钻石模型理论指出产业竞争力受决定因素、辅助因素的作用。生产要素受到人文资源、资本投入的影响。需求条件主要涉及的是市场需求，进一步细分为国内、国外市场需求。企业要素如企业的战略、组织结构。相关支持产业指上下游的行业如供应商、经销商、物流等，后者受政府及机会要素影响。其中，政府要素是指政府适时的鼓励与支持有助于引导一个产业健康有序的良好发展。政府制定促进产业发展的产业政策与宏观调控措施，出台相应的法律法规稳定产业发展环境，对产业的规模与增长速度有着举足轻重的作用。机会要素是指机会是影响产业已有产业竞争格局的变动因素，产业内的企业通过对自身优势与劣势的定位，借势而行，方能抓住机遇获得竞争优势。模型要素之间存在千丝万缕的联系，两两相互作用，促进或限制了一个产业的竞争优势和潜力发挥（如图 8-1 所示）。

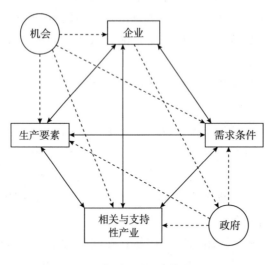

图 8-1　钻石模型

第二节　白酒产业竞争力钻石模型

本书所指的白酒产业是白酒产品的生产、加工和销售活动的总称。

白酒产业是受政府政策影响较大的产业，如白酒供给侧结构性改革政策对企业品质提出了更高要求，对中小型白酒企业发展产生了重大影响，对生产及产业要素都产生了明显影响。为此，本书对钻石模型进行了改进，政府要素不再是波特钻石模型的辅助因素，而是白酒产业竞争力评价模型的又一重要组成部分。

党的十九大报告中提出"要深化文化体制改革，完善文化管理体制"，文化建设是打造白酒文化生产力、弘扬与传播川酒文化的关键环节。文化及品牌是企业的灵魂所在，白酒文化具有丰富的精神内涵，对区域白酒产业整体发展产生重大影响。文化及品牌建设是提升白酒产业竞争力不可忽视的重要环节，同时，白酒产业的机会要素则难以衡量。为此，本书将文化及品牌要素替代传统钻石模型中的机会要素，构建反映白酒产业发展实际的、白酒产业的竞争力钻石模型，进而明确白酒产业竞争优势与不足，挖掘竞争力提升路径（如图8-2所示）。

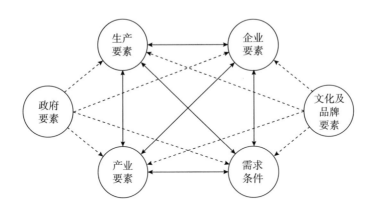

图 8-2 白酒产业竞争力钻石模型

本章小结

本章为下文白酒产业竞争力评价提供一定的理论基础。首先，界定钻石理论基本概念及其应用；其次，对基于钻石模型的四川白酒产业竞争力分析进行归纳整理。本章主要研究内容包括：通过界定相关概念基础，论述钻石模型的详细分类及其应用，证明本书的确有一定意义；同时对钻石模型进行了改进，构建了白酒产业竞争力钻石模型。

第九章 白酒产业竞争力评价指标体系与模型构建

第一节 四川省白酒产业发展现状及问题

一 四川省白酒产业总体发展现状

中国白酒产业已经形成了泸州、仁怀、宜宾三地白酒产业集群产业，建立了川酒、黔酒的核心竞争力，与此同时，迅速提升了白酒在全球的影响力。四川白酒受益于四川独特的气候、水源、土壤等生态环境，具有悠久的酿酒历史，专业人才众多、酿造工艺精湛，形成了底蕴深厚的川酒文化和扎实的产业发展基础。加之省市政府的重视和扶持，四川白酒产业整体经济效益较好，成为四川省支柱性产业。同时，四川白酒产业在全国白酒产业发展中占据重要地位，2018年四川白酒产业发展迅猛，白酒产量占全国产量四成，是中国酿酒大省；酒企数量规模以上达到326家，占全国白酒规模以上企业数的22.6%。

以宜宾、泸州、成都、遂宁、绵阳、德阳、巴中等地出产的白酒为代表的川酒是我国白酒产业的"领头羊"，对我国白酒产业有着不可替代的重要作用。四川白酒在这七市孕育出众多享誉国内外的名酒品牌，占据较大白酒市场份额，在白酒领域取得了众多的骄人成绩。总体上看，四川白酒产业的规模经济优势已经形成。

二 四川白酒产业发展问题

通过对四川白酒产业相关文献的收集和分析，发现四川白酒产业发展已呈现出集群化与多元化格局。川酒产业发展仍有较多弊端，通过实地调研及文献分析发现四川主要酒产区的四川白酒产业主要存在以下问题：

一是区域内白酒企业"小、散、乱"现象明显，地方品牌文化资源优势挖掘还不足。四川白酒品牌集中度高，企业众多，二、三线品牌的迅速崛起为川酒的繁荣奠定了基础，但中小型白酒企业竞争无序、行业结构参差不齐，劣势明显，严重影响了四川白酒整体品牌竞争力。纵观四川白酒品牌，宜宾著名白酒挺进世界品牌行列，泸州也存在国家品牌，其余则为跨省品牌或者地方品牌、原酒。规模以上企业发展较为规范，众多小型酒企、酿造厂、小作坊仍是粗放的乡镇企业发展模式。

二是四川白酒产区间集群效应弱。四川主要七大城市大力发展白酒产业，形成了诸多知名品牌，但众多企业品牌未形成发展凝聚力，产区间集群效应弱。目前，四川白酒以宜宾、泸州、成都、德阳四大产区为主，绵阳、巴中、遂宁三市白酒产业加持共同打造四川优质白酒产地。从川酒整体效益来看，众多企业品牌未形成发展凝聚力，区域内中小型白酒企业并未享受产业整体发展所带来的经济效益，川酒产业体系失衡，中小企业实力不强，未进入生产网络，集聚协同效应微弱，四川白酒产业集群竞争力有待提高。

三是四川白酒附加值有待提高。四川白酒产业产量与利润额虽与全国白酒三分天下，但利润额远不及贵州白酒产区，这说明四川白酒产业附加值还有待提升。加之其他省份白酒企业的迅速发展给川酒带来区域性冲击，尤其是川酒中小企业劣势明显，四川白酒产业附加值亟待进一步挖掘。

此外，在品牌建设上的外拓不适应、内耗竞争严重等问题，进一步阻碍了四川白酒附加值的提高。

第二节 构建白酒产业竞争力评价指标体系的原则

在白酒产业竞争力评价指标体系中，要满足整体性原则，各层级指标的计算方法需相同。并且，指标之间兼具逻辑性，保证每个指标都体现出白酒产业竞争力的某一个侧面，建立的评价指标体系可全面系统地对白酒产业竞争力进行测度；同时，要遵循可比性原则。在同一指标体系中，不同指标的单位和量化是有区别的，在构建和计算的过程中需要统一各个指标的统计口径，消除不可比性，进而整体把握白酒产业竞争力的发展情况。此外，还需要考虑可操作性，指标体系层次适度，指标精简，但要能系统地反映白酒产业竞争力现状。

第三节　构建白酒产业竞争力评价指标体系

一　白酒产业竞争力指标体系构建

本书以白酒产业竞争力钻石模型六个方面为一级指标，并以此为框架，结合四川白酒产业发展现状及白酒产区间集群效应弱、白酒附加值有待提高等问题，构建了白酒产业竞争力评价指标体系（如表9-1所示）。

表 9-1　　　　　四川白酒产业竞争力评价指标体系

一级指标	二级指标	三级指标
生产要素	酿酒生产要素	自然资源
		酿酒设施
	高级生产要素	人力资源
		资本资源
企业要素	企业竞争力	区域内白酒企业数量
		区域内企业运营水平
	企业发展潜力	技术创新能力
		战略管理能力
		白酒产业集中度
文化及品牌要素	区域品牌	区域品牌形象
		区域品牌传播力
	文化建设	白酒产品文化构建
		白酒产品文化推广
需求条件	经济水平	居民人均可支配收入
		地区人均生产总值
	需求状况	白酒产能
		白酒产品优质情况

续表

一级指标	二级指标	三级指标
产业要素	横向相关产业支持	高等院校数量
		科研机构数量
		白酒产业园区建设
	纵向相关产业支持	上游产业竞争优势
		下游产业竞争优势
政府要素	区域政府支持力	白酒产业宣传力度
		白酒产区建设力度
	政府监管力	白酒产业政策健全性
		政府执行力

二　指标解释

（一）生产要素

波特认为生产要素对产业竞争力发挥着重要作用，而白酒产业很大程度上依赖于生产要素。生产要素主要分为酿酒生产要素和高级生产要素。白酒的生产主要依赖天然酿酒条件，与水资源环境、土壤矿物资源密切相关，是白酒产业发展的基础。随着时代的发展，酿造技术的创新，对于产业发展的优良与酿造的设施相关，因此，本书选取自然资源与酿酒设施衡量白酒产业酿酒生产要素。高级生产要素主要指通过前期大量投入后积累的高级资源，如人力资源，从四川白酒产业来看，川酒一贯注重劳动领域的人才建设，目前川酒从业人员超五十万人，拥有相当数量的技能型人才、国家级白酒评委和国家级酿酒师，这些人才为四川打造名优白酒提供了人力保障，是重要的生产要素之一。

（二）企业要素

企业要素主要由企业竞争力与企业发展潜力构成。选取区域内白酒企业数量衡量白酒企业的实力和规模，选取区域内企业运营水平衡量产业的竞争情况。企业发展潜力主要由技术创新能力、企业战略管理能力、白酒产业集中度构成。其中，技术创新能力是白酒企业市场革新的推动力量，企业战略管理能力是企业提高效益和效率的理念、方法以及企业进行战略规划、决策、管理的能力。

（三）文化及品牌要素

文化及品牌要素的构建是打造白酒文化生产力、弘扬与传播川酒文化的关键环节。本书主要用区域品牌和文化建设两个方面衡量。品牌及文化形象即赋予品牌丰富的文化内涵，提升顾客的品牌信仰感，文化及品牌构建是提升白酒附加值的关键，进而产生无法估量的传播力与影响力，为此主要从定性的指标进行统计。其中，区域品牌建设由区域品牌形象、区域品牌传播力组成；文化建设主要包括白酒产品文化构建、白酒产品文化推广组成。白酒文化设施建设则是文化的物质体现，酒文化推广对区域白酒企业跨区域发展具有重要意义。

（四）需求条件

需求条件主要从国内市场需求的角度进行分析，主要通过经济水平与需求状况两个指标进行衡量。经济水平是培养需求的基础，需求反映了经济发展水平，进而测度四川白酒产业竞争力的需求条件。其中，经济水平由居民人均可支配收入与地区人均生产总值进行衡量，这两个指标能较好地反映消费购买力。我国主要矛盾发生改变，对白酒产业有重大影响，消费需求发生变化，更为注重酒产品的优质情况，为此，研究用白酒产能与酒产品优质情况衡量需求状况。

（五）产业要素

产业因素由横向相关产业、纵向相关产业构成。横向相关产业如高等院校数量、科研机构数量、白酒产业园区建设。纵向相关产业支持指的是上、下游竞争优势，四川白酒产业具有完备简便的产业链分工体系，上游产业链由包装印刷业、粮食种植业组成，中游产业链包含白酒酿造业，下游产业链包含零售商及顾客，从原材料（原粮、基酒、包装材料、生产设备）供应、饲料加工、酿酒企业、总部经销商，到物流、文化旅游等相关与支持性产业发展态势。

（六）政府要素

白酒产业健康有序良好的发展，离不开政府的引导、鼓励与支持。政府在白酒产业中发挥的作用，代表政府对白酒产业的支持水平与保障水平。政府要素主要用区域政府支持力和政府监管力衡量。产区内政府的监督和扶持力度对于白酒中小企业转型具有重要意义，其中，区域政府支持力由白酒产业宣传力度和白酒产区建设力度体现，政府监管力由白酒产业政策健全性、政府执行力构成。

第四节 构建白酒产业竞争力评价模型

一 确定指标权重

本书运用 AHP 法确定权重，具体步骤如下：

1. 建立层次分析评价结构模型。

2. 构造判断矩阵 A。

本书采用 1~9 标度方法来进行标度，标度法含义（如表 9-2 所示），比较矩阵元素的值反映了各种因素的相对重要性，得到判断矩阵。

表 9-2 标度法含义

标度	含义
1	C_i 元素和 C_j 元素的影响相同
3	C_i 元素比 C_j 元素的影响稍强
5	C_i 元素比 C_j 元素的影响强
7	C_i 元素比 C_j 元素的影响明显强
9	C_i 元素比 C_j 元素的影响绝对强
2，4，6，8	C_i 元素比 C_j 元素的影响之比在上述两个相邻等级之间
1，1/2，…，1/9	C_i 元素比 C_j 元素的影响之比为上面的互反数

3. 权重计算及一致性检验。

本书以白酒产业竞争力指标体系一级指标为例，计算特性向量及最大特征根并进行一致性检验，具体步骤如下：

第一，设一级指标的判断层矩阵为 A。

$$A = \begin{bmatrix} a_{11} & a_{12} & \cdots & a_{1n} \\ a_{21} & a_{22} & \cdots & a_{2n} \\ \vdots & \vdots & \vdots & \vdots \\ a_{n1} & a_{n2} & \cdots & a_{nn} \end{bmatrix} \tag{9-1}$$

第二，将矩阵 A 列向量归一化矩阵 B。

$$B = \begin{bmatrix} b_{11} & b_{12} & \cdots & b_{1n} \\ b_{21} & b_{22} & \cdots & b_{2n} \\ \vdots & \vdots & \vdots & \vdots \\ b_{n1} & b_{n2} & \cdots & b_{nn} \end{bmatrix} \qquad (9-2)$$

其中，$b_{ij} = \dfrac{a_{ij}}{\sum\limits_{i=1}^{n} a_{ij}}$（$i$，$j=1$，2，$\cdots$，$n$）。

第三，求特征向量。

$$W = \begin{bmatrix} w_1 \\ w_2 \\ \vdots \\ w_3 \end{bmatrix} = (w_1, w_{2,} \cdots, w_n)^T \qquad (9-3)$$

其中，$w_1 = \dfrac{1}{n} \sum\limits_{j=1}^{n} b_{ij}$（$i$，$j=1$，2，$\cdots$，$n$）。

第四，计算判断矩阵最大特征值。

$$\lambda_{max} = \frac{1}{n} \sum_{n=1}^{n} \frac{(Aw)_i}{w_1} = \frac{1}{n} b_{ij} \sum_{n=1}^{n} \frac{\sum\limits_{j=1}^{n} a_{ij} w_j}{w_1} (i, j=1, 2, \cdots, n) \qquad (9-4)$$

第五，计算一致比率，由于主观意愿的差异，易造成结果的不一致。为保证计算的准确，研究应用一致性检验来判断矩阵是否过于偏离一致性，检验如下。

$$CI = \frac{\lambda_{max} - n}{n-1} \qquad (9-5)$$

$$CR = \frac{CI}{RI} \qquad (9-6)$$

当 $CR < 0.1$ 时，矩阵通过一致性比率检验，是否需要再次向专家咨询，对判断矩阵重新调整，直到符合一致性比率，其中，RI 的取值（如表9-3所示）。

表9-3　　　　　　　　矩阵阶数为1-9的RI取值

阶数	1	2	3	4	5	6	7	8	9
RI	0.00	0.00	0.58	0.90	1.12	1.24	1.32	1.41	1.45

二 白酒产业竞争力强弱评价模型构建

研究运用 TOPSIS 法构建白酒产业竞争力，TOPSIS 法是通过构造评价对象的正、负理想解 Z^+、Z^-，测量指标向量与综合评价问题的 Z^+、Z^- 之间的相对距离 di^+、di^-，并进行排序，能够较好地评价白酒产业竞争力，具体计算步骤如下：

第一，构建原始矩阵 $X=(x_{ij})_{m\times n}$。

$$X=\begin{pmatrix} x_{11} & \cdots & x_{1n} \\ \vdots & \vdots & \vdots \\ x_{m1} & \cdots & x_{mn} \end{pmatrix} \tag{9-7}$$

式（9-7）中，n 为评价对象数目，m 为评价具体指标数，x_{ij}（$i=1$, 2, $\cdots$, m；$j=1$, 2, $\cdots$, n）。

第二，分别对正向、负向指标无量纲化处理，构建决策矩阵 $Y=(y_{ij})_{m\times n}$。

$$y_{ij}=\frac{xij-x\min}{x\max-x\min} \tag{9-8}$$

$$y_{ij}=\frac{x\max-xij}{x\max-x\min} \tag{9-9}$$

第二，评价指标的加权规范化矩阵 $Z=(z_{ij})_{m\times n}$。

$$Z=W^tY=(w_jy_{ij})_{m\times n}, \quad (i=1, 2, \cdots, n) \tag{9-10}$$

第三，确定加权矩阵的正、负理想解 Z^+、Z^-。

$$Z^+=(Z_1^+, Z_2^+, \cdots, Z_n^+)=\omega \tag{9-11}$$

$$Z^-=(Z_1^-, Z_2^-, \cdots, Z_n^-)=0 \tag{9-12}$$

第四，计算各方案到 Z^+、Z^- 的 Euclid 距离分别为 d_i^+ 和 d_i^-。

$$d_i^+=\sqrt{\sum_{j=1}^{n}(Z_{ij}-Z_j^+)^2} \tag{9-13}$$

$$d_i^-=\sqrt{\sum_{j=1}^{n}(Z_{ij}-Z_j^-)^2} \tag{9-14}$$

第五，计算相对贴近度 C_i^* 并排序，计算每个方案的相对贴近度。

$$C_i^*=\frac{d_i^-}{d_i^++d_i^-} \tag{9-15}$$

其中，C_i^* 越大，产业竞争力水平越高，反之越差。

依据相对贴近度可以对白酒产业竞争力水平进行划分（如表 9-4 所示）。

表 9-4	白酒产业竞争力强弱划分标准
综合评价指数	竞争水平
$0 < C_i^* \leq 0.3$	较低
$0.3 < C_i^* \leq 0.6$	中等
$0.6 < C_i^* \leq 0.8$	良好
$0.8 < C_i^* \leq 1.0$	优质

第六，构建综合绩效函数，每个主产区的重要程度相等，计算四川白酒产业竞争力的综合水平。

$$\zeta = (C_1^* + C_2^* + \cdots + C_i^*)/i, \quad (i = 1, 2, \cdots, n) \tag{9-16}$$

本章小结

本章主要分析了四川白酒产业的发展现状及问题，在此基础上，结合白酒产业竞争钻石模型构建了四川白酒产业竞争力指标体系，主要由生产要素、企业要素、文化及品牌要素等六个一级指标；酿酒生产要素、高级生产要素、企业竞争力等 12 个二级指标；自然资源、酿酒设施、人力资源等 26 个三级指标构成。由此，建立了白酒产业竞争力评价模型，其中，运用 AHP 法进行主观赋权，并结合 TOPSIS 法计算相对贴近度来确定白酒产业竞争力水平程度，为后文分析建立一定的分析基础。

第十章 四川白酒产业竞争力评价模型应用研究

第一节 样本选取与数据来源

本书选取宜宾、泸州、德阳、成都、绵阳、巴中、遂宁七个城市为研究样本，以评估四川白酒产业竞争力强弱情况。本书主要通过网页资源等方式获取定量数据，运用问卷调研方式获取定性数据（问卷见附录4）。首先为确保问卷的可信度与科学性，事先对填写问卷的人员进行筛选，如工作年限、工作领域等指标；其次，向填写人员阐述问卷含义，确保填写人员了解每个指标的内涵以及赋值依据，从而确保问卷的真实性以及数据的可靠性；最后，回收调查问卷，汇总打分情况，确定权重，进行综合评估。

第二节 指标权重计算及分析

一 根据白酒产业竞争力评价指标建立层次分析结构模型

层次分析结构模型中第一层为白酒产业竞争力评价指标体系，第二层（一级指标）包括生产要素、企业要素、文化及品牌要素等6个指标，第三层（二级指标）包括酿酒生产要素、高级生产要素、企业竞争实力等12个指标，第四层（三级指标）包括自然资源、酿酒设施、人力资源等26个指标。

二 构造判断矩阵及权重计算

本书以问卷调查的方式邀请了具有丰富工作经验的白酒专家、白酒科研人员，依据层次分析法原理对各层级指标评判、打分。共发放15份问卷，回收 15 份，调查问卷见附录 3。经过多次研讨并修改后，最终形成了一份评分，多数专家意见达到统一。本书以白酒产业竞争力为准则的判断矩阵为例进行验算，构造判断矩阵（如表 10-1 所示）。

表 10-1　　　　　　　以白酒产业竞争力为准则的判断矩阵

	生产要素	企业要素	文化及品牌要素	需求条件	产业要素	政府要素
生产要素	1	1/2	2	3	5	6
企业要素	2	1	3	4	6	8
文化及品牌要素	1/2	1/3	1	2	3	3
需求条件	1/3	1/4	1/2	1	2	2
产业要素	1/5	1/6	1/3	1/2	1	1
政府要素	1/6	1/8	1/3	1/2	1	1

第一，构造判断矩阵 A。

$$A = \begin{bmatrix} 1 & 1/2 & 2 & 3 & 5 & 6 \\ 2 & 1 & 3 & 4 & 6 & 8 \\ 1/2 & 1/3 & 1 & 2 & 3 & 3 \\ 1/3 & 1/4 & 1/2 & 1 & 2 & 2 \\ 1/5 & 1/6 & 1/3 & 1/2 & 1 & 1 \\ 1/6 & 1/8 & 1/3 & 1/2 & 1 & 1 \end{bmatrix}$$

第二，将矩阵 A 列向量归一化得到矩阵 B。

$$B = \begin{bmatrix} 0.2381 & 0.2105 & 0.2791 & 0.2727 & 0.2778 & 0.2857 \\ 0.4762 & 0.4211 & 0.4186 & 0.3636 & 0.3333 & 0.3810 \\ 0.1190 & 0.1404 & 0.1395 & 0.1818 & 0.1667 & 0.1429 \\ 0.0794 & 0.1053 & 0.0698 & 0.0909 & 0.1111 & 0.0952 \\ 0.0476 & 0.0702 & 0.0465 & 0.0455 & 0.0556 & 0.0476 \\ 0.0397 & 0.0526 & 0.0465 & 0.0455 & 0.0556 & 0.0476 \end{bmatrix}$$

第三，求特征向量 W_i。

$$W = \begin{bmatrix} 0.2607 \\ 0.3990 \\ 0.1484 \\ 0.0919 \\ 0.0522 \\ 0.0479 \end{bmatrix}$$

第四，计算判断矩阵最大特征值 $\lambda_{\max}$。

$$AW = \begin{bmatrix} 1 & 1/2 & 2 & 3 & 5 & 6 \\ 2 & 1 & 3 & 4 & 6 & 8 \\ 1/2 & 1/3 & 1 & 2 & 3 & 3 \\ 1/3 & 1/4 & 1/2 & 1 & 2 & 2 \\ 1/5 & 1/6 & 1/3 & 1/2 & 1 & 1 \\ 1/6 & 1/8 & 1/3 & 1/2 & 1 & 1 \end{bmatrix} \begin{bmatrix} 0.2607 \\ 0.3990 \\ 0.1484 \\ 0.0919 \\ 0.0522 \\ 0.0479 \end{bmatrix} = \begin{bmatrix} 1.5810 \\ 2.4294 \\ 0.8958 \\ 0.5529 \\ 0.3141 \\ 0.2888 \end{bmatrix}$$

$$\lambda_{\max} = \frac{1}{n} \sum_{n=1}^{n} \frac{(Aw)_i}{w_1} = \frac{1}{n} b_{ij} \sum_{n=1}^{n} \frac{\sum_{j=1}^{n} a_{ij} w_j}{w_1} = 6.0427$$

第五，并计算一致性比率。

$$CI = \frac{\lambda_{\max} - n}{n-1} = \frac{6.0427 - 6}{6-1} = 0.0085$$

$$CR = \frac{CI}{RI} = \frac{0.0085}{1.24} = 0.0069 < 0.10$$

其中，查看表 9-3 可知 6 阶对应矩阵 $RI = 1.24$，$CR = 0.0069 < 0.10$，矩阵通过一致比率检验。此时特征向量为 W，即为一级指标的权重向量。

$$W = (0.2607, 0.3990, 0.1484, 0.0919, 0.0522, 0.0479)^T$$

用同样的方法得到以生产要素、企业要素等为准则层的权重（如表 10-2 所示）。

表 10-2   白酒产业竞争力指标权重

一级指标	权重	二级指标	权重	三级指标	综合权重
生产要素	0.2607	酿酒生产要素	0.0521	自然资源	0.0104
				酿酒设施	0.0417
		高级生产要素	0.2085	人力资源	0.1390
				资本资源	0.0695
企业要素	0.3990	企业竞争力	0.2992	区域内白酒企业数量	0.0752
				区域内企业运营水平	0.2255
		企业发展潜力	0.0997	技术创新能力	0.0593
				战略管理能力	0.0276
				白酒产业集中度	0.0128

续表

一级指标	权重	二级指标	权重	三级指标	综合权重
文化及品牌要素	0.1484	区域品牌	0.1187	区域品牌形象	0.0950
				区域品牌传播力	0.0237
		文化建设	0.0297	白酒产品文化构建	0.0254
				白酒产品文化推广	0.0042
需求条件	0.0919	经济水平	0.0306	居民人均可支配收入	0.0230
				地区人均生产总值	0.0077
		需求状况	0.0613	白酒产能	0.0123
				白酒产品优质情况	0.0490
产业要素	0.0522	横向相关产业支持	0.0174	高等院校数量	0.0024
				科研机构数量	0.0042
				白酒产业园区建设	0.0108
		纵向相关产业支持	0.0348	上游产业竞争优势	0.0058
				下游产业竞争优势	0.0290
政府要素	0.0479	区域政府支持力	0.0120	白酒产业宣传力度	0.0030
				白酒产区建设力度	0.0090
		政府监管力	0.0359	白酒产业政策健全性	0.0120
				政府执行力	0.0240

从一级指标来看，指标排序为企业要素>生产要素>文化及品牌要素>需求条件>产业要素>政府要素。企业要素对白酒产业竞争力的影响力最大且权重达到0.3990，生产要素、文化及品牌要素、需求条件对白酒产业竞争力的影响力较大。其中，文化及品牌要素对于白酒产业竞争力的影响较大，也进一步验证了改进钻石模型对白酒产业发展的适用性。总体上，企业要素也是白酒产业竞争力的重点，对白酒产业竞争力强弱起关键作用，六个一级指标都对白酒产业竞争力的发展发挥着重要作用。从二级指标来看，企业竞争力是产业竞争力的重点，区域政府支持力对产业发展影响较低。从三级指标来看，对白酒企业竞争力影响最大的是区域内企业运营水平、人力资源、区域品牌形象；对白酒企业竞争力影响最低的指标是高等院校数量、白酒产业宣传力度、科研机构数量。

第三节 白酒产业竞争力评价模型运算及分析

首先，构建原始矩阵 $X = (x_{ij})_{m \times n}$，定性数据来源于问卷调查。

$$X = \begin{pmatrix} 253.0200 & 229.1000 & 225.9000 & 195.3000 & 230.5000 & 191.0000 & 142.4000 \\ 8.9714 & 7.9706 & 7.9091 & 7.4815 & 5.1563 & 3.8667 & 6.9375 \\ 8.9143 & 8.1765 & 7.3636 & 7.2593 & 4.9375 & 3.0333 & 6.7188 \\ 9.0286 & 8.0882 & 7.7879 & 7.5556 & 5.6250 & 3.7333 & 6.9375 \\ 174.0000 & 467.0000 & 410.0000 & 112.0000 & 200.0000 & 36.0000 & 23.0000 \\ 5.0000 & 5.0000 & 4.0000 & 4.0000 & 3.0000 & 1.0000 & 1.0000 \\ 8.9429 & 8.4706 & 7.7576 & 7.3333 & 4.3125 & 4.1667 & 6.8750 \\ 8.9714 & 8.5294 & 7.8788 & 7.2222 & 5.2188 & 4.3333 & 6.8125 \\ 8.9714 & 8.0294 & 7.8788 & 7.4444 & 5.4375 & 3.4667 & 6.9688 \\ 9.0286 & 7.9412 & 6.9697 & 7.4074 & 5.3438 & 3.8667 & 7.0625 \\ 9.0571 & 8.0588 & 7.8485 & 7.1111 & 5.7500 & 4.1667 & 6.8750 \\ 8.9714 & 8.4118 & 7.8182 & 7.3333 & 4.4375 & 3.7333 & 6.9375 \\ 8.8571 & 8.4706 & 7.8788 & 7.3333 & 5.6563 & 3.7667 & 6.8438 \\ 2.6076 & 2.6212 & 3.9503 & 2.7561 & 2.7457 & 2.1444 & 2.4865 \\ 5.7003 & 4.8105 & 10.3386 & 6.5745 & 5.8685 & 2.2716 & 4.2113 \\ 67.7000 & 196.8000 & 27.4200 & 21.0000 & 6.4000 & 5.7000 & 2.9800 \\ 8.8571 & 8.1765 & 7.6667 & 7.1111 & 4.9688 & 3.3667 & 6.7500 \\ 2.0000 & 7.0000 & 56.0000 & 8.0000 & 10.0000 & 1.0000 & 1.0000 \\ 17.0000 & 33.0000 & 443.0000 & 17.0000 & 47.0000 & 0.0000 & 2.0000 \\ 9.0286 & 8.8529 & 7.8788 & 7.3333 & 4.5625 & 3.2667 & 6.9688 \\ 8.9714 & 8.0294 & 7.8182 & 7.3704 & 5.6250 & 4.1333 & 6.9375 \\ 8.9714 & 8.1176 & 7.7879 & 7.2593 & 5.5938 & 3.8667 & 6.9688 \\ 8.9143 & 8.0588 & 7.9697 & 7.3704 & 4.7188 & 3.7333 & 6.8125 \\ 8.9429 & 8.1765 & 7.6970 & 7.2963 & 4.9063 & 4.2333 & 6.8750 \\ 8.7714 & 7.1765 & 7.7576 & 7.3333 & 4.7188 & 3.8333 & 6.9375 \\ 9.0571 & 7.9706 & 7.8182 & 7.2593 & 4.8125 & 3.6667 & 6.6875 \end{pmatrix}$$

其次，运用式（9-8）—式（9-15）确定正、负理想解的 Euclid 距离，计算相对贴近度并排序，最终运用式（9-16）得到白酒产业竞争力水平（如表10-3所示）。

表 10-3　　　　　　　　　　产业竞争力参数值及评价

	di^+	di^-	相对接近度	排序	竞争力水平
宜宾	0.0534	0.3104	0.8532	2	优质
泸州	0.0378	0.2984	0.8875	1	优质
成都	0.0839	0.2387	0.7400	3	良好
德阳	0.1061	0.2256	0.6802	4	良好
绵阳	0.1958	0.1330	0.4046	5	中等
巴中	0.3188	0.0051	0.0157	7	较低
遂宁	0.2528	0.1297	0.3391	6	中等
综合竞争力	—	—	0.5600	—	中等

　　通过计算结果可知，四川七大城市白酒产业竞争力水平为：泸州>宜宾>成都>德阳>绵阳>遂宁>巴中；综合来看，四川白酒产业竞争力处于中等水平。本书分别从七个城市分析其白酒产业竞争力发展情况。宜宾和泸州的白酒产业竞争力都处于优质水平并居于领先地位属第一梯队。宜宾白酒产业主要依托于领头企业的发展，领头企业拥有绝对的竞争优势，白酒企业数量远低于泸州和成都，对区域内其他企业的生存产生了压力。泸州拥有四川最多的酿酒厂，以 Luzhou Lao jiao 和 Lang jiu 为中高端领头发展，并孕育了川酒"十朵小金花"中的泸州 San xi jiu 等中低端区域名酒，展现出良好的白酒产业梯队形势；同时，科技促进了泸州白酒产业发展，节约了人力资本，未来在白酒产业发展上更具创新优势，产业竞争力居省内第一位，所以泸州白酒产业竞争力高于宜宾。

　　成都和德阳位于第二梯队，达到良好水平：成都白酒产业以 Shui jing fang 为代表，由 Wen jun jiu 等区域名酒共同构成，形成几家独大的局面。近年来，Shui jing fang 核心业务实现较好增长，为成都的白酒产业发展提供了巨大推力，进一步提升了成都白酒产业的市场影响力。德阳市白酒产业以川酒"六朵金花"之一的 Jian Nan chun 为代表，白酒产业历史悠久，在 Jian Nan chun 白酒品牌的引领作用下，推动了当地凤凰、古河洲等中小酒企发展，并由此建立起了德阳白酒产业优势，竞争力较好。

　　位于第三梯队的绵阳和遂宁，白酒产业竞争力较小，位于中等水平：绵阳市存在白酒企业定位不清晰，区域内企业品牌特色模糊，文化建设不全面，市场占有率低等问题，除拥有川酒"十朵小金花"中的区域名酒 Feng gu 外，没有形成较好的产业梯队。从酒产量来看，绵阳市白酒产量在四川省内白酒产量中占比较小。Feng gu 酒业是中国民营白酒企业中的先锋企业，主要销售市场是成都，绵阳酒业销售难以突破销售壁垒，竞争优势不明显。遂宁酿酒企业较少，作为国内百强酒业的 Tuo pai 企业，支撑起遂宁市白酒产业半壁江山。根据现代产业发展理论，龙头企业的发展对特色区域产业的发展具有推动作用，但区域内高质量发展更需要打造一个产业集群，而遂宁市白酒产业布局中并未形成一个合理的行业梯队，竞争力中等。

巴中明显落后于其他几个城市，竞争水平较低处于第三梯队：巴中白酒产量在七个城市中最少，酿酒企业少。Xiao jiao lou, Jiang kou chun 两朵"小金花"并未发挥领导作用，存在产量较低，企业小、散、乱，且无龙头企业引领，白酒产业集聚效应不足等问题，产业竞争力有待改善。

本章小结

四川白酒产业结构布局呈阶梯状发展，本书选取宜宾、泸州、德阳、成都、绵阳、巴中、遂宁七个城市为研究样本，对第四章节白酒企业竞争力评价模型进行应用并评估了四川白酒产业竞争力情况。从指标赋权来看，企业要素>生产要素>文化及品牌要素>需求条件>产业要素>政府要素。对白酒企业竞争力影响最大的三级指标是区域内企业运营水平、人力资源、区域品牌形象。对白酒企业竞争力影响最低的三级指标是高等院校数量、白酒产业宣传力度、科研机构数量。通过白酒产业竞争力评价模型发现四川七大城市白酒产业竞争力水平为：泸州>宜宾>成都>德阳>绵阳>遂宁>巴中；综合来看，四川白酒产业竞争力处于中等水平。

第十一章　四川白酒产业竞争力提升路径

第一节　促进产业结构调整，增强四川白酒产业竞争力

在白酒产业供给侧结构性改革和消费不断升级的背景下，推动产业发展必须全面优化产业结构，最大限度地发挥市场的作用，增强四川白酒产业竞争力。四川白酒产业的发展需要一定的产能储备，以维持白酒市场稳定。同时，需要从以下几个方面重视产业布局，调整产业结构。

第一，构建现代化白酒产业体系，注重运用现代技术促进白酒企业升级转型，调整产业发展结构。四川在大力实施"川酒振兴"计划和"川酒品质提升工程"的同时，需奋力打造世界级白酒产业集群。从四大产区入手，推进川酒生产管理销售数字化、智能化改造，鼓励白酒产业向科技、生态、文旅等方面融合。

第二，健全行业标准及规章制度。一直以来各级政府针对产业发展布局都高度重视产能扩充，推动区域特色产业发展，而今白酒产业普遍面临产能过剩问题，市场竞争更为激烈。川酒需控制产量、严把质量关，监管绵阳、遂宁、巴中区域内的代工厂、贴牌酒企、原酒企业以及小酒厂生产，并增强白酒行业生产标准，稳定白酒产业发展环境。从产业竞争力的角度，打造川酒竞争优势，推动川酒振兴，加快形成宜宾、泸州、德阳、成都四大产区并结合绵阳、遂宁、巴中打造"4+3"四川白酒钻石产区，提升川酒产业竞争力，促进白酒产业可持续、高质量发展。

第二节 打造白酒产业集聚新优势，培育优质白酒产区

一 推进白酒产业园区建设，实现酒业集群发展

产业集群是指区域内地理位置集中、相互联系、具有竞争合作关系的企业、产业或结构等。从四川白酒发展七大城市来看，这些城市内白酒企业在空间上呈现集聚态势，但各城市间企业交流较少。需打造七个城市的集聚效应，形成四川白酒产业独有的竞争优势，带动区域经济发展。同时，振兴四川白酒产业要抓住白酒行业目录调整带来的机遇，结合本区域白酒产业发展实际情况，推进白酒产业园区建设，吸引外部环境的资金、技术、知识，整合周边资源，促进白酒产业资源集聚，推进物流等多元化产业体系建设。

二 推进产业协同发展，实现互利共赢

第一，深化四川白酒产业发展，构建战略联盟。促进企业与高校、企业与金融机构等社会服务机构间的组织联盟。如四川白酒与旅游局协同，构建文旅产业，打造酒文化主题景区。企业得益于金融机构帮扶，可拓宽产销渠道，如银行与白酒企业合作，定制个性化服务。四川白酒企业品牌可走出去与其他白酒合作、优势互补，共同打造最具影响力的区域品牌，白酒企业相互竞争与合作有助于提升整个白酒产业的自主创新能动性，进一步打造"世界名酒—中国白酒—四川白酒"的名片。第二，从多方面推进白酒产业协同，进而扩大企业规模，获取新知识、新技术，降低经营、技术创新风险，并促进四川白酒产业的高质量可持续发展，打造世界级名片。

三 优化产业分工体系，推进白酒产业群体技术合作

产业集聚的关键是企业间有明确的产业分工与技术合作关系，并且企业主体空间位置临近。四川省白酒企业众多，但目前大部分企业都面临扎堆严重、产品同质化等难题。为此，需要构建新常态下产业协同模式研究。了解市场需求，进行市场分工、产品分工，构建大企业依附型协同模式。比如部分产品生产外包给集群内中小型白酒企业，大型企业负责研发高附加值产品。中小企业与大型企业合作共赢，在以低成本获

得知识和技术的同时，也降低了中小型白酒企业产品创新风险。毋庸置疑，四川白酒产业改革与发展与众多中小型川酒品牌息息相关。另外，发展生态循环经济。白酒产业属于农产品加工业，对自然资源的依赖程度较高，因此要合理开发与保护自然资源，如水资源、土地资源。白酒产业亦是低碳型产业，将酿酒过程中产生的废弃物如酒糟等循环利用，可带动上游产业发展（如饲料、养殖业等）。

第三节　提升四川白酒文化魅力，加快区域品牌建设

一　加强白酒文化构建和推广

打造四川白酒产业品牌文化价值，重心在于白酒产业文化构建和推广。一方面要加强酒产品文化构建，一个地区的白酒能否突破区域限制，获得社会的广泛认同并产生强大的竞争力，关键在于其是否具有强大的文化价值吸引力。因此，提升白酒文化价值是推动跨区域发展的核心。首先，四川拥有历史悠久的酿酒文化，可依据主要产区即七大城市建立发达的酒文化内容体系，挖掘各个城市优秀传统酒文化的文化内涵、深层次精神价值。另一方面要促进酒产品文化推广，明确顾客定位，将营销手段与传播手段相结合，重视影视媒体与线下活动对白酒品牌与文化的推广作用。建议加大白酒产业在多种网络平台的营销力度，可对市场进行专业细分，制定不同渠道的品牌推广方案，定时开展线下酒会活动。其次，借助本区域龙头酒企的影响力红利，实现区域内产业协调发展，提升知名度。白酒属于享受型消费品，关键在于要抓住顾客，挖掘顾客潜意识内的文化共鸣。在互联网时代，可借助各类视频软件、标志性建筑，来提高酒文化知名度，或与区域内优秀故事内容相融合，凸显独特地区的酒文化吸引力。

二　加强品牌建设，提升附加价值

在构建文化的基础上，还需要加强品牌建设，以提高产品的附加价值。一方面构建四川白酒品牌新形象，提高"四川白酒"名片知名度，以培养白酒的品牌认知与品牌信任。四川白酒产业品牌众多，在中国白酒产业中的地位举足轻重，但多数中小酒企没有受到产业发展带来的优

势庇佑，区域内企业间的竞争大于合作。随着大国浓香深入人心，四川白酒急需建立自己的区域品牌优势，提升区域品牌行业影响力，因此有必要从区域品牌建设的新角度增强四川白酒产业竞争优势，即打造"四川白酒"名片。在四川白酒名片下，涵盖四川主要酒企，企业间共享有利资源，以此获得市场更多发展空间，且四川白酒名片下酒企形象决定区域品牌影响力强弱，而区域品牌为四川白酒名片下的酒企提供支撑作用。打造四川白酒区域品牌名片，不但能提升参与企业认同感，增强产业合作，更有助于抢占消费市场。以六朵金花、十朵小金花作为"四川白酒"的主要支撑力量，其余众多贴牌酒、原酒企业、小酒厂作为"四川白酒"名片下的辅助力量，将全省白酒品牌共同囊括进"四川白酒"这个区域品牌之下，共同发展，互利共赢，使得强企更强，弱企变强，提升四川白酒行业影响力。其中，"四川白酒"名片的打造还需发挥各个主体（如政府、酒业协会、企业、金融机构等）的作用。

另外，要提高区域品牌的传播力。一是推进酒文化与旅游结合的工业旅游新发展模式。这不仅有利于扩大市场需求，增加社会就业机会，而且更重要的是有利于传播酒文化、提升白酒企业品牌文化形象，形成四川白酒产业独特的竞争优势。四川省应加快酒文化和酒品牌融入旅游，针对不同香型、酿造原料、酿造工艺打造独特的酒文化旅游路线。将不同酒产区相融合，这对于传播和弘扬四川乃至全国传统酒文化、白酒企业品牌文化建设、增加财政收入等有重要作用。二是提高城市酒品牌，实现跨区域发展。从四川七个主要酒产区来看，各个城市都具有独特的酒名片，其中，四川最为知名的城市名片是"中国酒城"泸州、"中国酒都"宜宾，扩大原产地知名度，让中小企业"搭便车"来扩大中小企业竞争优势，进而实现跨区域营销。三是强调"中国白酒金三角"建设。四川白酒拥有独特的自然环境资源、酿造原料，为做最优质的白酒提供了保障，进而获得顾客认同。四是结合当前时代背景，加强区域品牌传播力。互联网平台、大数据时代的到来则为白酒产业线上营销以及品牌的传播提供了时机，有助于白酒企业进一步提升企业文化形象、争夺白酒市场份额。同时，国家实施"一带一路"建设，加快了四川白酒传统文化的对外输出速度，四川白酒出口战略在白酒行业中显得日益重要。此外，政府相关部门、酒业行业协会需切实发挥对不合格产品、厂家的监管作用，提高行业自律，保证白酒质量，消除品牌信任危机，发挥区域品牌优势，维护区域整体品牌竞争力。

第四节　推进复合型人才培育，共建科研基地

协调中大型白酒企业、高等院校、科研机构、政府共建白酒科研基地，让白酒企业发挥技术开发能力，高等院校和科研机构发挥创新能力，从而助力科技成果转化，让科学技术贴近现实；同时，培养高质量白酒人才，为四川打造名优白酒提供人力保障。借助白酒"产学研"热度，促进宜宾、泸州、德阳、成都四大产区构建白酒产业园区，酒企与知名高校合作成立白酒研究院，划拨专项资金打造产学研平台。此外，促进四川产业生产技术创新联盟发展，借助四川乃至中国各地高校科研优势、成果等，协同革新川酒酿造技术，增强川酒企业的科研及成果转化能力。

本章小结

本章针对四川白酒产业竞争力特点及强弱分布情况，对四川白酒发展提出如下建议，第一，促进产业结构调整，增强四川白酒产业竞争力；第二，打造白酒产业集聚新优势，培育优质白酒产区，主要从推进白酒产业园区建设、实现酒业集群发展，推进产业协同、互利共赢，优化产业分工体系、推进白酒产业群体技术合作三方面进行；第三，提升四川白酒文化魅力，加快区域品牌建设，从白酒文化构建和推广出发，加强品牌建设，进而提升附加价值；第四，推进复合型人才培育，共建科研基地。

第十二章　四川白酒产业竞争力评价总结

第一节　四川白酒产业竞争力结论

首先，本书对白酒产业竞争力的研究侧重于评价模型的构建，以及对2019年四川白酒主要产区产业竞争力的测评与建议，对四川白酒产业作了发展现状分析与钻石模型六要素分析，找出了四川白酒产业发展所面临的问题。其次，根据以上论述并结合本领域专家与学者意见，确定了合适的用于评价白酒产业的指标，构建出四川白酒产业竞争力评价指标体系及模型，对四川白酒七大产区竞争力作出对比分析。最后，通过上述分析，就如何提升四川白酒产业竞争力给出提质增效的建议。本书的研究结论如下：

第一，通过分析四川白酒产业的发展现状、基于钻石模型的四川白酒产业六要素分析，发现四川白酒产业的发展依旧面临很多不足之处，区域内白酒企业"小、散、乱"的现象明显，地方品牌文化资源优势挖掘还不足；四川白酒品牌集中度高，企业众多，二三线品牌的迅速崛起为川酒的繁荣奠定了基础，但中小型白酒企业竞争无序、行业结构参差不齐，劣势明显，严重影响了四川白酒整体品牌竞争力；四川白酒产区间集群效应弱，四川主要四大产区大力发展白酒产业，形成了诸多知名品牌，但未形成凝聚力，产区间集群效应弱；四川白酒附加值有待提高。四川白酒产业产量与利润额虽与全国白酒三分天下，但利润额远不及贵州白酒产区，四川白酒产业附加值还有待提升。此外，在品牌建设上面临外拓不适应、内耗竞争严重等问题，进一步阻碍了四川白酒附加值的提高。

第二，本书主要结合白酒产业竞争力钻石模型构建了四川白酒产业竞争力评价指标体系，并运用 AHP 法求得了相关权重。从六大要素来看，企业要素>生产要素>文化及品牌要素>需求条件>产业要素>政府要素，从二级指标来看，企业竞争实力是产业竞争力的重点，区域政府支持力作用很低，对产业发展并不理想。从三级指标来看，对白酒产业竞争力影响最大的是区域内企业运营水平、人力资源、区域品牌形象；对白酒产业竞争力影响最低的指标是高等院校数量、白酒产业宣传力度、科研机构数量。

第三，应用 TOPSIS 综合评价法，对宜宾、泸州、德阳、成都、绵阳、巴中、遂宁的白酒产业竞争力进行分析评价，七大城市白酒产业竞争力水平为：泸州>宜宾>成都>德阳>绵阳>遂宁>巴中。总体上来说，七个城市间白酒产业竞争力情况参差不齐，体现出区域发展不平衡的特征。综合来看，一是四川白酒产业竞争力处于中等水平，宜宾和泸州的白酒产业竞争力都处于优质水平并居于领先地位，且泸州略高于宜宾；二是成都和德阳位于第二梯队，达到良好水平；三是绵阳和遂宁白酒产业竞争力位于第三梯队，处于中等水平；四是巴中明显落后于其他几个城市，竞争水平较低。

第二节　产业竞争力创新点

通过文献分析，基于波特"钻石模型"构建新的适合白酒产业的理论模型，并用四川白酒产业提供相关数据验证，优化模型。建立白酒产业竞争力评价指标体系及模型，分析四川白酒产业竞争力的强弱，分析影响因素并找出影响四川白酒产业提高核心竞争力的关键因素，对四川白酒产业振兴发展提出相关建议，主要有以下两方面创新。第一，视角创新。本书基于协同理论与"钻石模型"，从四川省白酒产业的角度切入，对四川白酒产业的竞争力进行研究，从四川省七大城市入手，分析其竞争力强弱，并得出竞争力提升路径。第二，方法创新。本书基于钻石模型与协同理论基础，结合白酒产业发展的实际对钻石模型进行改进，以文化及品牌要素替代了难以测量的机会要素，构建适用于白酒产业的竞争力评价指标体系与模型。

第三节 研究存在的不足

第一，本书只对 2019 年四川省七个城市之间的白酒产业竞争力水平作了评价对比，缺乏纵向研究对比，未考虑动态竞争水平的变化，今后可就这一问题做单独研究。即考虑四川白酒产业在不同时期的竞争力水平分布情况，并在本书基础上构建更全面的评价指标体系，以便得出更加普适性的结论，更好地掌握四川白酒产业的发展变化与趋势。

第二，本书只对四川省白酒产业七个产区城市作了竞争力水平比较，未涉及其余省份的同向对比。后续研究希望能扩大研究对象范围，加入其他省份与极具代表性的城市，纵横对比，既结合行业实际，又兼具全局观念，确定四川省白酒产业与其他名优白酒省份的优劣势，从而为中国白酒产业的发展提出更全面的建议，助力中国白酒走向国际，打造世界名酒名片。

第三，构建的白酒产业竞争力评价体系及模型还需要完善，指标不够精简，使得后续的评估工作难度增加，今后希望能探索更多的研究方法来构建评价模型。

第四，四川白酒产业是我国白酒行业最大的产业集群、拥有最大的品牌集团与最大的产能，发展态势良好，但白酒产业相关数据统计还没有形成明确的规范，获取白酒产业数据比较困难。

第三编　基于与 Gmoutai 对比的 Sfive 发展战略研究

第十三章 基于与 Gmoutai 对比的 Sfive 发展战略研究

第一节 发展背景

行业冠军具有强烈的光环效应。这种光环效应能对社会资源产生强大的吸引力，由此进一步推动企业的发展，使企业不断强化相对于行业对手的竞争优势。如何创造世界一流的企业是 Sfive 集团"二次创业"的主要目标，Sfive 集团不断强化发展，通过创新取得了诸多新成果，产品品质得到了极大提升，人才培养工作取得了重大突破，集团发展迈上了崭新的台阶，为白酒高质量发展贡献了更大力量，为中国白酒誉满全球做出了重大贡献。

20 世纪末 21 世纪初，Sfive 公司和 Gmoutai 公司通过战略调整和品牌建筑稳固了白酒行业领头羊的地位。为了充分树立各自的行业领先优势，加大对行业资源的争夺，Sfive 公司和 Gmoutai 公司一直竞争角逐，在价格、品牌、营业收入、利润乃至多元化等领域展开激烈竞争。从行业角度看，Sfive 发展态势良好，经营业绩超出行业平均水平。以营业收入为例，2013 年行业调整以来，Gmoutai 公司超过 Sfive 公司成为行业收入冠军。此后，Gmoutai 一直领先，根据两个企业的年报，2013—2020 年，Sfive 公司和 Gmoutai 公司的营业收入差距从 62.03 亿元扩大到 375.94 亿元（见表 13-1）。

表 13-1　　2001—2020 年 Sfive 与 Gmoutai 主营业务收入比较

年份	Sfive（亿元）	Gmoutai（亿元）
2001	47.42	16.18

续表

年份	Sfive（亿元）	Gmoutai（亿元）
2002	57.07	18.35
2003	57.07	24.01
2004	62.98	30.10
2005	64.19	39.31
2006	73.86	48.96
2007	73.29	72.37
2008	79.33	82.42
2009	111.29	96.70
2010	155.41	116.33
2011	203.51	184.02
2012	272.01	264.55
2013	247.19	309.22
2014	210.11	315.74
2015	216.59	326.60
2016	245.44	388.62
2017	301.87	582.18
2018	400.30	736.39
2019	501.18	854.30
2020	573.21	949.15

资料来源：Sfive、Gmoutai 公司 2001—2020 年年度报告。

与此同时，Gmoutai 的优异表现获得了更多社会资源的重点关注和投放，企业股价和市值快速提升。

2014 年 1 月，Sfive 和 Gmoutai 股价均达到近年来的最低点，分别为 8.33 元和 51.44 元，对应的市值分别为 316.21 亿元和 587.44 亿元；但是到 2020 年 12 月，Sfive 和 Gmoutai 的股价分别达到 291.85 元和 1998.00 元，市值分别为 11328.47 亿元和 25098.83 亿元（如表 13-2 所示）。

表 13-2　　2014 年与 2020 年 Sfive 与 Gmoutai 股价与市值对比数据

	Sfive		Gmoutai	
	股价（元）	市值（亿元）	股价（元）	市值（亿元）
2014 年 1 月	8.33	316.21	51.44	587.44
2020 年 12 月	291.85	11328.47	1998.00	25098.83
增幅倍数（倍）	—	35.83	—	42.73

资料来源：根据互联网数据整理。

当然，Sfive 并非一直落后于 Gmoutai。从历年营业收入数据可看出，20 世纪 90 年代后期至 2007 年的十余年间，Sfive 公司主营业务收入一直领先 Gmoutai 公司（其中，2001—2006 年 Sfive 领先 Gmoutai 24 亿元以上）。虽然 2008 年被 Gmoutai 公司反超，但是从 2009—2012 年，Sfive 再次领先 Gmoutai 公司，并在 2010 年达到峰值，营业收入比 Gmoutai 多出了 39.08 亿元。只可惜 Sfive 原有的领先优势并没有得到保持和扩大。

根据 Sfive 和 Gmoutai 发展历程可以发现，有两个突出的地方有必要高度重视：一是 2008 年，Sfive 公司的营业收入由之前的一直领先到突然落后于 Gmoutai 公司，2013—2020 年，Sfive 一直低于 Gmoutai，且差距持续拉大。二是 2014 年年初至 2020 年年底，Gmoutai 股价和市值均超过 Sfive，且 Gmoutai 市值涨幅也高于 Sfive。基于这些现象，我们有必要探讨是什么原因造成了 Sfive 的营业收入被 Gmoutai 反超且差距越来越大，Sfive 的市值如何才能超过 Gmoutai，以及目前 Sfive 落后于 Gmoutai 的现象是否可以逆转。

通过研究 Sfive 与 Gmoutai 的战略发展历程对比，其意义在于：

第一，知己知彼，才能百战不殆。从行业角度看，Gmoutai 是 Sfive 的一个强大的竞争对手，要想发展壮大，熟悉竞争对手十分重要。只有在比较中发现问题、找到差距，才能更深刻地揭示你追我赶过程中相互超越的影响因素及其形成机制，为 Sfive 的二次创业提供强大的战略决策依据。

第二，可以借鉴示范。从川酒层面看，川酒产业以"六朵金花"为主要代表，Sfive 作为川酒企业之首，地理位置和所处环境又与其他企业相近，其战略和发展模式对于其他川酒企业具有很强的标杆和示范作用，可以给其他川酒企业发展提供借鉴。

第三，能促进白酒行业的良性发展。从国家层面看，白酒是我国国民经济的重要组成部分，Sfive 作为中国白酒企业的龙头，它的发展能带动我国白酒产业最为重要的产业集群，对白酒整个行业的推动和提升起着至关重要的作用。

第二节 对比研究思路与研究框架

一 对比研究思路

首先，本书通过资料查阅和企业内访，明确并梳理 Sfive 集团和 Gmoutai 集团各自的发展历程，找准 Sfive 集团和 Gmoutai 集团自成立以来在市场规模、行业格局、集团股权结构、品牌文化建设、资本市场表现的重大战略节点事件，据此对 Sfive 集团和 Gmoutai 集团重大发展战略进行对比分析。

其次，考虑可比性，本书通过规范分析和逻辑研究，对 Sfive 集团和 Gmoutai 集团下酒业公司，即 Sfive 公司和 Gmoutai 公司的战略目标、产品定位、技术创新、渠道管理、宏观利润表下企业价值创造能力、企业文化建设、政府支持共七个方面分别进行分析阐述，为 Sfive 的发展提出战略性的建议奠定基础。

最后，依据上述理论和实证分析，综合对比评价不同时期 Sfive 和 Gmoutai 的发展战略，并针对 Sfive 的未来发展战略，从战略管理、产品定位、技术创新、渠道管理、提升价值创造能力、企业文化建设六个方面提出专家建议。

二 对比研究框架

本篇具体框架如图 13-1 所示。

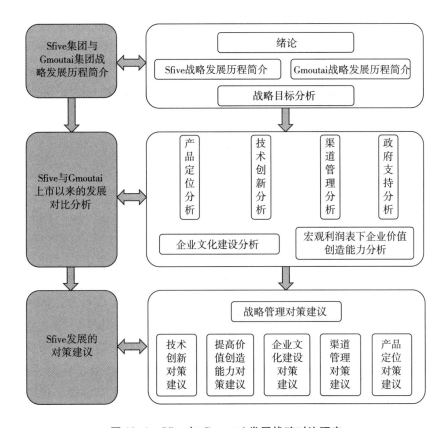

图 13-1　Sfive 与 Gmoutai 发展战略对比研究

第三节　研究方法和技术

　　本书采用定性研究和定量研究结合的研究方法，立足白酒行业发展前景和行业平均水平，结合不同时期的战略目标、产品定位、技术创新、渠道管理、政府支持、宏观利润表下企业价值创造能力、企业文化建设等方面的情况进行比较和系统性地研究。

　　在研究方法上，本书遵循科学研究的基本原理和方法，采用管理学、经济学、产业经济学、市场营销学等多学科理论，以逻辑分析和规范分析为主线和框架，以实证研究为支撑，通过对比 Sfive 与 Gmoutai 各自的发展情况，探讨研究 Sfive 与 Gmoutai 的战略发展历程，为 Sfive 的发展提出针对性的建议，从而确保课题研究的科学性和可靠性。

第十四章　Sfive 战略发展历程简介[*]

第一节　艰难创业，起步发展期（1984 年以前）

一　"糟坊联营，恢复生产" 时期（1952 年以前）

Sfive 集团的前身缘于宋代的 "姚子雪曲"，1909 年更名为 "Sfive"。在宜宾独有的自然条件下，"Sfive" 经过十多年的历练沉淀后，进入规模生产阶段，带来了丰厚的收益，沿岷江而上、长江而下均获得了很高的认同。中华人民共和国成立后，人民政府积极扶持宜宾糟坊恢复生产。1951 年，联营社开始酿造 "Sfive" "Jianzhuang" "提庄" 曲酒。但到年底，"三反五反" 运动开始，糟坊停产，联营社夭折。

二　"苦创基业，起伏发展" 时期（1952—1965 年）

1952 年，Sfive 通过赎买其他 10 余家酿酒作坊，成立了 "国营第二十四酒厂"。新酒厂生产能力虽然大大提高，但酿出的酒始终味道苦涩。后来，陈氏传人邓均献出《陈氏秘方》，扭转了 Sfive 口味不佳的困局。1956 年，Sfive 第一次参加全国名曲酒评比会，获得第一名的殊荣。1959 年，酒厂更名为 "地方国营宜宾 Sfive 酒厂"。同年 10 月，Sfive 荣登中华人民共和国成立十周年国宴庆典。1963 年，Sfive 荣获四川名酒金质奖，并蝉联历届四川名酒称号。在第二届中国名酒评选中，Sfive 被评为中国八大名酒之一，从此位居中国名酒之巅。

---

* Sfive 战略发展历程时间段由笔者分类划分，重大事件主要参考了集团官网（https://www. wuliangye. com. cn）；肖仕华：《历史时期以宜宾为中心的区域酒业经济研究》，硕士学位论文，云南大学，2016 年；黄均红：《五粮液酒文化的特征与历史文化价值研究》，《中华文化论坛》2009 年第四期；龚咏棠、黄国光：《中国名酒五粮液史话》，《文史精华》2001 年第 10 期。

在这一时期，Sfive 正处于计划经济和传统的购销体制的约束下，销售空间十分狭窄，产量长时间处于 300 吨左右。

三　"努力创新，友谊使者"时期（1966—1977 年）

Sfive 面对经营环境突变，但其对酒的改良没有停止。1966 年，完成蒸馏和勾兑实验项目；1967 年，首创发明"双轮底发酵新工艺"。1974 年，Sfive 原总工程师刘沛龙经反复探索实践，用小麦代替荞麦，使白酒酿造技艺达到一个全新的境界。

20 世纪 70 年代，Sfive 多次被周恩来总理用作国礼来赠予国际友人，饱含了中国人民的情谊。Sfive 作为文化和友谊的使者，把中华古老文明传播给世界。

四　"迈入正轨，准备起飞"时期（1978—1983 年）

随着改革开放和人民生活水平的提高，海内外的需求变得越来越大。在此时期，Sfive 开发了 38 度 Sfive，后又将 38 度改为 39 度，开创了中国低度酒的先河。38 度 Sfive 因此荣获四川省"双法"二等奖。1979 年，Sfive 在岷江北岸修建新厂区，产能达到 4440 吨。1979 年 8 月，第三届全国评酒会在大连召开，Sfive 获评金质奖章，成为浓香型冠军。1981 年，新建的第一批窖池投产，产量达到 3000 吨。同年，Sfive 开始试行经济责任制，成立由厂长任主任的质量管理委员会，其产量和海内外知名度也逐渐得到提升。

第二节　凤凰涅槃，一次腾飞期
（1984—2006 年）

一　"专业积聚，品质领先"时期（1984—1990 年）

1984 年，白酒行业出现产能扩张浪潮，Sfive 产量达 4100 吨，销售收入 1472 万元，利税 942 万元，利润 248 万元。这一年，Sfive 在第四届全国评酒会上蝉联金奖。

1985 年，经济责任制发生质的变化，在提升酒品质的基础上，开始加强品牌宣传与建设。当年，Sfive 获得四川省牛年"十佳产品"称号、商业部金爵奖；Jianzhuang 曲酒获四川省优质酒、四川省优质产品称号。

1986 年，Sfive 进行第三次扩建，总产能达到 1 万吨，规模远超当时的 Gmoutai。1987 年，Sfive 进行进一步变革，成立了质量管理部，实施全面质量管理，通过了产品质量体系认证。其人工勾兑技术和微机勾兑技术成为我国白酒历史上的勾兑"双绝"。

Sfive 长期由国家计划调拨，直至 1988 年 7 月，国家开放名酒价格制定权。Sfive 争取到 50% 的产品自销权，率先实施提价，当年创税利 6003 万元。

1989 年，宏观经济进入"治理整顿"期，对白酒行业造成较大的影响。接着国家全部取消调拨销售，Sfive 被完全推向市场。为顺应计划经济向市场经济转轨，Sfive 实施了产品开发和市场开发战略，建立了营销网络，在全国糖酒商业系统建立起 300 多个地、市、州二级销售网点，在安徽等地实施总经销模式，进而推广到全国各地，当年创税利 6722 万元，超过省内其他"五朵金花"名酒厂总和。

1990 年，Sfive 公司的品牌只有三个，即 Sfive、Jianzhuang、Yidixiang。到年末，Sfive 开始实施买断经营，同时探索"OEM 模式"。当年创税利 8000 多万元，利润 3000 多万元，销售收入 1.9 亿元。

这是 Sfive 质量管理深化阶段的重要战略部署，坚持以质量求生存、图发展。这一时期，卖方市场特征明显，物资相对匮乏，只要能够生产出来，市场基本不是问题。Sfive 酒的质量在国内领先，凭着过去所获得的优质产品称号、优质奖称号等荣誉，Sfive 并不担心市场销售问题。但这一时期，由于企业自身资金实力有限、外界给予的资金支持力度不大，即便生产规模得到了一定程度的扩大，但都非常有限。

二　"品牌延伸，行业领袖"时期（1991—1994 年）

专业化聚集期的发展规划强化提升了 Sfive 的产品质量，在短期内为 Sfive 积累了良好的市场口碑，但质量出众的 Sfive 却面临产能受限的困境，加之需求端十分旺盛，如何完成量价齐升的阶段跨越目标，成为摆在 Sfive 管理层面前的一道难题。企业要想获得更大发展，就必须有一定的规模。基于这一认识，Sfive 从 20 世纪 90 年代初开始进行战略调整，实施新的规模化成长战略。

在坚持质量优先的同时，Sfive 在第四次扩建（1992—1994 年）和第五次扩建（1995 年）时开始大规模新建生产车间，并对原有的生产车间及相关配套生产设施进行技术改造、改建、扩建，使企业发展中的生产能力瓶颈问题得到缓解。当时 Sfive 的扩产规模达到了全国最高水平，先进的技术积累优势转化为雄厚的产能，奠定了其行业领袖地位的基础。

1994 年开始，为了充分利用 Sfive 前期扩张导致的过剩产能，同时实现收入的快速增长，Sfive 开始开展 OEM 业务，实行品牌延伸战略。同年推出中端的"Wuliangol"，初试获得极大成功。Sfive 在品质出众的基础上大幅提升价格和扩展规模，使其一跃成为新的白酒行业领军企业，并在接下来十年的时间里一直位于中国高端白酒市场前列。

Wuliangol 的一炮打响，让 Sfive 初尝 OEM 业务的甜头。Sfive 继续挖掘品牌潜在价值，按"品牌总经销"的模式，与经销商共同开发出了"Wuliangchun"等一系列新产品，也获得巨大成功。在 OEM 中，Sfive 负责品牌的支撑以及相关标准的检验，合作方向 Sfive 交纳保证金并承担其他一切广告宣传费用，完成约定的年销售目标后，与 Sfive 按协商好的比例分享利润。

在 OEM 模式下，很快又衍生出了一系列新产品品牌，这极大地丰富了 Sfive 的低端酒产品链，很好地释放了低端酒产能，助推企业提升基本盘。OEM 与买断策略造就了"白酒大王帝国"，但也埋下了隐患。近千家品牌的价格层次模糊、品质无根本性差异，内部竞争激烈、内耗严重，低廉品牌的过度宣传和质量问题让 Sfive 主品牌价值被不断稀释，大经销商制度导致难以形成对多品牌的有效管控，阻碍了其后来的发展。

在实施品牌延伸战略的同时，Sfive 坚持涨价策略。1991—1994 年，国家对白酒产业征收固定资产调节税、消费税，白酒行业遭遇困境，Sfive 公司坚持涨价策略，实施提价，坚信价格高低直接影响品牌力强弱。1994 年 5 月，Sfive 价格第一次超过 Gmoutai，凭借高价格，与其他名酒拉开档次，乘势超过了连续 6 年位居中国白酒销量第一的汾酒"汾老大"，Sfive 从此开始了长达 11 年的霸主生涯。1994 年，Sfive 利税首次突破 4 亿元，登上中国白酒行业头把交椅，成为"白酒大王"。

三 "多元发展，上市腾飞"时期（1995—2002 年）

经过前两个阶段的发展积淀，Sfive 已经步入快速发展期。此时，Sfive 主业的生产能力获得了巨大的增长。在行业的领先地位初步得到确认之后，Sfive 一方面继续巩固自身的领先地位，努力拉大与其他竞争者之间的差距；另一方面，积极寻找新的增长点。Sfive 的领导层清醒地认识到，只有资本运营、多元化经营才能让企业走得更远，走得更加稳健。

于是，Sfive 上市和多元化发展被提上日程。

1998 年，Sfive 进行改制；同年 4 月 27 日，在深交所挂牌上市。Sfive 当年实现营收 28.14 亿元，净利润 5.6 亿元。Sfive 上市，为 Sfive 的快速发展提供了动力，助力 Sfive 实现第一次腾飞。在实现利润方面，这段时期，Sfive 稳居中国白酒行业之首。Gmoutai 2001 年在 A 股上市，当年营收 16.18 亿元，净利润 3.28 亿元；相比同年的 Sfive，Gmoutai 营收只占 Sfive 营收的 34.12%，净利润占 Sfive 的 40.44%。

1998 年 8 月 12 日，四川省宜宾 Sfive 集团有限公司（下简称 Sfive 集团）成立。1998 年，随着 Sfive 集团的组建和 Sfive 股份有限公司的上市，以产业多元化发展为标志，企业正式走上长期发展战略的第三步。2000 年年底又提出第二次创业，一个以白酒酿造为主业，塑胶加工、模具制造、印务、药业、果酒、电子器材、运输、外贸等多元发展的跨行业企业集团迅速壮大成一家以酒业为核心，涉及智能制造、食品包装、现代物流、金融投资、健康产业等领域的特大型国有企业集团。

与此同时，Sfive 制定了品牌多元化的发展战略。1998 年，Sfive 采取极具创意、能够快速扩张的措施——地区品牌联营策略，Sfive 的 OEM 模式被进一步发扬光大，借助经销商的资金和渠道控制着当地的市场网络，充分调动工人积极性，进一步提升了产能使用率和优质酒率。Sfive 也从最初的"高端 Sfive+低端 Jianzhuang"拓展至百余个品牌。

综合来看，1995—2002 年，Sfive 完成第五次扩建，从 20 世纪 60 年代的第一次扩建开始，自此 Sfive 终于形成了气势恢宏的"十里酒城"，弥补了当时名酒厂普遍存在的产能短缺问题，同时，从 1995 年以来，集团创下了销售收入平均增长 26% 的神奇速度，把 Sfive 集团建成了现代化、集团化、国际化的特大企业。

第三节　改革创新，调整发展期
（2003—2016 年）

一　"品质超前，行业领先"时期（2003—2012 年）

多品牌战略和区域品牌联营策略，较好地推动了 Sfive 在全国的战略布局并成功上市。但该战略也埋下了隐患，如容易使品牌整体失去焦点、价值体系松散、品牌信誉度受到威胁，易造成消费者对 Sfive 品牌认知混乱等。Sfive 开始对品牌扩张战略进行调整，最终决定彻底进行改革。公司在 2003 年开始减费增效，实行"1+9+8"品牌战略，即 1 个国际品牌，9 个国内知名品牌，8 个贴近普通消费者的区域性大众品牌。Sfive 这一系列的战略调整，压缩了系列品牌，突出重点，夯实了主品牌地位。至此，Sfive 主品牌价值逐步回升，稳固了白酒行业第一的地位。

2007 年 3 月，唐桥调任 Sfive 集团总裁、股份公司董事长，直到 2011 年才接替前任 Sfive 集团董事长职务，实现平稳过渡。上任后，唐桥不断推进 Sfive 结构性改革，尤其解决了集团和公司关联交易的问题，理顺了公司法人治理结构。同时，构建了灵活高效的组织架构，组建了快速响应的业务流程，提高了产品的顾客生命周期价值。

2008 年，Sfive 营业收入第一次在领先 Gmoutai 十余年后被反超，多元化发展时期的多品牌战略带来的隐患仍未完全平复。此时的 Sfive 需要梳理当前的战略和组织架构，通过整顿和改革来度过这次危机。

2009 年，Sfive 营业收入行业领先，并在 2010 年达到峰值，比 Gmoutai 多出 39.08 亿元。2011 年，Sfive 开始推动组织机构改革，进行流程再造，强化激励约束机制，加强队伍建设，提高服务水平。

2012 年，唐桥在 Sfive 成立了改革领导小组，整顿子品牌的管理乱象，专门解决主业不聚焦问题。同时，机构改革全面推进，Sfive 的全国七大营销中心部署完成，加强品牌宣传与推广，强化市场策略开发能力，使其更好地服务于终端。2012 年年底，中央出台"八项规定"及"六项禁令"，对白酒行业发展产生巨大影响。

综合来看，2007—2012 年这一时期，Sfive 营业收入和净利润分别上涨了 271.09% 和 575.85%，2012 年的营业收入约为 272 亿元，净利润为 99.35 亿元，品牌价值高达 659.19 亿元，18 年来稳居食品行业第一。此外，Sfive 的传统酿造技艺被列入国家级非物质文化遗产，提高了 Sfive 的品牌价值与形象。

二　"行业遇冷，战略调整"时期（2013—2016 年）

2013 年，白酒行业整体遇冷，Sfive 也出现了业绩下滑的趋势，市场层面的矛盾随之暴露。为了应对危机、转危为安，Sfive 提出"名酒转民酒"战略，进入第三次调整期，即产品结构向中低端延伸，下调高端产品的出厂价格以稳住市场。为此，"绵柔 Jianzhuang""Wuliangtouqu"等战略新品相继上市，并深挖区域和大众市场，尝试开启新的销售模式。同时，Sfive 高层主动作为，通过增强内生动力来适应行业调整和市场变化；与长虹集团、中国工商银行等多家单位结成战略伙伴，尝试开启新的销售模式。这些改革帮助 Sfive 顺利度过了危机，但价格的下调和收入的下滑，使品牌力与 Gmoutai 拉开差距。

2013 年 5 月 17 日，Sfive 召开会议，决定调低出厂价，作为中国高端酒企率先公开宣布降价，这个决定既有行业大背景，又有 Sfive 管理层对未来发展的重新思考。此前，Sfive 的经销模式过多依赖于大经销商，小经销商依靠大经销商进货的政策，削弱了大经销商深耕市场的能力。通过降价、取消返利，有助于驱动大经销商更注重终端的销售和服务，使企业和经销商之间的层级趋于水平、直接接触增加，使渠道管理更加稳定、可控。

2014—2015 年，Sfive 不断对品牌延伸进行瘦身，推出"1+5+N"品牌策略。次年，名酒率先复苏。Sfive 继续推进营销系统的调整，推进精细化运营管理、小平台招商模式、直分销模式等。至此，Sfive 止住下滑趋势，业绩开始逐渐回暖。

2007—2016 年，Sfive 经历了从"名酒"到"民酒"的跨越，经历了白酒行业发展和低谷的完整周期。Sfive 在这一段时期理顺了法人治理结构，修正了过度多元化，不断缩减品牌的延伸，确立了"做强做大中端产品，做稳做实低端产品"的发展思路，止住了下滑势头并得以复苏。Sfive 通过"名酒转民酒"战略虽渡过了第三次行业调整危机，但原有的领先优势并没有继续保持和扩大。

第四节　曙光新政，二次创业期（2017 年至今）

统一思想，二次创业：2017 年 3 月，李曙光出任 Sfive 集团党委书记、董事长一职。在新掌门人的引领下，Sfive 高层提出"二次创业战略"，意欲激发 Sfive 发展，带领 Sfive 重回龙头地位。同年 4 月，Sfive 集团召开"二次创业"的讨论大会，会议主题为"对标先进、二次创业、再铸辉煌，我们怎么干？"同年 12 月，公司内部开展公开竞聘，从组织架构上激发公司活力。

品牌聚焦，稳定市场：多品牌战略曾经为 Sfive 带来了巨大的品牌效应和利润。经历中国白酒的"黄金十年"之后，白酒行业进入一个深度调整期，名酒企业普遍遭遇业绩下滑的困境。如何回归白酒品质、产品品牌和服务的价值本质，实现生产力与增长动力的转换，是决定企业发展前景的根本，白酒企业的调整势在必行。2017 年，公司在产品体系上开展重大革新，在高端酒中实施"1+3 战略"，做精做细 52 度新品 Sfive，塑造独特稀缺、个性高端的品牌形象，开发时尚、低度的产品创新价值。在系列酒中实施"4+4 战略"，力争形成以 4 个全国性大单品和 4 个区域性重点产品为代表的系列酒体系。将有限资源聚集收缩，稳住市场，清晰品牌形象。

精简渠道，整体向好：2019 年，Sfive 进一步重塑系列酒产品体系，砍掉低质低价的问题产品。清理和整顿系列酒产品，既是对 Sfive 产品价值体系的维护，又是对经销商网络的优化，为终端建立了更清晰的品牌认识，强化了品牌辨识度。在精简产品的同时，Sfive 也在改善经销商网络扩张模式，使消费者更加集中。Sfive 开始对大经销商数量和占比进行压缩，意味着品牌更集中的同时会有更多经销商竞争。通过不断的渠道改革，Sfive 恢复了对渠道的掌控力，在价格上也更有主动权。

"十四五"将是 Sfive 布局新一轮发展规划的重要战略期和窗口期。李曙光强调要抢抓机遇，开拓进取，实现创新发展、转型发展和跨越发展，确保目标实现和基业长青。在疫情防控之下，Sfive 率先复工复产，核心产品量价齐升，品牌价值稳步提升，行业地位得到巩固。

2021 年，在市场营销变革上，将围绕 Sfive 主品牌"1+3"产品体系和系列酒打造四个全国性大单品的战略规划，进一步完善渠道体系建设。

本章小结

近年来，Sfive 不但在发展上一直高于行业均速，市值更是在 2020 年突破 1 万亿元，成为深市第一家市值过万亿的上市公司，继续位居深市第一、四川省内上市公司第一。本章主要介绍了 Sfive 从艰苦创业至第一次腾飞经历了近 50 年的时间，从品质、技术和销量上完成了一次次的突破，成为中国新的白酒行业领军企业的历程。Sfive 制定的快速扩张的品牌多元化发展战略，在推动全国战略布局的同时，也带来了品牌整体失去焦点等隐患和病症。公司实行的"1+9+8"品牌调整战略提升了主品牌价值地位，为度过第三次行业危机，又将产品结构向中低端延伸并伴随着价格下调，对高端产品发展产生了一定影响。Sfive 公司对产品体系进行了重大革新，优化经销商网络，建立了更为清晰的品牌认识，强化品牌辨识度，使消费者更加集中，持续提升。在最新的营销发展上，将围绕 Sfive 主产品"1+3"和系列酒打造国内大单品战略规划，Sfive 必将迎来新发展。

第十五章　Gmoutai 战略发展历程简介[*]

第一节　Gmoutai 建厂，恢复发展期
（1951—1977 年）

一　"Gmoutai 起源，酒厂成立"时期（1951 年以前）

Gmoutai 酒历史悠久，起源可追溯至西汉，宋代亦有"枸酱"酒记载。至清乾隆年间，Gmoutai 镇制酒烧房不下 20 家，到清道光年间，Gmoutai 地区酒产量已达 170 吨。

Gmoutai 镇主要有三家酿酒作坊，三家制酒烧房的生产销售经历了四个阶段：从酒厂重建至巴拿马获奖前（1867—1915 年），Gmoutai 的销售范围局限于贵州地区，生产规模也较小；1915 年，Gmoutai 酒在巴拿马万国博览会获得金奖，名声大噪，借此进一步扩大了市场范围；抗战时期（1937—1945 年），战火导致国内众多酒坊受损，全国工商企业纷纷迁徙到西南地区，Gmoutai 酒需求量大增，规模不断扩大；抗战胜利到贵阳解放时期（1945—1949 年），三家制酒烧房竞相开展商标宣传，拓宽销售渠道，产能和销量相继增加。

在以上四个阶段中，Gmoutai 酒的万博会金奖之旅被视为 Gmoutai 发展历史上的重要节点。1915 年，Gmoutai 第一次参加万国博览会。以 Gmoutai 酒的品质，应该是此次参展酒品中的上品，可当时积贫积弱的中

---

[*] Gmoutai 战略发展历程时间段由笔者分类划分，重大事件主要参考了集团官网（https://www.moutaichina.com）；李勋：《飘香的历程——新中国成立 70 周年茅台集团跨越发展纪实》，《当代贵州》2019 年第 44 期；罗夕、李铁：《新中国成立 70 周年茅台集团跨越发展纪实》，《中国酒》2019 年第 9 期。

国，展览会上用土陶罐盛装的 Gmoutai 酒显得十分不起眼。一瓶 Gmoutai 酒不小心被打翻，顿时会场酒香四溢，轰动了整个万国博览会，Gmoutai 由此荣获金奖，一举成为世界名酒。

Gmoutai 酒销量日渐扩大，刺激了两家制酒烧房扩产，并从此成为政治中的新宠。自 Gmoutai 酒荣获金奖以来，Gmoutai 酒从此受到了当时的政府以及人民的支持与认可。在中华人民共和国成立前战火不断、社会如此动荡的年代里，Gmoutai 酒的生产几次濒临停产，Gmoutai 酒厂也几经转手。Gmoutai 酒凭借着自身获得金奖在世界上留下美酒的名誉，依然在重重困难中砥砺前行，直到中华人民共和国成立，Gmoutai 酒迎来生机，重焕光彩。

二 "投资扩大，初步恢复" 时期（1951—1961 年）

中华人民共和国成立后，人民政府将三家私营作坊陆续合并，并投入资金逐步扩大生产。Gmoutai 建厂后，人民政府派员负责工厂的管理领导和生产指挥，在较短的时间内恢复了生产，当年产量就超过了 1949 年前三家酒厂的总产量。

1952 年，在新中国第一届全国评酒会上，Gmoutai 酒凭其优良的品质、独特的工艺、悠久的历史文化，被评选为全国八大名酒之一。1953 年 7 月，酒厂由县属企业改为省属企业。1955 年，酒厂更名为 "贵州省 Gmoutai 酒厂"。为提高 Gmoutai 酒质量，"贵州 Gmoutai 酒总结工作组" 经过调研论证，在 1960 年 4 月形成了《贵州 Gmoutai 酒整顿总结报告》，也为开展科学研究打下了基础。

三 "再遇困境，艰难发展" 时期（1962—1977 年）

1962—1964 年，由于整顿的组织工作没有跟上，Gmoutai 酒品质下降的问题仍然亟待解决，再加上遇到国家经济困难，Gmoutai 酒产量也连年下降，企业亏损逐年加大。

1964—1966 年，Gmoutai 酒进行二次科技试点。通过科学实验和实践，Gmoutai 酒质量有了较大的提高，单位成本下降，企业亏损额逐年下降。1966 年 6 月，"文化大革命" 开始，破坏了企业的生产和工作秩序。1966—1971 年，Gmoutai 酒产量一直徘徊在 230—370 吨，连续五年未完成国家下达的生产、销售、减亏计划。1971 年工厂实行军管，逐步恢复了正常的生产和工作秩序。1972 年生产开始回升，产量逐年增长，企业亏损额逐年下降。

第二节　改革开放，快速发展期
(1978—1995 年)

一　"拨乱反正，步入正轨"时期（1978—1982 年）

在计划经济时代，企业自主权有限，严重制约了 Gmoutai 酒厂的发展。1951—1977 年，其间 Gmoutai 酒厂有 16 年一直处于亏损状态。1977 年 7 月，贵州省对 Gmoutai 酒厂领导班子进行调整。

党的十一届三中全会后，酒厂的管理团队不断解放和更新传统思想观念，通过一系列改革，生产经营逐渐步入正轨，企业进入良性发展阶段。1978 年是 Gmoutai 酒厂历史转折的最关键一年。这一年，酒厂领导做出"苦战一年，把 Gmoutai 酒厂建成大庆式企业"的重要决策。全厂职工以此为指导，奋力拼搏，当年 Gmoutai 酒厂的产值、产量、质量、销售都创历史最高水平，一举扭转了连续 16 年的亏损，产量突破千吨大关。新酒合格率由 1977 年的 87% 上升到 92%；Gmoutai 酒销量 620 吨，比 1977 年增长 60%，其中出口 Gmoutai 酒 175.4 吨，销往世界 30 多个国家，是建厂以来 Gmoutai 酒出口最多的一年。

1978—1982 年，Gmoutai 的领导班子进行了卓有成效的工作，使 Gmoutai 酒厂继续向前发展。Gmoutai 酒产量年年增加，利税年年提高，生产质量稳定提高，新酒合格率逐步上升。

二　"探寻改革，恢复发展"时期（1983—1990 年）

1983 年 1 月，Gmoutai 继续保持着酒厂的稳定和发展，潜心研究和精进酿酒工艺。1984 年至 1986 年，Gmoutai 成功研制了 39%（V/V）Gmoutai 酒。1989 年，全国范围内市场疲软、经济滑坡、国家紧缩银根，国家高度垄断销售渠道的 Gmoutai 酒，由于指令性计划消失、商业流通渠道不畅和消费者在高价商品面前望而却步，致使 Gmoutai 酒产品严重积压，流动资金几乎耗尽，Gmoutai 集团公司经受第一次市场危机。虽有危机，但也有有利的一面，企业有了自主经营决策权。在北京、上海、广州和一些沿海城市建立了 21 个 Gmoutai 经销点，采取保价销售经营策略，让利于经销商。积极主动向有关部门争取产品外销权，开辟自营出口的外贸新渠道。由于应对积极，Gmoutai 市场空间不断扩大，成功地度过了第一次危机。

1990 年，Gmoutai 酒厂内部进行了深层次的改革，"双增双节"活动深入开展，"我爱 Gmoutai，为国增光"的国酒精神得到进一步弘扬。"七五"（1985—1990 年）期间，Gmoutai 酒厂扩建产能，形成年产 2000 吨的生产能力。在技术改造和生活设施建设方面持续投入，极大地改善了生产和生活条件，厂容厂貌发生了根本性变化。

三 "加强管理，稳步发展"时期（1991—1995 年）

1991 年，Gmoutai 酒厂管理层重新调整，同年，Gmoutai 酒厂完成"八五"（1990—1995 年）扩产 2000 吨规划，开始扩改建工程。

1993 年，是国家经济体制出现历史性转变的关键时刻，Gmoutai 针对国际竞争国内化、国内市场国际化的现实，进一步加大改革力度，以"造势""制众""用将"三个问题为核心，创造企业产品，占领市场之势，充分利用人才资源，制定企业生产经营发展战略，发挥名牌优势，强化企业管理，使 Gmoutai 酒生产经营走上规范化、科学化、现代化的轨道。

1991—1995 年，Gmoutai 进一步解放思想，转换观念，本着"不唯书，不唯上，只唯实"的原则，把握大局，研究焦点，提出聚焦主业、多种经营、全面发展的生产经营战略，打破原本单一的生产格局。在包装容量和酒精浓度上形成多个系列，同时，加强职工队伍的建设，树立"尊重知识、尊重人才"的风气，培养了一大批酿造专业人才，提高了职工队伍的整体素质，基本适应了企业和市场经济发展的需要。1995 年，Gmoutai 产量翻了一番，销售收入、利润、利税也都在上升。

第三节 企业改制，快速发展期
（1996—2012 年）

一 "集团成立，上市发展"时期（1996—2010 年）

1996 年，Gmoutai 酒厂企业顺利成立贵州 Gmoutai 酒厂（集团）有限公司（以下简称 Gmoutai 集团），Gmoutai 正式步入现代化企业轨道，生产经营正在向着规模化、集团化的方向前进。1997 年 6 月，Gmoutai 兼并贵州习酒酒厂，Gmoutai 营业规模进一步扩大。

1998 年 5 月，这一时期 Gmoutai 的主要战略定位强调"一品为主，多品开发，一业为主，多种经营，一厂多制，全面发展"，以及"绿色""人文""科技"等元素。在转变员工思想观念上，采取专家授课、办培训班、送职工赴院学习、走访企业等方式，统一思想，全面强化了以市场为中心的思想观念，提升了员工的服务和危机意识，为 Gmoutai 快速发展奠定了坚实的基础；在市场运作战略上，保留酒的独特历史文化底蕴，把酒作为培养情感和沟通交流的功能凸显出来，建立良好的客户关系纽带，满足顾客需求，不断扩大不同身份和层次的白酒消费群体。1998 年对于白酒行业而言，如同一场大考，Gmoutai 酒也出现了历史上从未有过的市场严峻形势。面对困难和挑战，Gmoutai 管理层和全体职工认真分析形势、研究对策，采取了一系列应对措施，倒逼改革，最后成功度过第二次经营危机。2001 年 8 月，Gmoutai 在上海证券交易所成功挂牌上市。随后，开始推出满足不同层次和需求的酱香型系列酒。2004 年，面向社会设立"贵州 Gmoutai 自然科学研究基金"。2005 年，Gmoutai 净利润为8.5 亿元，首次超过 Sfive 同期净利润（7.91 亿元）。2008 年，Gmoutai 在营收、净利润上首次实现对 Sfive 的双超越，白酒头部行业的竞争格局开始改变。

综上可知，Gmoutai 经历 20 年的高速发展，完成了对 Sfive 公司的赶超目标，为 Gmoutai "后千亿时代"奠定了坚实的业绩支撑。在此期间，Gmoutai 集团在证券、保险、银行、文化旅游、生态农业及白酒上下游产业等进行了集团多元化发展，取得了一定成功。

二　"继往开来，快速发展"时期（2011—2012 年）

2011 年，Gmoutai 酒维持着量价齐升的强劲势头，该年度产品产量突破 3 万吨。Gmoutai 将赶超目标设定为法国保乐力加、英国帝亚吉欧等世界酒业巨头，不断实现阶段性跨越，营收规模接连超越 Sfive、波尔多、保乐力加等世界级酒企。2011 年，Gmoutai 再次荣获全国质量奖。2012年，Gmoutai 荣膺世界烈酒大赛金奖。

第四节　创新研究，战略调整期（2013 年至今）

2013 年，白酒行业再次陷入低迷，整个行业进入深度调整期，

Gmoutai 出现了第三次经营危机。对此，Gmoutai 采取一系列应对措施。首先，坚持走发展创新调整之路，稳定公司信心；其次，坚持发展大Gmoutai、绿色 Gmoutai 战略；再次，降低公务消费的占比，同时控价保量，使商务消费和个人消费占据主力；最后，调整产品结构，开发多品种、多规格的 Gmoutai 酒产品。这一年，Gmoutai 营收反超 Sfive 成为白酒行业第一。2015 年，Gmoutai 酒荣获巴拿马万国博览会百年纪念金奖；2018 年 5 月 6 日，Gmoutai 高质量发展的战略路线持续推进，主要推行了三大战略。

全球战略：对接"一带一路"建设，跟着发展大局做，重视海外市场的培育和开发。从 2018 年至今，Gmoutai 继香港特区、美国、俄罗斯、意大利、德国、南非、澳大利亚后，进一步聚焦南美、非洲等"一带一路"沿线国家。

品牌战略：李保芳在任期间，提出"双轮驱动"战略，其中，系列酒的重塑是一大亮点。该战略一方面强调系列酒与 Gmoutai 酒的严格区分，保证系列酒不透支 Gmoutai 酒的高端形象。另一方面，提升系列酒的销售规模，将营销策略和品牌文化紧密结合，形成特色鲜明、全面覆盖消费人群的系列酒体系。

文化战略：Gmoutai 公司着力打造"文化 Gmoutai"的品牌烙印，赋予 Gmoutai 酒独特的红色文化价值，并将其品牌内涵与民族情结相结合，引领消费者品味 Gmoutai，体会 Gmoutai 酒带来的美好生活体验。这种独特的品牌文化，不断提升 Gmoutai 酒的美好形象，助力公司的高质量发展。

除此之外，Gmoutai 集团还在 2019 年 4 月开设集团研究院，助推企业高质量健康发展。公司聘请专家团队和机构，针对发展战略、企业文化、经营管理、酿酒技术等进行研究，为企业的发展战略建言献策，为Gmoutai 实现"后千亿时代"发展目标助力。

本章小结

本章主要介绍了 Gmoutai 在酒厂建成后，用近 30 年的时间恢复生产并步入发展阶段过程。在顺利度过了第一次市场危机后，进一步加大了改革力度，强化了企业管理，从规范化、科学化、现代化一步步走上了规模化、集团化的轨道。Gmoutai 不同阶段的战略目标和实现途径与 Sfive 形成了鲜明对比。面对 1998 年的行业危机，与开展品牌多元化发展战略的 Sfive 不同，Gmoutai 采取了一系列措施倒逼改革，巩固基础，最终成功度过危机。Gmoutai 始终坚持"一业为主，多种经营"的战略定位，在 2008 年 Gmoutai 首次实现对 Sfive 营收、净利润的双超越。行业深度调整时期，Gmoutai 坚信发展创新、理清消费主力、开发多品种规格产品，进入高速发展轨道。

第十六章 战略目标分析

战略目标是一种长期的、宏观的目标，对企业未来经营状态提出了总体的期望值、总任务和总要求，总任务再层层分解到公司的各管理层级，相互协调促进目标的完成。步入 21 世纪后，白酒行业随着宏观经济、国家政策、社会习俗等因素的调整，其市场经济环境也变化多端。面对激烈挤压的竞争环境，白酒企业不得不力争上游。如何制定一套使企业能稳定生存、可持续。快速发展的战略目标和实施战略是企业成功的根本要素之一。本章将 Sfive 与 Gmoutai 的战略目标及各阶段实施的发展战略进行对比分析，从中发现 Sfive 在战略制定及执行上的优势和不足，再针对其不足之处在后续相应章节提出针对性的对策及建议。

第一节 Sfive 的战略目标

一 各阶段战略目标

（一）"行业领先"的奠基发展阶段（2002 年前）

Sfive 有着悠久的酿造历史以及长远的酒文化，但是 Sfive 从 20 世纪 80 年代初才开始了市场化运作。步入 80 年代中后期，Sfive 顺应改革开放时代的机遇，推动机制的变革，有计划地实施了三步走发展战略。第一步是 1985—1990 年的"质量效益阶段"，Sfive 将管理效率、产品质量的提升作为战略重心；第二步是 1991—1996 年的"质量规模效益阶段"，Sfive 在保证高质量生产精酿白酒的基础上，开始扩大产品的生产规模，逐步进军全国市场；第三步是 1997—2002 年的"质量规模效益多元化阶段"，Sfive 首次提出多元化发展道路，努力成为全国规模型的白酒领军企业。Sfive 在 21 世纪之前提出的三步走发展战略，有效地促进了公司质量、效益双提升，壮大了企业规模，并积累了强大的品牌效应，为日后深化全国布局的战略规划打下坚实基础，使 Sfive 一举成为名扬全国的"中国白酒大王"。

1998 年，受国家政策限制公务消费的影响，国内高端酒品的消费需求下降。针对此变化，Sfive 首次提出实施"OEM"战略，即对系列品牌的买断经营进行了"OEM"模式改造，这种聚焦多种系列中档酒的策略，有效适应了当时的市场需求变化，帮助 Sfive 占领了我国的中档酒市场。

2000 年，Sfive 集团提出"第二次创业"的战略新目标。同年，依据四川省委、省政府的指引，Sfive 结合企业经营状况制定了"到 2005 年销售收入要在 2000 年的基础上翻一番"的营收目标。

2002 年，多品牌战略实施了 5 年，Sfive 集团针对细分市场的空白，推出了百余款产品。多品牌战略为 Sfive 集团带来了巨大效益，但也埋下品牌体系过度重叠的隐患。

（二）Sfive 品牌瘦身阶段（2003—2012 年）

2003 年年初，为改变子品牌过多带来的负面作用，Sfive 集团领导人提出：实施"1+9+8"品牌战略。该战略强调了 Sfive 的核心地位，同时明确将 Wuliangchun、Wuliangol 等 9 个品牌作为开拓全国市场的中坚力量，另外提出根据全国 8 个白酒消费片区的消费特点，培育与之适应的区域性品牌。

2005 年年底，根据四川省政府和宜宾市政府的指示和要求，Sfive 集团制定了"十一五"中长期战略规划，集团力求实现"到 2010 年将实现销售收入 400 亿元、利税 70 亿元"的战略目标。Sfive 集团 2005 年营业收入为 136 亿元，大约是 5 年增长 2 倍的目标。为了实现宏伟的战略目标，Sfive 集团制定了"做强主业、做大多元产业、适时适度发展高新技术产业"的经营战略，Sfive 集团开始涉足保健酒、葡萄酒、汽车制造等产业领域。

2007 年，Sfive 观察到保健酒市场的广阔蓝海，提出开发保健酒市场，并争取在次年成为保健酒领域的领军品牌。2008 年，Sfive 与巨人集团开展战略合作，巨人集团为大股东，其负责保健酒的市场营销开发，Sfive 负责生产贴牌。2009 年，Sfive 的战略规划中，对国际化市场的运营开始有所关注。Sfive 提出总结国内市场运营管理经验，积极开拓国际市场，发展国际化的 Sfive 品牌，加强品牌形象打造和渠道整合力度。

2011 年，Sfive 将推进营销改革作为战略着眼点，为了适应全国七个主要营销战场激烈的市场竞争，公司提出加快布局全国七大营销中心。作为公司营销渠道的主要阵地，营销中心能敏锐地观察区域市场的需求变化并做出调整，并且能深入推进公司下沉式分销的渠道模式，强化营销决策能力和市场服务能力，有效提升对各级渠道和终端消费者的影响力。

2012 年，Sfive 集团制定"十二五"中长期战略规划，集团提出制定了"凸显酒业、优化多元"的发展战略，坚持以酒业为核心，兼顾发展现代制造、光电玻璃、高分子材料等新兴产业和现代物流等第三产业。尤其在酒类产业方面，公司要走内涵式增长与外延式扩张相结合的发展道路。Sfive 集团明确了实现千亿发展目标的战略规划。按照这一战略部署，Sfive 集团将加快做大做强机械制造、高分子材料、光电玻璃及现代物流业等产业，逐步形成集团"一个核心，四大支柱"的产业布局。另外，Sfive 集团针对酒业板块提出到"十二五"末酒类产业实现销售收入超过 600 亿元的战略目标。

（三）Sfive"第二次创业"阶段（2013—2020 年）

2012 年年底，Sfive 提出将"名酒"转为"民酒"战略。受宏观经济下行和"三公消费"受限等影响，白酒政务消费大幅下滑，高端白酒需求骤减。面对高端白酒需求锐减的严峻形势，Sfive 主动选择降低高档酒品价格，因高价位酒价格不稳定和收入的下滑，公司品牌力与 Gmoutai 品牌拉开了距离。2012 年，在省委、省政府的大力支持下，Sfive 制定了"十二五"战略规划。在营收规模上，公司提出股份公司营收超过 600 亿元、集团公司营收超过 1000 亿元的双跨越目标。在战略愿景上，公司提出在"十三五"期间成为世界性白酒企业的战略目标。2013 年，Sfive 提出年营收同比增长 30% 的目标。2014 年，Sfive 提出"1+5+N"战略，与上一轮"1+9+8"品牌战略不同的是，此次规划将全国系列酒品牌削减为 5 个，区域性品牌则根据区域竞争情况动态调整。2016 年，Sfive 锐意革新，将重塑产品体系作为战略重点。公司当年提出双轮驱动的战略思路，一方面，继续将 Sfive 的高端地位塑造作为品牌战略的头等目标；另一方面，将系列酒的品牌重塑作为公司战略发展的重要一环。2017 年，为了进一步推动战略改革，公司制定"重塑浓香"的战略思路，将提升酒品品质作为改革侧重点。公司不仅启动储酒工程，还将储酒期延长，力求还原本真的浓香口感。同年，Sfive 提出"1+3"及"4+4"产品组合策略。

2018 年，Sfive 集团董事长李曙光指出，聚焦主业的集团"1363"的战略目标已经确立：到 2019 年，Sfive 集团营业收入跨越千亿台阶；到 2020 年，Sfive 一级基酒产量达到 3 万吨；公司酒业营业收入达到 600 亿元，其中 Sfive 高端白酒营收达到 400 亿元，系列酒 200 亿元；Sfive 股份公司利润总额达到 300 亿元以上，市值达到 8000 亿元

2019 年，Sfive 集团更新调整了"十三五"中长期战略规划，力求在"十三五"末实现"1383"战略目标：到 2019 年，Sfive 集团营业收入要提前一年跨越 1000 亿台阶；到 2020 年，一级基酒产量达到 3 万吨；酒业营业收入从原来规划的 600 亿元增长到 800 亿元；使 Sfive 股份公司利润总额达到 300 亿元以上。

2020 年，在疫情防控背景下，Sfive 一手抓疫情防控、一手抓复工复产，聚焦战略目标，持续实施"补短板、拉长板，升级新动能"的工作方针，持续深化供给侧结构性改革，加强营销数字化项目建设，持续优化传统渠道结构，坚持瘦身健体，2020 年共清理清退 12 个品牌。Sfive 结合数字化转型，启动产品质量全生命周期溯源项目，不断推进酒体创新，并全面启动酒体设计中心、企业技术中心以及厂前区规划改造工程。

二 战略目标实施层面

（一）营销渠道层面

总体上看，Sfive 营销渠道的战略方向变化明显。2015 年以前，由于总体战略以占领市场为导向，其前期的营销渠道战略以"管控"为主，其中实施路径是以大商渠道来开拓全国市场。其前期的渠道管理较为粗放——依赖大商、调价频繁，并且对市场消化能力的调查不够深入，导致其在 2003 年及 2012 年都曾出现价格倒挂的现象，这对企业的品牌形象和渠道拓展是极大的损伤。

2015 年后，Sfive 为了配合总体战略"提升高端，优化中低端"的思路，通过股权激励、转换渠道策略、改变渠道利润等方式对渠道进行改革。其渠道管理思路由掌控大商调整为掌控终端消费者，希望在渠道改革上达到精细化管理，以提高终端市场对企业产品的认可程度。详细来看，Sfive 在营销渠道上的战略思路有以下变化：

从 20 世纪 90 年代起，Sfive 推出大商模式，依靠大商资金和渠道资源来开拓市场。随着经销商的逐渐壮大，低价出货，出售有质量问题的

产品、扰乱价格体系等现象频频出现。同时，Sfive 给予大型经销商的市场支持费用落实不到位，费用无法明确用途用处，导致公司对终端渠道的掌控薄弱，厂家与消费者的距离越拉越远。

2013 年白酒企业遭遇寒冬期，"禁酒令"的出台让行业遭受断崖式打击，且 Sfive 当年在总体战略上显得较冒险激进，公司制定年营收增长三成的目标未能与当时市场环境相适应。为了完成年度增长目标，Sfive 沿用渠道战略上一直都坚持"市场价格是管出来"的理念，继续实行提价政策，这一举措却遭到市场冷遇，之前合作紧密的大型经销商态度转变，一方面折价销售 Sfive 产品，另一方面保持观望态势，Sfive 在市场的失意令其多年积累的品牌形象有所折损，品牌价值有较大折损。

2015 年以后，Sfive 理顺了价格，开始着重对渠道进行改革。为此，Sfive 选择了两种路径。一是通过股权激励与经销商达成利益分享，Sfive 公司 2015 年推出员工持股计划，同时将核心经销商纳入申购对象，从而增加渠道方面的控制力度；二是改变渠道政策，降低对大商的过度依赖。2015 年，Sfive 前五大供应商占比持续下降，供应商结构不断优化。

2018 年，Sfive 开始建设营销决策指挥中心，并提出对 Sfive 品牌的全体系产品逐步导入控盘分利模式。Sfive 此时的思路是通过对厂商、经销商、终端的利润分配进行重塑来拓展渠道。同时，Sfive 开始加大直营体系的建设力度，2018 年，Sfive 专卖店数量达到 1300 家，较上年增加了300 家。

2019 年，Sfive 提出建设数字化 Sfive 的战略规划，开始借助大数据等现代技术推进渠道精细化管理。

2020 年，Sfive 营销数字化一期项目基本建成，营销全过程数据实现可视化，营销数据支撑决策能力有效提升。Sfive 持续完善传统渠道结构，进一步优化 Sfive 的商家队伍。浓香系列酒公司积极打造 Jianzhuang、Wu-liangol、Wuliangtequ 的根据地市场和样板市场。

（二）制度层面

Sfive 长期以来都是采取"以岗定薪"的薪酬管理制度，但近年来随着企业市场化程度的深入，弊端逐渐显现。所以制度方面，Sfive 首先围绕员工激励展开，主要措施集中于二次创业的改革期。Sfive 的二次创业时期，各项改革都在启动，为了完成"十三五"总体战略目标，Sfive 采取推进薪酬改革、完善晋升机制等方式催化制度革新，希望激发员工积极性。

2017—2018 年，Sfive 对生产部门的薪酬体系进行重新调整，员工平均年薪增长近三成，充分调动了员工的工作积极性。

2018 年，Sfive 引入了员工及经销商持股政策，员工持股计划实现正向的激励作用，保证员工与公司利益的一致性。

2019 年，Sfive 进行销售体系的薪酬改革，新的薪酬体系覆盖到各级子公司。

2020 年，Sfive 提出，对员工的培训工作将紧紧围绕"改革、创新、转型、发展"战略布局，着力加强人才队伍建设，夯实创新发展根基，根据 Sfive 改革与发展的需要和员工多样化培训需求，分层次、分类别地开展内容丰富、形式灵活的培训，以增强教育培训的计划性、针对性和实效性。

（三）产品层面

Sfive 在产品管理方面的战略和其总体战略目标呈现高度的关联性。在 2014 年之前，Sfive 为了配合高速扩张、占领市场的总体战略，密集推出新产品以推广全国市场，但品牌管理意识不足，产品层次冗长；2014 年后，公司产品战略密集变化，频繁改变产品体系和产品战略，主要思路是开展产品线的瘦身运动，并通过清理产品条例、新设事业部等方式管理不同体系的产品。其中高端产品"普五"的打造较为成功，产品提价顺利，销量攀升；但 Sfive 产品体系中系列酒的打造没有清晰的定位策略，并且系列酒销量相较于竞争对手的同价位产品有一定差距。

在产品层面，Sfive 历史上采取了如下策略管理产品：

20 世纪 90 年代，为了达成 Sfive 全国化战略的目标，公司产品线的打造思路为力求覆盖高、低、中档价位的各级市场，产品的长度、宽度、深度均大幅增加。另外，Sfive 在占领市场的进程中采用 OEM 战略和总经销模式在全国铺货，该策略对当时 Sfive 总体战略的落地起到了关键作用。但其弊病也逐渐显现，公司的产品管理存在战略布局不全面，对单个产品的独立文化属性打造较少，造成产品间的区分度不高。

2003 年年初，Sfive 实施"1+9+8"品牌战略，正式开始 Sfive 后期的品牌管理道路，以期改变子品牌过多带来的负面作用。一方面，Sfive 开始清理"量价齐低"的子品牌；另一方面，Sfive 开始取消 OEM 战略，并逐步收回总经销手中的产品代理权。

2014 年，Sfive 制定"1+5+N"产品体系方案，提出将 Sfive 打造为世界名酒，将 Wuliangchun、Wuliangol、Wuliangtequ、Wuliangtouqu、Jianzhuang 打造为全国知名品牌，其余品牌作为各空白市场的补充竞品。

2016 年，为解决系列酒体系庞杂等问题，Sfive 提出了"Sfive+系列酒"双轮战略，具体来看，该战略将产品体系规划为"1+3+5"的品牌金字塔结构：1 个核心品牌"Sfive"，3 个战略品牌"1618、低度、交杯"，5 个全国系列酒品牌。

2017 年，Sfive 提出"重塑浓香"的战略，同年启动了 30 万吨白酒储酒工程，将 Sfive 基酒调整为 3 年。

2019 年 4 月，为了配合"1+3"和"4+4"战略的落地，Sfive 分两步达成产品战略目标。一方面，Sfive 正式出台"品牌宪法"，分批清理高仿系列酒；另一方面，新建事业部负责个体系列产品的销售。

2020 年 9 月，Sfive 推出战略性高端大单品"经典 Sfive"，以顺应消费升级新趋势，进一步丰富高端白酒品类，满足消费者美好生活需要。同年，Sfive 全面完成了 Jianzhuang、Wuliangol、Wuliangtequ 等主要品牌的升级上市，并成功实施了上述品牌的重点市场打造和终端分级分类建设，重新明确了各品牌发展定位、划清价格跑道，进一步夯实了品牌发展基础，强化了产品动销，大力推动了品牌升级。Sfive 系列酒将持续坚持"做强全国性战略品牌、做大区域性重点品牌、做优总经销品牌"三个聚焦原则，集中力量打造 Wuliangchun、Wuliangol、Wuliangtequ、Jianzhuang 四个全国性大单品。

（四）技术层面

Sfive 在技术方面的革新集中在 2012 年之后。2012 年白酒行业格局发生巨变，在此过程中，Sfive 的管理暴露出体制、机制缺少信息化的问题，所以公司通过开展战略合作、投建技术项目部来配合技术管理的转型发展。

Sfive 在技术层面采取以下路径配合总体战略的执行：

2015 年，Sfive 通过定向增发股票募集资金，用于建设信息化管理体系、信息化营销体系以及电商平台，以改善白酒调整期以来 Sfive 在营销和渠道方面的不足。

2017 年，Sfive 与 IBM 公司签订战略合作协议，此举意在借助 IBM 公司先进的信息化管理经验，推进 Sfive 的创新转型道路，并且在公司总体战略上寻求更多的参考。

2019 年，Sfive 推出第八代经典 Sfive，为了贯彻总体战略"聚焦高端，凸显价值"的要求，第八代普五在技术上对品质、包装、防伪进行了三重升级革新，尤其是在外观上更加注重辨识度的提升。值得注意的是，新品 Sfive 还增加了 Sfive 消费者俱乐部，进一步丰富消费者的消费体验，增强了用户黏性，提高了产品附加值。

2020 年，Sfive 结合数字化转型，启动产品质量全生命周期溯源项目，实现原料采购、储存、生产、包装、流通全产业链溯源，有效地构建从"一粒种子到一滴美酒"的全过程预防性质量管控模式，有效地推进了酒体创新。

（五）投资层面

由于 Sfive 和 Gmoutai 两家企业的总体战略有差异，投资战略的侧重点也有所不同。Gmoutai 需要为自己的产能不足做更多长远考虑，Sfive 拥有充足的白酒产能，但却面临着浓香型白酒市场的激烈竞争，因此，需要将更多的投资用于区域扩张和营销改革。近年来，Sfive 的投资思路是保持内涵式增长和外延式扩张并重的战略思路。

在内涵式增长方面，Sfive 主要针对前期问题突出的渠道和管理做了投资。2018 年 4 月，Sfive 实施定向增发方案，筹资 18.53 亿元进行信息化建设、营销中心建设、服务型电子商务平台，统筹范围包括公司员工、核心经销商及投资机构。在外延式扩张的道路上，Sfive 期待通过并购进一步壮大企业实力。2013 年，Sfive 与河北邯郸市开展合作，进一步提升在华北市场的竞争力。

第二节　Gmoutai 的战略目标

一　各阶段战略目标

（一）多元化发展阶段（2002 年前）

1998 年，Gmoutai 集团大力推行酒业相关多元化战略，当时酱香酒的市场份额并不多，以 Sfive 为代表的浓香酒在市场上认可度较高。为了顺应当时的市场形势，填补公司在香型方面的市场空白，Gmoutai 收购了习酒等老牌企业，浓香产品的问世为公司争取了一定的市场份额。2001 年，

Gmoutai 集团制定"十五"规划，针对酒业板块提出"力争在 2005 年形成 Gmoutai 酒 1 万吨/年，系列酒 5000 吨/年的生产规模，实现销售收入 29 亿元，利税 18 亿元"的战略目标。Gmoutai 公司在同年丰富产品体系，开发了中端品牌 Wangzijiu 以及低端品牌迎宾酒，并一直保留至今。2002 年，Gmoutai 提出将产能提升作为首要目标。公司推出陈年 Gmoutai、年份酒等高档酒产品。

（二）Gmoutai"百亿工程"阶段（2003—2009 年）

2003 年，Gmoutai 迎来贵州省委、省政府大力支持的窗口期，其战略目标适应企业各阶段经营状况和市场形势，具有远景规划的特点。Gmoutai 提出建设"百亿工程"的口号，要求在 2010 年完成营收规模超百亿元的目标，提出围绕文化 Gmoutai、科技 Gmoutai 的品牌理念，确立国际一流名企的战略定位。

2004 年，Gmoutai 实施渠道战略调整，引入总经销的渠道模式，调整渠道类型。这一举措旨在填补专卖店在市场覆盖面上的不足，同时减少市场运作的投入费用，而 Gmoutai 自有的直营体系则能保持 Gmoutai 对市场渠道的快速反应和掌控能力，两种模式各有所长，可以优势互补。至此，Gmoutai 初步建立"直营店、总经销、特约经销商"的复合渠道体系。

2005 年，Gmoutai 公司对白酒产能做了明确部署，要求在 5 到 7 年内，产能达成 2 万吨的生产目标。在营收规模上，Gmoutai 继续延续之前制定的百亿目标。同年，Gmoutai 酒在销售额上首次实现对 Sfive 的逆势超越。

2009 年，Gmoutai 集团更加注重中长期战略的制定。在"十一五"时期，Gmoutai 集团提出了"三步走、三跨越"的中长期发展目标，即按照每年 2000 吨的增速扩大 Gmoutai 酒产能，到 2015 年，使 Gmoutai 酒产量达到 3 万吨，销售收入达 260 亿元，到 2020 年，Gmoutai 酒产量达到 4 万吨，销售收入达 500 亿元。同时，通过促进子公司融资上市，参股控股其他上市公司、投资国债市场，投资能源资源，兼并其他酿酒企业低成本扩张等手段，努力打造以产品市场专业化整合、循环经济工业园区建设、产业资本运作平台等为主体的 Gmoutai 控股集团。

在 Gmoutai"百亿工程"阶段，Gmoutai 在营收方面首次实现赶超 Sfive 的目标，为 Gmoutai"后千亿时代"奠定了业绩支撑。

（三）Gmoutai"跨越千亿"发展阶段（2010—2020 年）

2010 年，Gmoutai 制定了新一轮中长期战略规划。2015 年，Gmoutai 将系列酒的培育作为战略重点。在公司的政策扶持上，公司对系列酒预设三年的培育预期，不设定苛刻的盈利指标，系列酒的阶段重心在于扩展市场规模，培养特定消费群体，扩展公司的竞争领域。2017 年 3 月，Gmoutai 提出系列酒百亿工程战略目标，继续将 Wangzijiu、迎宾酒等作为重点培育的系列酒品牌，努力打造中端、低端的超级单品。

2011 年 Gmoutai 集团制定"十二五"规划，要求"品为主，系列开发，确保做好酒的文章；做精主业，上下延伸，理性拓展酒外天地"。其中包括做优 Gmoutai 酒、做大系列酒，做足上下游产业，做强股份公司以及做大集团公司。按照集团的战略规划，集团未来 5 年内希望再推动 4 家子公司上市，除了继续力推习酒公司在香港上市之外，Gmoutai 集团另外三家准备上市的公司分别是 Gmoutai 保健酒公司、旅游公司以及物流公司。从具体业绩指标上看，Gmoutai 集团对酒业板块提出了较高的业绩目标。Gmoutai 公司在 2010 年年报中公布的"十二五"时期公司发展的战略目标和规划是：到 2015 年，Gmoutai 酒生产达到 4 万吨；销售收入突破 260 亿元。而时间过了不到 2 个月，Gmoutai 公司再次更新"十二五"时期公司发展的战略目标和规划是：到 2015 年，Gmoutai 酒生产达到 4 万吨；销售收入力争突破 400 亿元，较之前 260 亿元提升幅度高达 54%。

2016 年，Gmoutai 集团提出"十三五"中长期战略规划：到 2020 年，Gmoutai 集团的白酒产量将达到 12 万吨，龙头产品 Gmoutai 酒的产量达 5 万吨，整体收入达到千亿元级，综合效益稳居行业第一；在 Gmoutai 集团内部培育 2 至 3 个上市公司，进一步巩固和提升世界蒸馏酒第一品牌地位，把 Gmoutai 集团打造成产融结合的国际化酒业投资控股集团，成为享誉全球的国酒 Gmoutai，受人尊敬的世界级企业，引领带动中国酒业健康发展，助推贵州经济社会全面进步。以酒类业务为核心，积极发展上下游一体化业务，推动关联多元化业务发展，加快金融板块发展步伐，努力打造产融结合新格局。从白酒专业化经营发展为一业为主、多元经营的综合性集团，Gmoutai 的总体业务布局充分体现了协同效应。

在 Gmoutai 集团的"十三五"战略蓝图中，Gmoutai 集团拟将"Gmoutai 基金"打造为国内有影响的"黔派"资本品牌，成为国内资本市场活跃的市场主体。对于财务公司来说，对内，将作为集团内部的资金集约管理平台，面向内部成员单位的金融中心，集团金融资源统筹运作中心，集团内部资金掌控信息枢纽；对外，则立足于集团产业平台和优势资源，提供金融服务，推动集团金融产业发展。而投资公司，则扮演投资战略管理者、执行者和推进者的多重角色。

2020 年，白酒行业虽受新冠肺炎疫情影响，但 Gmoutai 效益进中向好。因此对"十四五"规划期间，Gmoutai 提出将立足新发展阶段、贯彻新发展理念、融入新发展格局，坚持稳中求进工作总基调，以高质量发展统揽全局，以聚主业、调结构、强配套、构生态为发展思路，筑牢"质量、安全、环保"三条生命线，推进品质 Gmoutai、绿色 Gmoutai、活力 Gmoutai、文化 Gmoutai 和阳光 Gmoutai 建设，推动 Gmoutai 高质量发展、大踏步前进。

二 现阶段战略目标实施手段

（一）营销渠道层面

Gmoutai 的营销渠道中，团购业务和直营体系的打造对渠道经销商起到一定的制衡作用，这使得 Gmoutai 对市场的控制能力较强。2012 年，Gmoutai 在关键时刻的顺利提价离不开专卖店的强势表现。由于 Gmoutai 近年来供不应求，为了克服市场价格疯涨的负面效应，目前 Gmoutai 采取扁平化的"区域总经销+特约经销商+直营店"模式，对市场保持较强的控制能力。Gmoutai 对营销渠道的打造历史如下：

1998 年，Gmoutai 开创经销商、直营店并行的双轨建设道路，将销售渠道做精做细，既要借助经销商广泛拓展全国市场，又要保有 Gmoutai 自营店的核心自留地，形成攻防兼备的渠道建设体系。

2001 年，Gmoutai 充分吸取前期双轨渠道建设的管理经验，进一步开创销售公司和经销商并行发展的渠道模式。其销售公司是由 130 余名销售骨干组成的优秀团队，负责销售细分区域的整体运营建设工作。在经销商的合作方面，Gmoutai 坚持选择利益协同、忠诚品牌的核心经销商，当时在全国范围内与 Gmoutai 开展合作的经销商达 300 余家，为 Gmoutai 酒的全国推广发挥积极作用。

2005 年，Gmoutai 快速扩张专卖店，直营版图进一步扩大，但公司管理层意识到大举扩张的背后，带来的是专卖店品牌形象不统一、销售管理不到位等问题，公司随即开始停止专卖店的开发进程，并对旗下各专卖店进行整顿规范。同年，Gmoutai 加强团购业务的开拓，各大军区、国企、政府单位成为公司的团购对象，为公司带来丰厚的收益。

2010 年，Gmoutai 推行大区制的渠道管理模式。公司致力于渠道扁平化建设，推进专卖店在全国布局。公司对大商依赖度低，单个大商最大占比不到 1%。

2018 年，Gmoutai 深入贯彻落实公司制定的渠道管理政策，严厉整顿市场恶意炒作高价 Gmoutai 酒的乱象，查实共计 400 余家经销商的违规行为，取消其合作关系，将没收的 Gmoutai 酒回收至直营体系。

2019 年，Gmoutai 通过与电商、商超联手，加大了直营渠道管理力度。根据战略需求，成立了 Gmoutai 酱香酒公司，转变了系列酒的营销模式。

2020 年，Gmoutai 持续深化营销体制改革，积极丰富和拓展营销渠道，规范社会渠道管理，形成多渠道协同发展的良好格局，提升了综合效益；多措并举推动控价稳市，增强了市场抗风险能力，保障了疫情形势下的市场稳定态势。

（二）制度层面

Gmoutai 为了实现总体战略的业绩目标，通过薪酬制度和人事制度改革来推动企业发展，Gmoutai 对薪酬体系和人事制度的建设工作非常重视。

绩效考核方面，不同于以往 Sfive 以岗定薪的绩效考核方式，Gmoutai 主张以战略为导向的绩效管理和考核体系。Gmoutai 将董事会的任务指标细化，并对目标完成情况及时跟进监督，督促董事会成员认真开展各项工作，尽快落实完成既定的战略目标。

2015 年，为了进一步配合公司的保价战略，Gmoutai 内部管理制度做了大幅调整。公司在推进"双轮驱动"品牌战略的时期，对酱香酒公司实行大刀阔斧的薪酬制度改革，重新调整各岗位的薪资待遇，薪酬绩效随销售提成动态调整，严格按照薪酬责任制，兑现奖惩。人力资源管理体系建设方面，Gmoutai 建立完善人才储备体系，按照德才兼备的用人原则培养后备人才，并定期考核各岗位任务的落实情况，采用公开竞聘等方式选用优秀的岗位人才，晋升制度更加市场化。

2020 年，在新冠肺炎疫情背景下，Gmoutai 严格落实"大病医疗保险"应保尽保，持续关注员工身心健康，丰富职工精神文化生活，改善生产生活环境，保障员工人均收入稳步增长。对员工开展多元化培训，鼓励自学成才，持续拓宽技术职称通道等，致力于增强员工幸福感、获得感、安全感。

（三）产品层面

Gmoutai 产品层面的策略主要围绕双轮战略展开。Gmoutai 战略层面变动较少，在提出大方向战略后，公司管理层会在执行过程中逐渐细化产品体系，实现与市场变化的动态适应。另外，Gmoutai 执行力度上较强，例如全面停止"瘦狗业务"及"问题业务"，现有产品组合在整体上呈现少而精的特点。Gmoutai 对产品体系管理的实现路径如下：

2017 年，Gmoutai 提出打造"133"产品体系，对旗下各系列酒的营收规模做出明确要求。

2018 年，Gmoutai 继续围绕品牌聚焦战略对产品进行升级改造。公司统筹调整 Wangzijiu、迎宾酒的产能规划，将优质的基酒资源投入到边际贡献更高的其他酒品上，形成口感分明、各具特色的系列酒产品体系。

2019 年，Gmoutai 酱香酒公司明确了"1+2+3"产品发展战略。公司明确要求 Wangzijiu 销售额必须达到 50 亿元的销售目标，同时将汉酱、赖茅两款子品牌打造成为 20 亿元级别大单品；另外，公司还提出将 Gmoutai 迎宾、Guizhoudaqu、Renjiu 三款品牌培养成 10 亿元级别的白酒。

2020 年，"十三五"时期 Gmoutai 酒技改项目全面完成投产，新增 Gmoutai 酒基酒设计产能 4032 吨；3 万吨酱香系列酒技改项目有序推进，新增系列酒基酒设计产能 4015 吨，继续聚焦战略定位和市场需求，加强品牌顶层设计，推进产品结构优化升级。

（四）技术层面

Gmoutai 公司对工艺和产能的改进通过技改工程实现，并且从 2012 年起密集开发项目，2012 年通过的技术改造项目总额达 63.06 亿元。Gmoutai 技术改革体现在三个方面：一是开发建设 Gmoutai 规划建设中心、品鉴中心等项目，将国酒文化、制酒工艺、厂区规划及发展战略集合为一个整体，其运作对 Gmoutai 品牌提升、战略规划有一定的促进作用；二是完善 Gmoutai 酒的生产配套设施，在产能进一步扩大的同时，充分掌控酱酒的质量；三是建设科技大楼等科创实验室，并引进酱香酒高级研究人才，为 Gmoutai 工艺水平的提升做进一步补充。

Gmoutai 虽然开发了多个技术改造项目来提高产能，但对产品的工艺周期做了严格规划以把控质量。公司规定将基酒的三成留作老酒及损耗，七成在三年后投放至占成品总量两成的老酒，窖藏至少一年的时间后进行销售。

（五）投资层面

酱香型白酒在酿酒工艺上和浓香型白酒有较大差异，加之酱香市场竞争企业少，使得 Gmoutai 和 Sfive 的投资战略思路也有一些差别。酱香型白酒不仅需要企业的窖池历史底蕴，还存在一定的技术壁垒，目前掌握酱香酒工艺和成熟渠道的优质企业较少。另外在生产周期方面，酱香型通常最少需要 5 年的出酒周期，因此，Gmoutai 的投资重点在于优质白酒产能的充分保证，以此作为巩固自己市场份额的"护城河"。

Gmoutai 面对产能严重不足的局面，主要专注于内部技改项目投资，中高端酱酒产能的提升是 Gmoutai 投资建设的主要着眼点。在"十一五"以及"十二五"期间，Gmoutai 斥资建设万吨 Gmoutai 酒工程、Gmoutai 酒技术改造等多项产能提升项目，为抢占高端市场奠定了一定的基础。在"十四五"时期，Gmoutai 为了完成打造"大 Gmoutai 集团"的战略目标，意图将并购优质酱香酒企业作为产能提升的新途径。

第三节　战略目标对比分析

一　战略目标对比

本书整理了 Sfive 集团与 Gmoutai 集团"十五""十一五""十二五""十三五"不同时期的战略目标内容。Sfive 主要针对收入做了指标要求，近年来，Sfive 在内涵增长方面主要针对营销和信息化投资，外延扩张方面主要做并购业务，提升收入规模。Gmoutai 将收入规模、产量作为战略目标的重要内容，近年来，大力投资生产配套项目以扩大产能，补充了自身酱香酒产能不足的短板。

综合来看，Sfive 和 Gmoutai 的战略目标对于企业规模发展有强烈的诉求，都完成了各自目标。

二　实施效果对比分析

（一）投资成效

20 世纪末，Sfive 集团推出了"OEM 模式"，随即建立了多种中档酒系列来占领我国的中档酒市场。但白酒市场的容量有限，当时 Sfive 集团市场占有率超过 15%，但仅仅依靠酒业的扩张不能促进企业的高速持续发展，Sfive 集团首次步入多元化发展道路，开始了以白酒酿造为主业，塑胶制品、印务、电子元器件、药业、果酒等多行业发展的多元化道路。在金融投资方面，Sfive 集团多元化战略涉及的不同业务领域有十多个，培养出了具有抢进竞争性的项目。Gmoutai 奉行专业化发展为主、多元化发展为辅的战略，充分发挥酒业优势，酒业发展快速，但其他产业发展效果不明显。

Sfive 集团在核心业务酒业上，在品牌的宣传中常听到"中国的 Sfive、世界的 Sfive"，其品牌定位于全国和世界，能从宣传中感受到 Sfive 品牌走向全世界及决心，是中国的酒王。但是 Sfive 的子品牌众多，大部分定位模糊，即使推出了各个子产品，但因多数系列酒独特性不明显，让消费者无法记住，最后大部分子产品都不为人们所知，营销推广运作效率低，拉低了 Sfive 母品牌形象。

Gmoutai 集团在核心酒业上子品牌数量少，但市场定位和品牌定位较为清晰，公司的核心单品飞天 Gmoutai，定位于国酒珍品的品牌形象，公司同时还广泛宣传其国宴用酒、红色文化的背景故事，使得飞天 Gmoutai 成为高端白酒的典范之作。Gmoutai 迎宾酒，市场定位为低收入消费群体，品牌定位"Gmoutai 迎宾酒，迎宾迎天下"。2015 年，Guizhoudaqu 作为 Gmoutai 酱香酒核心品牌重新问世，市场定位为中端产品，品牌定位"记忆中的味道"。

此外，酒业上的酿造技术有所不同，Sfive 需要通过多元产品的"量升"创造价值总量，Sfive 系列产品导致"高端品牌"形象受损，加之遇上市场环境变化提价受阻，销量下滑，价值创造总量下降。具体来看 Sfive 依托卖断特许经营权的战略，对进军全国市场产生强大的推动作用，但品牌多元化伴随而来的是产品繁杂、利润稀薄等问题，其核心原因在于 Sfive 在实施多元化战略时品牌战略规划不足，导致对品牌形象塑造上产生了一定影响。Sfive 当时旗下的牌子多达 100 多个，过多的子品牌不利于 Sfive 的主品牌形象，还给 Sfive 自身带来了"自立门派"的竞争对手。以 Jinliufu 为例，Jinliufu 在这个政策下得到 Sfive 的支持和帮助，短短几年间销售额达到十几个亿，跻身中国白酒名企。

Gmoutai 战略极其聚焦高端 Gmoutai 酒，在饥饿营销的战略下，掌握了"量控价升"的主动权，为了维护高毛利率产品的核心地位，有意推行"饥饿营销"策略，在此过程中 Gmoutai 获得了丰厚利润，但也使得政府、消费者等高度关注 Gmoutai 的提价行为，过分追求价格的拔高可能会侵蚀 Gmoutai 修筑的护城墙，导致 Gmoutai 价格体系的崩塌。

在对比中可以观察到投资具有风险，Sfive 集团多元化战略上取得了一定成功，但在酒业核心业务的品牌多元化上出现了失误，模糊的品牌定位导致公司旗下品牌间的无序竞争。Sfive 采取多品牌延伸的战略，虽然旗下产品都"系出名门"，但产品的特色不明，品牌底蕴欠缺，拉低了 Sfive 名酒在消费者心目中的形象，子品牌的相互争挤，最后还引起消费者的流失（郭正军，2013），从一定程度上影响了集团发展，这也是被 Gmoutai 拉开差距原因之一。

（二）战略经营风险

针对白酒企业，不管是 Sfive 还是 Gmoutai，在战略决策中存在一定的依赖企业家的现象。Sfive 今天的成就离不开历届企业家战略决策。特别是每一次企业家的更替，Sfive 集团战略都会有一个重大的调整或转变，企业内在经营管理的风格也会发生较大的变化。Sfive 集团战略决策表现出很强的新上任的企业家意志，这一定程度上会提升企业运作风险。这种风险体现在两个层次：一是企业家战略方向若不能很好响应或影响行业环境，那么将对企业的长期发展产生重大影响；二是战略因企业家变动所作的调整，会破坏前一战略的连续性与稳定性，可能导致企业内外交易混乱，战略难以落实或落实不到位。

三　两集团多元化战略对比

从管理学的角度，企业多元化发展战略可分为两大类型，一种是与原企业主营业务有关联的相关多元化，如 Sfive 进入玻璃制造行业，将上游供应商内部化是多元化的典型案例；一种是与原企业主营业务没有关联的非相关多元化，如 Sfive 斥资进入医疗、IT、旅游产业等。不完全统计，Sfive 分别投资了环保产业、玻璃制造、财务公司等。从价值创造量上看，多元化战略能为企业开创更多的利润增长点，对提升价值创造能力有促进作用，Sfive 集团的多元化战略成效显著，Sfive 集团公司拥有两家 A 股上市公司（000858Sfive 和 600793 宜宾纸业）和控股了多个上市公司。Gmoutai 集团也在执行多元化，但除核心业务酒业之外，其他投资成效、多元化发展效果不明显。Sfive 紧跟国家战略发展方向，充分考虑人民需求变化及供给侧改革。Sfive 集团把握自我优势分析市场需求和集团内资源剩余，多元化战略充分利用了集团内有形资源和无形资源，前景好的企业投资，符合市场发展的需求并发挥了集团的优势。综合来看，Sfive 集团多元化投资范围较广，横跨多个行业，如橡胶、机械、塑料等，均呈现增长趋势。

本章小结

本章针对 Sfive 集团与 Gmoutai 集团的战略目标进行对比分析，主要从战略目标的制定、实施手段以及实施效果三个方面展开研究。两公司各阶段的战略目标各有侧重，Gmoutai 在营销体系、产能提升、文化建设上进行布局，其精心耕耘的复合渠道体系在 2012 年的行业寒冬期发挥了巨大优势，并且连年的产能提升规划解决了企业短板，公司的战略体现了连续性和稳定性。Sfive 则侧重营销策略、品牌体系、多元化经营的规划，其中 OEM 模式、大商模式等营销策略帮助 Sfive 迅速打开全国市场，但公司的品牌清理及多元化经营道路调整频繁，缺乏清晰的战略定位。就总体而言，Sfive 集团的多元化战略成效显著，Sfive 集团公司拥有两家上市公司；Gmoutai 集团也在执行多元化，但除核心业务酒业之外，其他产业发展优势较小。

第十七章　产品定位分析

产品定位决定着企业经营的兴衰成败，企业产品如果缺乏对市场需求变化的准确把握，那么企业注定会在风云变幻的市场竞争中被迅速淘汰。因此，在企业战略的分析、选择和实施过程中，首先需要对产品定位有一个清晰的认识（陈克江，2010），进而制定相配套的生产、营销策略，推动企业的战略实施。本章将探讨 Sfive 和 Gmoutai 公司之间的产品差异，为 Sfive 的市场定位和产品调整提供参考。

第一节　Sfive 产品定位

Sfive 的产品线在发展历程上经历了多次改革更新，由最初的单个产品到多品牌战略扩张式发展，再到现在的产品瘦身、产品定位转型升级，体现了 Sfive 在产品定位方面顺应时代潮流的发展思路。

目前，Sfive 将产品定位划分为两个层次，Sfive 和系列酒。与公司规划不同，本书将 Sfive 及系列酒分为高中低三个档次来细化 Sfive 产品群组。

一　Sfive 高端产品定位

Sfive 的市场定位着眼于高净值饮酒人群，这类人群的消费行为特征主要体现在消费场景上。消费者购买 Sfive 旗下产品主要用于商务宴请、赠送礼品等，另外 Sfive 旗下以"经典普五"为代表的高端酒、纪念酒的收藏属性也是消费者购买行为产生的一个驱动因素。从消费区域上看，在文化熏陶和地域影响下，不同地域消费者对各品牌的消费偏好也有一定差异，例如以川渝为代表的西南地区，对浓香酒的口感偏好较强，Sfive 作为浓香酒的集大成者，酒品凝结了百年酿酒历史和传统工艺，其品牌在该地区消费者心目中具备较高的认可度。而其他竞争酒类如葡萄酒和洋酒等，消费者对其认知程度相对较低，暂未形成主流的消费习惯。

首先，在消费心理上，Sfive 旗下高端白酒的购买者主要考虑口感、品牌和度数。中国白酒分浓香、酱香、清香、凤香等多种香型，近年来还出现了浓酱兼香等新型白酒。据公开资料显示，消费者偏好的白酒香型前三名依次是浓香型、酱香型和清香型。其次，强大的品牌实力是消费者购买 Sfive 的重要原因。Sfive 代表了浓香型白酒酿造技艺的最高水平，强大的品牌影响力和号召力使其在浓香型高端白酒市场占据主导地位。最后，度数也是消费者在购买时会考虑的重要因素，Sfive 的高端产品以 52 度白酒居多，受到众多品酒爱好者的青睐。近年来，年轻消费者在饮酒人群中的比例逐渐扩大，低度、时尚、酌量成为饮酒新趋势。为了适应新一代饮酒者的饮酒偏好，Sfive 开始推进高端白酒的低度化产品布局，这一举措不仅能迎合当下消费者"健康饮酒、适度饮酒"的消费趋势，还能提升 Sfive 高端酒品的舒适感，进一步优化消费者的消费场景和消费体验。

除此之外，在 Sfive 旗下"经典普 5"高端系列白酒中，为适应超高端白酒的商务宴请需求和收藏需求，Sfive 打造了一款超高端白酒，即501Sfive。501 如此独特与稀缺的原因正是源于明清古窖池的稀缺，501Sfive 酿造成功的关键跟这些古窖池息息相关。

二 Sfive 中端产品定位

Sfive 旗下中端白酒作为产品线的腰部产品，以 Wuliangchun、Wuliangtetouqu、Wuliangrenjia、Youjiu 为核心的系列酒，呈现年轻化、场景化、品质化的产品特性，满足了消费者对次高端、中端浓香型白酒的消费需求。

Wuliangchun 是 Sfive 系列酒"4+4"全国战略性大单品，广大消费者买得起、喝得起的中端名优白酒首选品牌。在定位方面，随着白酒消费升级，消费者对产品品质、品牌提出更高要求，Wuliangchun 成为 Sfive 中端酒体系中优质优选的超级单品，肩负赢取中端酒市场品质认可的重任。Wuliangchun 是 Sfive 系列酒体系中的高品质之作，在酿造工艺上追求精益求精，在原材料上保证优中选好，力求酿造出一款香醇绵柔的 Wuliangchun 美酒，以适应各区域消费者的消费需求。

Wuliangtetouqu 作为中端酒体系中的中坚力量，它兼具口感细腻、高性价比的产品优势，获得品酒爱好者的一致好评。Sfive 特头曲分为头曲和特曲两款产品。Wuliangtouqu 瓶身修长精致，似翩翩风度之青年，口感上追求浓郁香甜；相较之下，Wuliangtequ 在包装设计上更加沉稳内敛，瓶身讲究厚积薄发之美，在口感上，Wuliangtequ 入口有一种复合细腻的回香之感，更加适合日常或商务宴请。

Youjiu 作为次高端的明星品牌，是 Sfive "民办国营" 的突破口。Youjiu 不讲营销噱头，其酒品酿造沿用 Sfive 优质的浓香工艺，辅以量身打造的风味技术，保证质量上佳的同时，还保留 Youjiu 劲爽、醇厚的特定口感。Youjiu 系列作为一款创新性的时尚单品，传达了以酒会友、以酒促情的美好寓意，迎合了当下年轻消费者的社交需求，独具创新的产品功能属性，是消费者拉近距离、搭建友谊的不二之选。

Wuliangrenjia 是全国中端消费大单品，能有效满足中端消费人群的消费需求。Wuliangrenjia 适用于各种日常的饮酒场景。作为开拓全国市场的主力军，Wuliangrenjia 的价格保持在 200 元至 400 元的区间，对标同等价格带的各区域型地方白酒。

三　Sfive 低端产品定位

Sfive 旗下低端白酒在品质提升上做了较多努力：削减多个产品线，重点围绕 Jianzhuang、Huobao、Baijiayan、Wuliangol 打造四大单品，产品定位多层次化，以求在全国及区域竞争中保持强有力的领先地位。

Jianzhuang 酒是系列酒公司里的中低端塔基品牌。Jianzhuang 拥有厚重的品牌历史，作为全国知名民酒，Jianzhuang 的定位是极具性价比的浓香白酒，Jianzhuang 酒传承沿用 Sfive 建厂以来的匠心工艺，引领消费者体验回归初心、回归本真的饮酒情怀。Jianzhuang 的价格带覆盖 200 元以下的激烈竞争市场，是 Sfive 实现系列酒规划目标的重要引擎。

Huobao 酒是 Sfive 系列酒阵营中的创新自营品牌，是 Sfive 进军小酒市场的革新之作。Huobao 酒瞄准以 "80 后"、"90 后" 为代表的中青年消费者，传达 "好酒小瓶装，小酌不将就" 的品牌理念，着力打造豪爽、拼搏的产品形象。Huobao 小酒的推出，是公司市场化运营的重要成果，代表了 Sfive 锐意革新、开拓进取的坚定决心。

Baijiayan 酒走的是中低端路线。Baijiayan 酒避开了传统白酒市场的红海竞争，创新性地瞄准了中国家宴市场的广阔蓝海，是 Sfive 系列酒部署中全新的增长点。Baijiayan 酒价格亲民，锁定中小城市低价位的消费人群，倡导家人喝好酒的消费理念，是中华家宴市场的开拓先锋。

Wuliangol 则进军百元价位的白酒市场，夯实大众消费，抢抓小酒市场。Wuliangol 是进军全国市场的主力军，其包装古典素雅，口感凸显柔雅馥郁之感，悠然淡雅的风格易受到消费者的青睐。价格同样是 Wuliangol 的一大优势，百元左右的低价位属性适用于日常饮酒场景，是 Sfive 精准定位低端市场的一大力作。

第二节 Gmoutai 产品定位

Gmoutai 公司产品众多，以 53 度酱香型白酒为主，同时包括少量 43 度、46 度、51 度酱香型白酒。从产品体系上看，Gmoutai 产品划分为 Gmoutai 酒和系列酒。本书将 Gmoutai 酒及系列酒分为高中低三个档次进行分析。

一 Gmoutai 高端产品定位

Gmoutai 酒中以 53 度飞天 Gmoutai 酒最为出名，它同时是 Gmoutai 酒的核心产品，是 Gmoutai 倾力打造的一个核心品牌。该款 Gmoutai 酒官方定价 1499 元，属高端产品，面向高端白酒消费市场。2018 年，Gmoutai 酒的销量达到了 3.2 万吨，超过了 Gmoutai 总销量的一半，为 Gmoutai 创造了大量的利润。官方定价 1499 元的 53 度飞天 Gmoutai 酒，现在市场成交价最高已经超过 3000 元，由于其高昂的价格，Gmoutai 酒的消费群体主要定位于高收入群体，该酒多出现在商务宴请等场合。

Gmoutai 生肖酒是 Gmoutai 旗下极具特色的高端产品，其被赋予了积淀历史、回味岁月的纪念意义，其定位于高端白酒的追捧者和收藏者。生肖酒的诞生，契合了 Gmoutai "酒是陈的香"的品牌属性。Gmoutai 生肖酒以年份作为历史印记，一方面能体现历史的厚重感，体现稀缺性、收藏性；另一方面在口感上，由于年份不同，时间积淀带来的不同风味能增加消费者的新奇之感，为消费者带来意想不到的品酒体验。

二 Gmoutai 中端产品定位

Laimaojiu，是 Gmoutai 着力打造的全国性产品之一，最早出现在 1941 年，其商标于 2014 年重归 Gmoutai 所有。近几年，Laimaojiu 的销量急速上涨：2017 年销量突破 3000 吨；2018 年 Laimaojiu 销量近 4000 吨。在中端白酒市场占有较高地位。Laimaojiu 悠久的文化历史以及较高的品质，使其定价位于 400 元到 1000 元之间，且消费多用于家庭聚餐、节日拜访等。Laimaojiu 的上市旨在开启酱香酒发展的"大众市场新时代"，推动酱香型白酒由高端向中端大众消费的延伸。

Wangzijiu，售价在 200 元到 600 元之间，是 Gmoutai 针对中端市场开发的一款系列酒。其中，Gmoutai 旗下 Wangzijiu（酱香经典）以最接近飞天 Gmoutai 的品质、口感和工艺，成为亲近大众消费群体的一款经典酱香型白酒，并且极具收藏价值。由于售价相对较低，其消费群体主要为小康人群，更多出现在朋友聚餐等较休闲的场合。2018 年，Wangzijiu 销量达到 1.2 万吨，在中端白酒市场占据了一席之地，为 Gmoutai 提高市场占有量做出了巨大贡献。

Guizhoudaqu 是在贵州市场具有较高市场美誉度的中端品牌。Guizhoudaqu 作为 Gmoutai 系列酒阵营中的老牌白酒，定价覆盖 100 元至 300 元的价格区间，是"贵州牌"体系的支柱产品。Guizhoudaqu 广泛出现在贵州市场的宴席消费、大众聚饮、消费自饮等消费场景中，深受当地消费者的青睐。

三 Gmoutai 低端产品定位

Gmoutai 迎宾酒属于 Gmoutai 的低端酒，Gmoutai 在 2017 年进行了产品再定位，把普通 Gmoutai 酒的市场定位转向为大众消费品、家庭消费品。迎宾酒的品牌发展目标为大众酱香的首选品牌，其价格主要在 100 元左右。2017 年年底，迎宾酒的销售规模突破 9000 吨，与飞天 Gmoutai 酒、Gmoutai 旗下 Wangzijiu 一并成为 Gmoutai 公司的大单品，填补了 Gmoutai 在低端白酒市场的空白。

第三节 两公司产品定位对比分析

Sfive 和 Gmoutai 分别引领了浓香、酱香白酒的黄金时代。Sfive 从 20 世纪 90 年代的仅有两个品牌的高低端市场定位，经历 20 世纪末的产品扩充，填补了中端市场的空缺，到 21 世纪初的产品瘦身，推出"1+9+N"品牌发展战略，直到当下的全力打造五粮系高端产品，不断推进系列酒转型升级。Gmoutai 从中华人民共和国成立之初就一直定位在高端市场，而后在 21 世纪初推出中低端系列酒，扩充产品线，再演变到现在的

"133 战略"，在打造核心高端品牌的同时，Gmoutai 与 Sfive 一样希望通过系列酒发力中低端市场。

从产品数量上看，Sfive 以多元化为主，产品品类较多，产品定位多层次，Gmoutai 相较之下更精简，产品数量较少；从价格上看，Sfive 的中端产品多集中于中低端，对中高端价位产品的打造存在缺失；从定位上看，Sfive 系列酒产品战略变动频繁，Sfive 的品牌战略几经调整，尤其是系列酒规划，摸索尝试的调整过多、时间过长，可能错失白酒高质量发展期的发展机遇。

从核心产品上看，Sfive 和 Gmoutai 的核心产品分别是经典 Sfive（八代）和飞天 Gmoutai 酒，均定位于高端产品，是各自香型白酒的代表产品。两款白酒定价分别是 1289 元和 1499 元，多适用于商务宴请等较正式的场合。

中低端产品上，Sfive 以 Wuliangchun、Wuliangtoutequ、Youjiu 以及 Wuliangrenjia 为主；Gmoutai 主要以 Hanjiangjiu、Renjiu、Laimaojiu、Guizhoudaqu、Wangzijiu 等为主。Sfive 主要定价在 200 元到 500 元之间，Gmoutai 定价在 200 元到 700 元之间，可以看到 Gmoutai 中端产品的定位高于 Sfive 同档次酒类，且此类白酒多用于宴请、送礼等。低端产品上，Sfive 以 Jianzhuang、Baijiayan 和 Wuliangol 为主，而 Gmoutai 的低端产品主要是 Gmoutai 迎宾酒。

值得注意的是，Sfive 和 Gmoutai 存在一个共同的薄弱地带，就是次高端产品缺失旗舰型的大单品。目前系列酒方面，Sfive 和 Gmoutai 的系列酒定位中端、中高端的产品不多，系列酒价格集中在 100—500 元的价格带，实则是面向中低端市场，两公司在 500—1000 元的价格带未形成与公司实力匹配的强势竞争力，由此可见 Sfive 和 Gmoutai 还需补强巩固次高端市场的竞争地位。

本章小结

本章对比了 Sfive 和 Gmoutai 公司之间的产品定位差异，将 Sfive 酒和 Gmoutai 酒各分为高、中、低三个档次，细化其产品群组，并从各档次主要代表产品、产品度数、消费者收入及属性、产品用途以及产品销售区域等方面展开具体分析。通过比较发现，Sfive 在 2017 年以前产品多元、层次丰富的产品体系开拓了全国市场，有力推进了 Sfive 公司的规模化发展进程，但在追随时代潮流的同时也产生调整频繁的问题。自 2018 年以来，Sfive 明晰了产品体系建设，前瞻性地提出双轮驱动战略，有力推动了企业的高质量发展。而 Gmoutai 产品体系定位较为稳定，致力于打造核心品牌、稳固高端市场，逐步向中低端市场发力。目前二者的总体战略较为类似，均以高端酒和系列酒作为双轮驱动企业高质量发展的发力点，两个公司中低端系列酒均处于培育阶段，但 Sfive 高端酒的上升空间相较于 Gmoutai 更高。未来，Sfive 利润上升空间相较于 Gmoutai 更大，Sfive 和 Gmoutai 可以凭借出色的品牌形象发力于次高端酒市场，实现产品布局的全覆盖。

第十八章　技术创新分析

技术创新是企业竞争优势的重要来源。近年来，随着中国白酒市场容量趋于饱和，白酒行业的竞争也将不断加剧。同时受税负改革、物流费用上涨等各种因素影响，白酒企业生产经营成本不断升高，为了保持企业自身的竞争优势，必须加大其自身的技术创新。其次，作为企业核心竞争力，技术创新也将进入一个新的阶段。如何解决传统工艺与现代化技术之间的矛盾，实现传统工艺与现代科学技术的完美融合，让现代科学技术与传统生产实践紧密地联系在一起，对于提高白酒产品质量具有重大的历史意义。科学技术作为第一生产力，为企业的发展注入了源源不断的活力，因此分析 Sfive 和 Gmoutai 的技术创新具有重要的意义。

第一节　Sfive 的技术创新

一　Sfive 的技术创新战略

优质企业要想实现高质量、持续发展的道路必须将明确清晰的战略作为核心要义。Sfive 在其发展的各阶段，始终将技术创新目标、路线等作为企业发展的重要引擎。其技术创新战略在各个时期具有如下特点：

树立"科技强企"理念。2003 年，Sfive 提出以全方位不断创新为动力战胜困难（非典），推动企业发展；2005 年提出走技术创新、产品创新的道路，精心打造企业形象和品牌形象；2007 年提出走产、学、研相结合道路，全面加强科技管理，并且从该年开始，科技创新和（产品）研发开始进入董事会报告，表明公司对科技创新的推动作用的认识提高到了一个新的阶段，对提高公司科技自主创新能力具有重要意义。随着产学研一体化的推进，"科技强企"和"科技兴企"助力企业再上新台阶。

革新科技管理机制。Sfive 提出开启原创性技术与现代科学理论完美融合的道路。深入开展科研项目管理改革，加强与四川省、宜宾市科技主管部门间的联系沟通，深入开展与科研院所和大专院校产、学、研技术创新交流合作。稳步提高科研经费投入，2012—2020 年，公司研发经费从 5689.53 万元增长到 13131.52 万元，为科技创新提供充分的资源保障。持续加大高层次人才的建设和引进力度，建设高水平的科学技术团队，公司科技自主创新能力不断增强，大大提升了公司科技水平、管理水平和核心竞争力。

初步搭建科技创新平台。Sfive 践行科技赋能的规划思路，加快建设中国白酒学院、中国酒业大数据中心等一大批行业先行的科研示范基地，进一步推动了企业智能化、科技化的创新转型。截至 2019 年年底，公司拥有创新平台 26 个，成为技术创新、成果转化和产业化、学术交流、人才引进的平台，为 Sfive 公司科技创新赋能。

走"产学研"结合道路。公司走产、学、研相结合的道路，提高研发创新效益。近年来，Sfive 积极探索高校合作模式，与四川大学、江南大学、四川轻化工大学等知名高校推进多项科研合作项目，通过多种类型的科研创新模式，形成了较完整的创新体系，自主创新能力不断增强。

大力提高科研成果产出。Sfive 公司制订科技创新计划，依托国家级酒业技术研究中心、"院士（专家）工作站"等创新平台，开展自主创新、引进技术消化吸收再创新，公司科技水平不断提升。重点围绕酿酒主业，加大酿酒机械化智能化、循环经济、提高优质品率、新产品开发等方面的研究，充分体现了科技创新在引领工艺、技术发展方面的重要作用。

二　Sfive 的技术创新指标

（一）研发投入强度

本书采用研发投入强度衡量 Sfive 公司的技术创新投入水平，该指标是指研发投入金额占主营业务收入的比例（如表 18-1 所示）。整体来看，Sfive 每年的研发支出金额不高，其中，2012 年研发支出最高，为56895.29 万元。

表 18-1　　　　　2012—2020 年 Sfive 公司研发投入强度金额

年份	研发支出（万元）	主营业务收入（万元）	研发投入强度（%）
2012	56895.29	2720104.60	2.09

续表

年份	研发支出（万元）	主营业务收入（万元）	研发投入强度（%）
2013	6197.83	2471858.87	0.25
2014	6423.01	2101149.15	0.31
2015	5521.67	2165928.74	0.25
2016	8503.70	2454379.27	0.35
2017	7784.04	3018678.04	0.26
2018	8408.25	4003018.96	0.21
2019	12636.04	5011810.59	0.25
2020	13131.52	5243407.17	0.23

资料来源：由 Sfive 公司 2012—2020 年年度报告整理得来。

（二）研发人员占比

研发人员是技术创新的主要力量，是企业科技创新必不可少的力量。纵向看，Sfive 公司员工整体文化程度不高，各个文化程度的分布极其不平均，尤其以高中文化程度人员占比最高，研发人员占比最低。横向看，研发人员数量在整个公司员工总数中占比较少，且呈现下降趋势，除 2015 年有明显的下降，其余年份下降幅度不大，维持在一个比较稳定的水平。由此可知，Sfive 公司整体员工文化程度不高，高技术、高学历的科研人员缺乏（如表 18-2 所示）。

表 18-2　　　　2014—2020 年 Sfive 公司各文化程度人员占比

年份	2014	2015	2016	2017	2018	2019	2020
公司员工总数（人）	26283	25940	25402	25478	26291	26348	25882
研发人员（人）	2971	2925	2733	2685	2680	2719	2719
初中及以下占比（%）	25.27	25.10	16.88	24.53	23.86	26.05	29.05
高中至大专占比（%）	57.58	57.85	58.63	58.98	59.42	55.97	49.06
大专及以上占比（%）	17.15	17.06	24.14	16.49	16.72	17.98	21.89
研发人员占比（%）	11.30	11.28	10.76	10.54	10.19	10.32	10.51

资料来源：由 Sfive 公司 2014—2020 年年度报告。

根据 Sfive 公司 2014—2020 年各文化程度人员占比，绘制出 Sfive 公司各文化程度占比柱状图（如图 18-1 所示）。

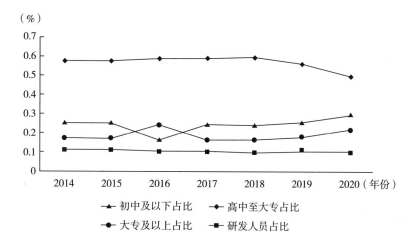

图 18-1　2014—2020 年 Sfive 公司各文化程度人员占比

（三）新增专利数量

1. 企业申请专利总量

2009 年，Sfive 公司新增专利数量最高，之后每年的新增专利数量逐年下降，尤其在 2009 年到 2011 年有明显的下降幅度，此后，每年的下降幅度趋于平稳。由此推断近年来 Sfive 在专利研发及申请方面动力不足，专利申请数量下降较快。根据 Sfive 公司 2001—2019 年新增专利数量，绘制出 Sfive 公司新增专利数量表（如表 18-3 所示）。

表 18-3　　　　　　　　　2001—2019 年 Sfive 公司申请专利数量

年份	新增专利数量（件）
2001	206
2002	97
2003	100
2004	156
2005	230
2006	149
2007	270
2008	153
2009	441

续表

年份	新增专利数量（件）
2010	288
2011	175
2012	134
2013	114
2014	111
2015	130
2016	117
2017	124
2018	113
2019	73

资料来源：佰腾网专利数据库。

2. 企业申请专利类型

专利是企业技术创新的重要成果，而不同专利类型的对比更能反映企业的真实科技创新能力。根据 Sfive 公司 2001—2019 年申请专利类型，绘制出 Sfive 公司申请专利类型表（如表 18-4 所示）。

表 18-4　　　　2001—2019 年 Sfive 公司申请专利类型

年份	发明专利（个）	外观设计专利（个）	实用新型专利（个）
2001	2	195	9
2002	0	96	1
2003	5	91	4
2004	1	154	1
2005	7	213	10
2006	14	128	7
2007	5	260	5
2008	2	145	6
2009	3	428	10
2010	3	278	7
2011	2	162	11
2012	1	123	10

续表

年份	发明专利（个）	外观设计专利（个）	实用新型专利（个）
2013	4	92	18
2014	1	108	2
2015	0	126	4
2016	1	107	9
2017	0	120	4
2018	1	104	8
2019	4	67	3

资料来源：佰腾网专利数据库。

从专利类型上看，外观设计专利申请占整体数量的比重多，而在实用新型专利和体现技术创新能力的发明专利数量方面则明显占比不足，特别是发明专利占整体数量的比例极少。从中可知，Sfive 在具有技术创新要求的发明专利研发及申请上有所不足，企业的技术创新能力有待提升，核心专利给企业带来的内在价值贡献较低，在一定程度上反映出管理层的技术创新意识需进一步加强。

3. 公司授权专利总量

公司历年的授权专利经历了自 2009—2010 年的短暂上升，此后一直处于下降趋势，且在 2010—2013 年下降幅度大，之后处于平稳的状态。由此预测近年来企业在专利研发及授权方面不足，专利质量不高，专利授权数量下降较快。依据 Sfive 公司 2009—2018 年授权专利，绘制出 Sfive 公司授权专利情况表（如表 18-5 所示）。

表 18-5 　　　　　2009—2018 年 Sfive 公司授权专利情况

年份	新增专利数量（个）
2009	186
2010	561
2011	268
2012	157
2013	85
2014	115

续表

年份	新增专利数量（个）
2015	114
2016	107
2017	115
2018	141

资料来源：佰腾网专利数据库。

4. 公司专利总体评价

总体来说，Sfive 专利价值度高的专利数量少，大多数专利价值度有待提升（如表 18-6 所示）。

表 18-6 　　　　　　　　　　Sfive 专利总体评价

公司专利平均价值	53.5
价值度>80 分	0 件
60 分<价值度<80 分	43 件
价值度<60 分	1392 件

资料来源：佰腾网专利数据库。

综上可知，Sfive 公司每年的新增专利数量不稳定，呈现波动的趋势。从专利类型上看，在具有核心技术的发明专利方面数量较为不足，反映 Sfive 在技术创新能力方面较为薄弱，表明企业对核心技术的重视程度不够。除此之外，企业专利申请的质量不高，其体现的价值不高。虽然专利数量庞大，但未来 Sfive 仍需将技术创新的重点聚焦于高质量、高技术、高价值的专利研发。由此可知，企业的技术创新在专利方面仍有较大的提升空间。

第二节　Gmoutai 的技术创新

一　Gmoutai 的技术创新战略

Gmoutai 在其发展各阶段，始终将技术创新目标、路线等作为企业战略发展的驱动力。其技术创新战略在各个时期具有如下特点。

传统工艺的继承与发展。Gmoutai 酒是历代酱香酒工人的精神延续，也是产地独特地理条件所孕育出的重要成果（康明中，1995）。公司致力于将酱香酒独特的工艺与产地独特的自然条件相结合，使酿造出的 Gmoutai 酒酱香突出、风格特异，他处难以仿制。Gmoutai 对传统技术的继承与发展，可以保持原有的特色，又紧跟时代变化。

以科技创新坚守 Gmoutai 酒的核心品质，建立一套科学合理的先进生产技术体系。坚持技术引领，不断强化应用研究，努力适应外部环境，不断强化企业自身的活动，并形成了符合 Gmoutai 自我发展的技术体系。公司推进"科技兴企"的战略道路，依托"科技 Gmoutai"的战略规划，引进新设备、新技术、新人才，促进新兴前沿技术与传统工艺互补。Gmoutai 同时引进先进的管理制度，在创新管理方面，项目管理制度进一步完善。公司实现努力打造"科技 Gmoutai"，充分发挥科技赋能的技术优势，为公司长远规划打下一定的技术基础。

促进研发成果的转化，实现产学研融合发展。Gmoutai 公司提出科技发展战略和年度规划，并按照中长期规划推进食品安全、循环经济、工艺升级、粮食基地等项目建设，促进多层次的技术创新，不断提升公司创新水平，为公司发展起到推动作用。

二　Gmoutai 公司的技术创新指标

（一）研发投入强度

Gmoutai 公司研发投入强度每年呈下降的趋势，且下降幅度呈现不规律的特点。有些年份下降幅度大，如 2013 年、2016 年，其余年份下降幅度相对来说较小。整体来看，研发投入强度不断降低，且出现不稳定的情况。近年来，Gmoutai 公司的研发投入强度持续降低，研发支出不断减少，暴露出企业对技术研发重视程度不足。研发投入与研发支持如表 18-7 所示。

表 18-7　　　　2012—2020 年 Gmoutai 公司研发投入强度金额

年份	研发支出（元）	主营业务收入（元）	研发投入强度（%）
2012	632307654.00	26455335152.99	2.39
2013	647263302.00	30921801316.60	2.09

续表

年份	研发支出（元）	主营业务收入（元）	研发投入强度（%）
2014	652193776.00	31573928530.94	2.07
2015	657228100.00	32659583725.28	2.01
2016	609608900.00	38862189993.84	1.57
2017	434880000.00	58217861314.17	0.75
2018	385836541.14	73638872388.03	0.52
2019	220532702.37	85429573467.25	0.26
2020	131573981.20	94915380916.72	0.14

资料来源：Gmoutai 公司 2012—2020 年年度报告。

（二）研发人员占比

在 Gmoutai 公司的发展中，将科学技术作为企业发展的引擎，而科研人员则是为企业技术发展注入动力。Gmoutai 的文化程度结构依次包括高中及以下、专科生、本科生、研究生。其企业人员文化分布如表 18-8 所示。

表 18-8　　　2015—2020 年 Gmoutai 公司研发人员及学历分布情况

年份	2015	2016	2017	2018	2019	2020
公司员工总数（人）	21115	21237	24029	26568	27005	29031
研发人员（人）	1723	1945	1679	551	495	513
高中及以下（%）	78.10	74.96	73.17	68.95	68.82	63.80
专科生占比（%）	8.63	10.38	10.94	13.55	12.83	13.21
本科生占比（%）	12.65	14.02	15.31	16.90	17.69	22.11
研究生占比（%）	0.62	0.63	0.58	0.60	0.66	0.88
研发人员占比（%）	8.16	9.16	6.99	2.07	1.83	1.77

资料来源：Gmoutai 公司 2015—2020 年年度报告。

由此来看，Gmoutai 研发人员占比较低，研发人员数量少。研发人员数量占比每年呈不稳定的趋势，不仅每年的变化幅度大，且部分年份研发人员占比增加，如 2015—2016 年；部分年份研发人员数量下降，如 2016—2017 年、2017—2019 年。研发人员数量整体呈现不稳定、波动大的特点。同样企业员工整体文化程度较低，各个文化程度分布不平均，高中及以下占比最高，本科生和研究生的占比低。

（三）新增专利数量

1. 企业申请专利数量

Gmoutai 整体专利申请数量少。2002—2014 年每年新增专利数量都有增加。2014—2019 年，Gmoutai 的新增专利数呈现"S"形趋势，其中在 2018 年创下新高，为 33 件，此后又呈现下降趋势（如表 18-9 所示）。

表 18-9　　　　　　　　2002—2019 年 Gmoutai 申请专利

年份	新增专利数量（件）
2002	2
2004	4
2009	4
2010	9
2011	3
2012	12
2013	13
2014	30
2015	7
2016	7
2017	10
2018	33
2019	5

资料来源：佰腾网专利数据库。

2. 企业申请专利类型

专利可分为外观设计专利、发明专利、实用新型专利。不同专利的申请数量表明企业在各个方面的创新能力，因此，通过不同专利之间的对比可反映企业技术创新的能力。根据 Gmoutai 公司 2002—2019 年申请专利类型，绘制出 Gmoutai 公司申请专利类型折线图（如图 18-2 所示）。

由图 18-2 可知，外观设计专利占整个专利数量的比例较高，而发明专利和实用新型专利数量占比较低。但是从 2011 年开始，发明专利和实用新型专利占比不断提高，这表明该段时期内 Gmoutai 加强了体现技术创新能力的专利申请，公司技术创新能力得到了提升，在 2018 年公司的专利占比又有所下降。

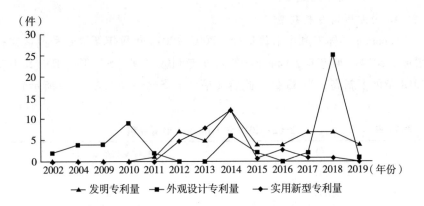

图 18-2　2002—2019 年 Gmoutai 公司申请专利类型

第三节　两公司技术创新的对比分析

一　研发投入强度的对比

将两家企业的研发强度进行对比分析，可以清晰地看见 Sfive 公司与 Gmoutai 公司在研发投入方面的不同，具体对比如表 18-10 所示。

表 18-10　2012—2020 年 Sfive 公司与 Gmoutai 公司研发强度对比

年份	Sfive 研发金额（元）	Sfive 研发强度（%）	Gmoutai 研发金额（元）	Gmoutai 研发强度（%）
2012	568952900.00	2.09	632307654.00	2.39
2013	61978250.20	0.25	647263302.00	2.09
2014	64230060.33	0.31	652193776.00	2.07
2015	55216651.09	0.25	657228100.00	2.01
2016	85037011.24	0.35	609608900.00	1.57
2017	77840417.85	0.26	434880000.00	0.75
2018	84082506.26	0.21	385836541.14	0.52
2019	126360421.11	0.25	220532702.37	0.26

续表

年份	Sfive 研发 金额（元）	Sfive 研发 强度（%）	Gmoutai 研发 金额（元）	Gmoutai 研发 强度（%）
2020	131315225.33	0.23	131573981.20	0.14

资料来源：Sfive、Gmoutai 公司 2012—2020 年年度报告。

　　两公司的研发投入强度都在下降，Sfive 自 2012 年有一个明显的下降外，此后下降幅度小且呈现较小的波动；而 Gmoutai 研发投入强度明显持续下降。从横向来看，同一时期内 Gmoutai 的研发强度投入大于 Sfive 的研发强度，在 2012 年相差程度小，2013—2016 年相差程度大，2017—2019 年相差程度又变小，相差程度经历了由小变大再变小的过程。从研发绝对数量看，二者的研发投入金额有明显差距，2012—2020 年，Gmoutai 的研发经费总量达 43.71 亿元，Sfive 同期只有 12.55 亿元，Sfive 公司与 Gmoutai 公司相比研发投入低，但进入"十三五"时期研发投入强度差距，创新资源不足得到明显改善。可见近年来，Sfive 着力提升创新资源的力度，在"十二五"时期，Sfive 酒业的研发投入低，研发投入强度低于行业平均水平，与 Gmoutai 的存在一定差距，但进入"十三五"时期，Sfive 公司与 Gmoutai 公司研发投入差距逐渐缩小。

二　研发人员占比的对比

　　通过 Sfive 公司与 Gmoutai 公司研发人员占比分析，可以明确其研发人员在企业中的数量及分配程度，在一定程度上可以看出技术创新的内生动力（如表 18-11 所示）。

表 18-11　2015—2020 年 Sfive 公司与 Gmoutai 公司研发人员占比分析

年份	Sfive 研发人员占比（%）	Gmoutai 研发人员占比（%）
2015	11.30	8.16
2016	11.28	9.16
2017	10.76	6.99
2018	10.54	2.07
2019	10.32	1.83
2020	10.51	1.77

资料来源：Sfive、Gmoutai 公司 2015—2020 年年度报告。

由表 18-11 可知，Sfive 公司的研发人员占比每年都在下降但下降幅度较小，Gmoutai 公司在 2015—2016 年有上升，其他年份也在下降且下降幅度较大，呈现波动大、不稳定的特点。横向来说，Sfive 公司的研发人员占比大于 Gmoutai 公司研发人员占比。2015—2016 年相差程度不大且相差程度在缩小，2016—2020 年差距较大且呈现扩大趋势，两者之间的差距经历了由小变大再持续变大的趋势。

三 新增专利数量的对比

本书统计了近 20 年来 Sfive 公司与 Gmoutai 公司新增专利数量的情况。根据 Sfive 公司和 Gmoutai 公司之间的比较，Sfive 公司每年新增专利数量大于 Gmoutai 公司每年新增专利数量，说明 Sfive 的专利产出数量领先于 Gmoutai 公司。除此之外，根据前文获知 Sfive 公司的外观设计专利申请占整体数量的比重高，公司侧重于提升酒品的外在美观度，对产品销售、品牌塑造有直接的提升效果。但实用新型专利和体现技术创新能力的发明专利数量则有所不足，这两个类型的专利对公司科技创新的推动力有待提升；而 Gmoutai 公司发明和实用新型专利的占比高于 Sfive，可见 Sfive 公司基础性科研专利的投入低于 Gmoutai 公司。由此可见，两个公司在专利输出方面各有侧重，Sfive 公司专利数量相较 Gmoutai 公司处于绝对领先地位，Sfive 的创新内容及相关成果更多地表现在产品外观的创新，但相对 Gmoutai 公司而言，核心专利的占比相对较少，Sfive 公司对于基础性科研创新的重视程度和投入力度需要提升，专利结构尚有优化的空间（如表 18-12 所示）。

表 18-12 2001—2019 年 Sfive 公司与 Gmoutai 公司新增专利数量对比

年份	Sfive 新增专利数量（个）	Gmoutai 新增专利数量（个）
2001	206	—
2002	97	2
2003	100	—
2004	156	4
2005	230	—
2006	149	—
2007	270	—
2008	153	—

续表

年份	Sfive 新增专利数量（个）	Gmoutai 新增专利数量（个）
2009	186	4
2010	561	9
2011	268	3
2012	157	12
2013	85	13
2014	115	30
2015	114	7
2016	107	7
2017	115	10
2018	141	33
2019	73	5

资料来源：佰腾网专利数据库。

本章小结

　　本章针对 Sfive 与 Gmoutai 公司的科技创新水平进行分析，分别从创新战略、创新指标两个维度展开探究。根据两公司技术创新的对比分析可以得出一些结论。在研发投入强度方面，Sfive 在研发投入方面不如 Gmoutai，其重视程度没有 Gmoutai 高。在研发人员建设方面，Sfive 的研发人员比例及数量均高于 Gmoutai 同期水平。在新增专利数量方面，Sfive 每年新增专利数量大于 Gmoutai 每年新增专利数量，但是 Gmoutai 发明和实用新型专利的占比高于 Sfive，Gmoutai 的技术创新能力比 Sfive 好。综合两公司技术创新的对比分析，发现 Sfive 公司和 Gmoutai 公司在科技创新技术水平上各有侧重，如何在新技术改革的大背景下，创新白酒行业发展模式，发挥研发人员的科技创新力量，是 Sfive 公司及 Gmoutai 公司在未来提高其技术创新水平时值得思考的问题之一。

第十九章 渠道管理分析

从 1949 年到改革开放前夕，计划经济下的白酒销售由政府分配，国家制定白酒渠道的成员并规定渠道成员可获得的利润。改革开放后，白酒市场上国营与私营并存的双轨制发挥作用下，国营企业白酒价格与渠道一定程度上会受到政府调控，但在民营企业的介入下，白酒渠道并非完全由政府把控。直到 20 世纪 90 年代初，白酒行业开始由市场调配，渠道代理开始迅速发展，竞争十分激烈，白酒市场渠道较之前也更加多元化。21 世纪以来，伴随着电子商务的发展，白酒市场的渠道模式也在不断转变。

第一节 Sfive 的渠道建设历程

一 开创大商制与 OEM 授权贴牌模式（1995—2003 年）

在这一阶段，改革开放已推行了一段时间，人民的生活水平、收入水平有了大幅度提高，进而提升了白酒产品的需求。20 世纪 90 年代后期，白酒的生产与消费开始由市场运作，但此时人民的品牌意识普遍不强，各行各业的品牌建设基本处在混乱状态，Sfive 则在这时推出了大商制销售模式与 OEM 授权贴牌模式进行改革。

1996 年，Sfive 独创 OEM 授权贴牌模式。而大商制下的 Sfive 将生产出的白酒产品全权委托给大型经销商，并授予大商定价权。大商在其负责的区域内具有销售网络成熟、积极性高等优势，迅速提高了 Sfive 的全国知名度。大商制在 1999—2003 年，令 Sfive 公司的市场占有率大大提高，为 Sfive 发展成为行业龙头奠定了基础。在 2003 年前，Sfive 利用这一优势迅速将旗下 Sfive 及系列酒快速推向全国范围。Sfive 公司通过大商的低成本、宽渠道的优势，达到快速扩张的目标。

二　大商制与 OEM 模式弊端显现（2003—2009 年）

跨入 21 世纪后，国民的消费水平进一步提高，对精细化生活的追求使国民的品牌意识开始觉醒，市场对高端酒的需求逐年增加，然而大商制的缺点逐渐显现出来。随着销售渠道的不断延伸，Sfive 对大商的管控能力却逐渐减弱。大商从 Sfive 厂批量、低价购入货品，一旦大商选择低价向市场抛售 Sfive 产品，容易导致市场价格倒挂，将直接损害经销商的利益，破坏厂家及整个渠道成员的利益。

在该阶段，随着消费者对品牌的逐渐重视，消费者更愿意为高端品牌支付更高的价格，OEM 创造的诸多子品牌开始大量仿制 Sfive 的高端产品，价不配质的情况频频发生，对 Sfive 的高端品牌战略形成了极大阻碍。OEM 过度开发，而 Sfive 公司的管控能力未能同步提升，导致 Sfive 主渠道内耗、品牌主体受损、品牌信誉降低、品牌形象降低等。竞争对手 Gmoutai 公司这时主打高端品牌营销，在消费者心中形成了高端白酒的印象，两公司高端产品的价格差距逐渐拉大。

三　变革营销模式（2010—2016 年）

这期间，白酒行业发展转入下行周期，销售缓滞，迫使部分大商将从 Sfive 处低价进货，并向市场倾销产品，导致区域出现窜货现象，价格体系较为混乱。2013 年 2 月，Sfive 对终端市场价况存在感知偏差，做出了一系列提价又降价等操作，使 Sfive 产品的终端价格发生较大幅度波动。

在此情况下，Sfive 及时对大商制进行改革，2010—2013 年，Sfive 公司逐步建立区域营销中心，在全国划分了 7 大区域，全面负责各区域 Sfive 品牌产品的销售。2014 年，Sfive 公司进一步改革渠道模式，推行"厂家—大商—小商"模式。2015 年，Sfive 公司品牌管理事务部正式成立，意在改善 Sfive 对渠道的管控能力，包括子品牌精简化问题的处理能力等。但想要彻底解决大商制与 OEM 多年累积的问题，必涉及整个渠道成员的利益，而 Sfive 此番改革并不彻底，仍需实质性的铁腕改革。

四　实质性铁腕改革（2017—2020 年）

2017 年，Sfive 公司明确了"1+3"及系列酒"4+4"核心产品体系，并要求 73 个规格产品下架，停止 Sfive"VVV"等四个产品的合作，改革力度极大，可见其决心也很大，从侧面反映出 Sfive 对于渠道改革的高度重视。2019 年 6 月，Sfive 为统筹管理系列酒品牌，整合成立新的系列酒公司，致力于改革营销模式、优化渠道策略。同时通过"百城千县万店"

工程，建设高质量的销售终端，加强对渠道终端的建设与管控，优化渠道构成。2018 年，Sfive 正式完成"万店"计划，10000 个终端建设的成功提升了消费者的满意度与对 Sfive 品牌的正向感知。

2019 年，Sfive 的数字化系统正式推行，其终端产品销售情况、区域库存情况、终端价格变动情况都将被记录在系统。通过数字化系统的大数据分析，Sfive 能更好地把握渠道终端的销售状况、库存状况，准确地感知市场需求与消费转型的动态变化，并快速进行反馈与处理。随后 Sfive 进一步利用数字化系统，导入控盘分利模式，重新制定各级经销商的利益分配机制，力求合理化分配（王思瑶，2019）。在该阶段，一方面加强了 Sfive 对终端的管控能力，另一方面将各级经销商与厂家进行了利益捆绑，促进了渠道成员销售的积极性，也使得 Sfive 可以更好地管理渠道各环节。

2020 年，新冠肺炎疫情发生后，公司推进"老品损失新品补、零售损失团购补、线下损失线上补"，渠道结构进一步优化，建立传统、团购和创新三大渠道体系，官方商城、Sfive 云店、数字酒证平台建成运行，Sfive 在市场竞争中呈现高质量发展态势。

第二节　Gmoutai 的渠道建设历程

一　开启"经销商+专卖店"模式（1998—2004 年）

改革开放前，计划经济下的 Gmoutai 公司主要采用"批条—生产"模式，根据政府需求计划来安排生产，没有经销商组成，供销渠道单一。随着改革开放的继续，居民消费水平不断提高，政府逐渐开放白酒行业，大众对白酒的需求快速增加。1998 年，Gmoutai 公司开启了"经销商+专卖店"模式，随后在全国范围内建立了 32 家总经销商和 173 家专卖店。

经销商极大地促进了 Gmoutai 公司产品在全国范围内的渗透，而专卖店的建设极大地提高了消费者体验，并以精致高档的店面印象让 Gmoutai 公司在消费者心目中建立起高端白酒的品牌形象。2003 年始，是我国白酒行业的黄金发展阶段，Gmoutai 公司将"经销商+专卖店"渠道模式进一步优化，但快速扩张的同时，Gmoutai 的管理体系未能很好地跟上脚步，遇到了和 Sfive 相似的问题。Gmoutai 公司的经销商间为了完成销售任务，相互压价、窜货严重，导致经销商和专卖店的利益皆遭到损害。2004 年，Gmoutai 公司采用"专卖店+区域总经销商+特约经销商"的模式，在全国各大区设立经销分公司，进一步加强对经销商的管控。在Gmoutai 的渠道建设初期，这一模式起到了举足轻重的作用。

二　推行"团购+直销"模式（2005—2012 年）

2005 年，Gmoutai 公司提议改革，坚持加强现有经销商和专卖店的管理，Gmoutai 公司便从团购与直销入手展开改革。一方面，Gmoutai 团购业务开始发展，后来陆续与大型企业进行合作，提供与经销商体系有区分的定制 Gmoutai 酒，扩宽了渠道的同时还提高了 Gmoutai 在政商两界的品牌知名度。另一方面，Gmoutai 公司为进一步扩宽渠道，增加直销比例，于 2010 年开始，Gmoutai 公司在全国范围内划分销售大区，并在全国省会城市及直辖市开办 31 家全资自营公司，进一步落实营销改革的网格化建设规划。公司推行经销商和自营店双轨建设的运作思路，使Gmoutai 公司能更好地实现渠道精细化管理，保持对终端市场的较强感知力，降低压货、窜货等扰乱市场秩序行为发生的概率，为 Gmoutai 公司的稳健发展奠定了渠道基础。

三　全力推进直营布局（2012—2020 年）

2012 年，国家出台限制"三公消费"的禁令，白酒行业遭受巨大打击，行业进入深度调整期。白酒价格与销量受波及、渠道库存过重、行业发展一度低迷，Gmoutai 和经销商损失极大。2013 年，Gmoutai 选择放开经销商的代理权，通过放低门槛招揽更多的经销商来缓解这一压力，经销商数量因此大涨，至 2018 年年初，Gmoutai 公司经销商数达到历史峰值 3300 家，这一措施使得 Gmoutai 公司初步缓解了行业调整的压力。2018 年年中，Gmoutai 董事长，为优化渠道结构、减少渠道腐败空间，Gmoutai 的下游经销商的整顿治理成为改革重点，Gmoutai 公司随即查处17 家违约经销商，部分经销公司分别被扣除合同履约保证金，情节严重的处以 10 万元罚款。截至 2019 年年中，Gmoutai 公司清除寄生型、不合格的经销商 900 多家，同时精简经销商层级，进一步稳定其经营态势与市场预期，但经销商的超额溢价利润问题仍然难以解决。

2014 年 8 月，Gmoutai 设立 Gmoutai 集团电子商务股份有限公司，提高线上零售的销售力度，2016 年 6 月，Gmoutai 云商 App 正式上线运营，打开了移动端电子商务渠道。但 Gmoutai 云商自营 App 推广力度不够、用户数量过少、直营管理不善，为此，Gmoutai 曾进行整顿改造。同时，Gmoutai 云商平台 App 的规定曾遭到部分经销商的抵制，Gmoutai 的电商之路并不容易。

自 2012 年正式布局直营店开始，Gmoutai 在全国范围内的直营店仅有 33 家，Gmoutai 的自营渠道销售额只占到 Gmoutai 年销售额的一成不到，且占比较往年略有下降，扁平化策略实施的执行力不强、直营渠道年销售额占比较低、直营强度不够，导致企业利润低。因此，Gmoutai 转而加大直销渠道投放力度，与知名商超、电商、机场、高铁等渠道进行合作，同时缩减渠道长度，减少不达标的经销商，逐步使渠道扁平化。

2020 年，在疫情后，Gmoutai 持续深化营销体制改革，积极丰富和拓展营销渠道，规范社会渠道管理，形成多渠道协同发展的良好格局，提升了综合效益。多措并举推动控价稳市，增强了市场抗风险能力，保障了疫情形势下的市场稳定态势。

第三节 两公司渠道管理的对比分析

一 渠道主体模式的对比

Sfive 公司渠道主体模式是经销商主导的大商模式，在产业链中经销商为主导，包括"大商制模式""区域总代理模式"等，厂家负责产品的保质生产与品牌总体建设，而经销商负责市场的开发与渠道的扩展。大商制帮助 Sfive 公司在全国范围内扩宽渠道，得以迅速壮大，但其难以控价的弊端也随之产生。

Gmoutai 公司渠道主体模式是厂家主导的模式，Gmoutai 公司在白酒营销渠道链中具有主导作用，对经销商的管控能力较强。Gmoutai 公司利用"经销商+专卖店"销售体系快速扩张，引发了一系列经营问题。部分Gmoutai 公司经销商为追求更高的利益不惜违反与 Gmoutai 的协议，囤货倒货，令价格脱离了 Gmoutai 最初的设定，因此，经销商对货物的操控导致了 Gmoutai 酒价格的剧烈波动。

2008 年前，Sfive 公司受益于大商制策略的优势，主导着旗下白酒产品的提价权，而 Gmoutai 公司当时处于被动状态。2008 年后，随着居民消费水平大幅提升、白酒消费逐渐民间化，高端白酒供不应求，大商制在此情境下弊端凸显，而小经销商与专卖店趁此时机囤货涨价，令 Gmoutai 价格上涨速度加快且超过了 Sfive，此后提价权由 Gmoutai 主导。可见，营销主体模式需要适应市场多变的竞争形势，其战略方向对公司的发展举足轻重。

综合来看，Sfive "1+3" 及系列酒 "4+4" 核心产品体系的改革，意在推动 Sfive 主品牌及系列酒品牌互补、协调发展，同时与其他酒企的某类单品进行竞争。但产品在渠道流通过程中，易受市场因素影响，产品系列间可能形成内部争夺和挤压，容易模糊 Sfive 主品牌形象。

二　渠道改革方向对比

Sfive 公司选择精简渠道战略。Sfive 公司近年来大商的占比已经在下降，与 Sfive 公司的渠道改革也有关。Sfive 公司在清理贴牌时，同时还在营销、品牌与渠道上进行改革：一方面，向扁平化渠道进行改革，优化渠道结构、集中优势、提升品牌形象；另一方面，进一步推进 "百城千县万店" 工程的建设，增加小商与专卖店的渠道投入，加大直营力度。Sfive 公司在 2017 年铁腕改革后，对渠道扁平化的执行力度更强，尤其是担当去产能重任的系列酒，更是大力拓展渠道，扩大市场占有率。Sfive 公司采用 "厂供销公司+分销商+零售商+消费者" 的渠道模式，能更好地激发经销商的积极性，有利于稳定市场。

Gmoutai 公司采取扩大渠道战略。Gmoutai 公司注重发展小商，有利于保持厂家的终端控制力，厂家主导模式下 Gmoutai 凭借扁平化渠道直控终端。Gmoutai 公司近几年不断加大对直营渠道的投入，增加消费者购买途径，意在进一步占领空白市场。同时 Gmoutai 公司从清理问题型经销商入手，罚款或劝退违规涨价的经销商、加强市场监督管理和经销商销售服务工作。近几年来，Gmoutai 公司为控制终端价格、从变革渠道利润中获益，大力支持直营渠道的发展，并组建相关人才队伍进行管理，提升了 Gmoutai 公司对渠道上各经销商的掌控能力。

就变革推力来看，Sfive 公司营销模式变革后，开始实行核心大商体系下的直分销模式，加设品牌管理事务部，具备推广和营销职责。筛选出约 500 家核心大经销商由厂家直接对接管理，形成 "厂家对接大商、大商对接小商"，该渠道变革模式极大地改善了 Sfive 公司对渠道的管理能力，但还需进一步强化渠道的掌控力度。

从线上渠道建设来看，近几年 Sfive 着手线上渠道的布局，如五粮 e

店、Sfive 家园 App、微信 Sfive 专卖店、云店以及微博新媒体等，虽然具备多元化和可操作性，但并未专注于某一线上平台的建设，实际收效目前尚不明显。受 2020 年疫情的影响，可以看出数字化营销体系结合线上渠道虽为酒企带来了一定盈利，但线上订单并未显著增加，加上物流配送亦受疫情影响，最终从中获利较小，因此线上渠道建设尚需完善。

本章小结

本章就 Sfive 公司与 Gmoutai 公司的渠道建设历程分别进行了概述与分析，根据两企业各自的渠道改革背景划分其渠道建设历程的各大阶段，并在此基础上，对两企业的渠道建设与改革历程进行了整理与概述。并对两家企业的渠道建设与改革历程进行进一步的研究分析，包括对两家企业各自采用的大商制渠道模式与厂家主导渠道模式的利弊进行对比分析，以及两家企业在渠道战略改革方向上的对比分析，思考 Sfive 的渠道管理方面存在的问题，为后续深入研究 Sfive 公司渠道管理的对策与建议奠定基础。

第二十章　宏观利润表下企业价值创造能力分析

创造价值是企业经营的核心目标，在财务报表的编制框架下，价值成果的去向被划分为四个方面：一是企业为股东创造的分红收益，体现为净利润的分配；二是企业为国家创造的财政贡献，体现为税费的缴纳；三是企业为债权人创造的固定收益，体现为财务费用的支出；四是企业为全体员工创造的工资薪金，体现为职工薪酬支出。上述指标具备可获得性的特点，可以从企业的财报中直接获取，其加总之和即为企业的价值创造总额。价值创造效率则是用价值创造金额比企业的总资产，用以反映单位资产的价值创造额。因此，从创造价值总量和创造效率视角可以反映出企业的整体价值创造能力。实践证明，价值创造能力对于企业的发展和在市场中的竞争力起着非常重要的作用。如果以微观利润表为基础，则不足以反映出企业创造价值的全貌。而宏观利润表以利益相关者理论为基础，是嵌入了社会责任的利润表，它不仅包含股东收益，同时也把职工、国家和债权人的收益作为企业价值收益的一部分。宏观利润表的视角不仅能探究股权结构为企业股东带来的价值创造效能、长效推动企业的创新治理，还能从税费、职工薪酬等角度合理评价企业的社会责任履行水平，实现回馈社会、造福于民的企业愿景，有利于企业整体价值创造。基于此，我们从宏观利润表视角，选择 Gmoutai 和 Sfive 公司 2001—2020 年的财务报表数据，编制两家公司的宏观利润表，以此分析股东、职工、国家和债权人这四类重要利益相关者对企业价值创造能力的影响和价值分配的异质性。

第一节　宏观利润表理论基础及内容

一　利益相关者理论

企业的利益相关者众多，从长远看，利益相关者的引入有利于发挥该群体的监督职能，约束企业管理层以权谋私、控股股东隧道挖掘等代理问题，缓释企业的代理成本。因此，利益相关者的视角侧重于平衡各方利益，能更加客观地评价企业的价值创造水平，对企业的重大战略制定有很强的指导作用。

二　宏观利润表的原理

宏观利润表是基于会计利润表，并考虑企业应承担的社会责任编制而成的利润表。与以往仅关注利润表下净利润指标的视角不同，利益相关者理论充分考虑到了债权人、国家、职工的相关利益，而宏观利润表在此基础上，把债权人、政府和职工的利益也归为企业价值创造的一部分。所以，基于利益相关者理论的宏观利润表为：会计利润＝员工薪酬＋利息费用＋税收费用＋税后利润。从等式中可以看出，股东的收益只是企业价值创造的一部分，利息支出、税收支出等的增加为考量企业价值创造水平提供了更多空间。

第二节　宏观利润表下 Gmoutai 和 Sfive 的价值创造

一　两企业宏观利润表分析

根据上述宏观利润表的编制原理，根据 Sfive 公司 2001—2020 年的财务年报数据，编制宏观利润表，在数据筛选上选取了职工薪酬、利息费用、税收费用、税后利润、宏观会计利润（如表 20-1 所示）。

根据上述宏观利润表的编制原理，根据 Gmoutai 公司 2001—2020 年的财务年报数据，编制 Gmoutai 宏观利润表，在数据筛选上选取了职工薪酬、利息费用、税收费用、税后利润、宏观会计利润（如表 20-2 所示）。

表 20-1   Sfive 公司宏观利润

年份	职工薪酬（万元）	利息费用（万元）	税收费用（万元）	税后利润（万元）	宏观会计利润（万元）
2001	21593.24	7.91	114203.82	81140.78	216945.75
2002	20220.21	2.23	157827.40	61323.46	239373.30
2003	31104.46	0.04	157092.66	72082.44	260279.60
2004	32619.83	0	157892.83	82799.72	273312.38
2005	36549.91	0	183849.58	79134.88	299534.37
2006	41707.41	0	199597.80	117011.75	358316.96
2007	66866.32	0	212577.72	147278.41	426722.45
2008	73916.30	0	204153.02	182969.99	461039.31
2009	113158.84	0	338376.58	346666.84	798202.26
2010	203480.93	0	495081.94	456205.68	1154768.55
2011	292531.77	0	636579.16	639437.72	1568548.65
2012	344750.75	0	976599.16	1033573.37	2354923.28
2013	310639.94	0	827797.24	832221.54	1970658.72
2014	279308.94	856.38	617713.34	605821.50	1503700.16
2015	298976.83	1452.24	660488.99	641048.43	1601966.49
2016	308564.52	2904.73	732556.47	705676.56	1749702.28
2017	378722.56	1566.02	1065509.41	1008596.92	2454394.91
2018	502673.03	0	1574422.81	1403865.01	3480960.85
2019	645923.65	0	1849396.74	1822825.53	4318145.91
2020	577549.43	0	2083096.76	2091334.04	4751980.23

注：职工薪酬=合并报表中支付给职工以及为职工支付的现金+"应付职工薪酬"期末余额-"应付职工薪酬"期初余额；税收费用=支付的各项税费+"应交税费"期末余额-"应交税费"期初余额；税后利润取自合并利润表中的净利润数据。

资料来源：Sfive 公司 2001—2020 年年度报告。

表 20-2   Gmoutai 公司宏观利润

年份	职工薪酬（万元）	利息费用（万元）	税收费用（万元）	税后利润（万元）	宏观会计利润（万元）
2001	10348.85	685.59	77603.82	32829.07	121467.33
2002	13751.08	0	83676.90	37679.85	135107.83
2003	19015.34	0	107965.30	60875.35	187855.99

续表

年份	职工薪酬 （万元）	利息费用 （万元）	税收费用 （万元）	税后利润 （万元）	宏观会计利润 （万元）
2004	16474.29	0	147602.28	82055.40	246131.97
2005	26815.72	0	191877.23	111854.16	330547.11
2006	46660.79	0	229041.18	161637.52	437339.49
2007	56873.91	0	319927.44	296605.25	673406.60
2008	111579.80	0	351542.17	400075.93	863197.90
2009	133224.62	0	404457.48	455288.89	992970.99
2010	152912.35	0	516509.53	533976.15	1203398.03
2011	200283.62	0	865447.71	925032.38	1990763.71
2012	264605.39	13.22	1181285.29	1400845.07	2846748.97
2013	312623.48	0	1341513.84	1596489.99	3250627.31
2014	412196.91	1029.26	1328974.81	1626937.15	3369138.13
2015	452371.12	4136.10	1441338.69	1645499.66	3543345.57
2016	532718.37	3752.96	1926728.94	1793064.31	4256264.58
2017	576274.31	88.10	2651949.51	2900642.32	6128954.24
2018	678600.82	0	3507711.84	3782961.78	7969274.44
2019	808041.95	0	3782622.61	4397000.08	8987664.63
2020	869786.77	0	4178657.81	4952332.99	10000777.57

注：职工薪酬＝合并报表中支付给职工以及为职工支付的现金＋"应付职工薪酬"期末余额－"应付职工薪酬"期初余额；税收费用＝支付的各项税费＋"应交税费"期末余额－"应交税费"期初余额；税后利润取自合并利润表中的净利润数据。

资料来源：Gmoutai 公司 2001—2020 年年度报告。

　　为了更清晰地展示 Sfive 公司与 Gmoutai 公司的宏观利润对比，本书绘制了两个企业的宏观利润对比图（如图 20-1 所示）。

　　据以上图表所示，2011 年以前，Sfive 公司与 Gmoutai 公司的宏观利润基本相当，差距甚小。在 2012—2014 年 Gmoutai 公司宏观利润上升速度减慢，Sfive 宏观利润持续下降。到 2016 年后 Gmoutai 公司增长趋势陡然提高，Sfive 公司宏观利润也有所好转，保持增速趋势，但也难以弥补 2012—2014 年与 Gmoutai 公司的差距，到 2020 年 Gmoutai 公司宏观利润达到了千亿元，比同期的 Sfive 高出 2.1 倍。

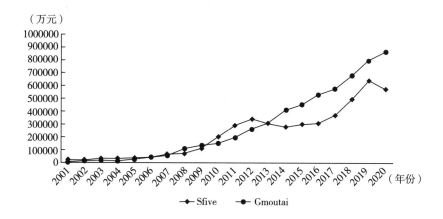

图 20-1　2001—2020 年 Sfive 公司与 Gmoutai 公司宏观利润对比

　　深入分析发现，Sfive 公司 OEM 战略、多品牌战略的推出，虽然在早期推动了新产品的发展，但也积累了品牌混淆、产品利润低的问题。公司近年来为了强化消费者的品牌认知，大刀阔斧地开展营销改革，投入大量的人力资源和广告宣传支出，Sfive 公司销售费用率显得不够稳定，在 8%—21% 波动。而 Gmoutai 公司本身品牌单一，再加上其自身的知名度高，不太需要投入大量的营销费用，因此减少了期间费用的开支，其销售费用率一直维持在 5% 左右。Sfive 公司品牌较为繁杂，在一定程度上造成了消费者的认知混乱。2013 年限制"三公消费"制度的出台，并未影响 Gmoutai 公司的营收，其 2013 年营收同比增长 16.88%，净利润同比增长 13.74%，而 Sfive 的营收增速却持续缓慢下滑，同比下滑了 9.13%，造成两家企业之间宏观利润的差距不断变大。

　　企业运营发展的目的是最大限度地创造价值，为此研究根据企业的价值创造率编制了 Sfive 与 Gmoutai 从 2001—2020 年的价值创造率来进一步分析 Sfive 与 Gmoutai 过去 20 年的发展，对促进白酒企业健康发展具有重要意义（如表 20-3 所示）。

表 20-3　　　　　Sfive 公司与 Gmoutai 公司价值创造效率分析

年份	Sfive 价值创造率（%）	Gmoutai 价值创造率（%）
2001	32.44	35.07
2002	32.96	34.37

续表

年份	Sfive 价值创造率（%）	Gmoutai 价值创造率（%）
2003	31.50	37.90
2004	31.02	38.62
2005	31.16	41.02
2006	34.65	45.70
2007	36.88	64.25
2008	34.16	54.79
2009	38.28	50.23
2010	40.27	47.03
2011	42.50	57.04
2012	52.05	63.26
2013	44.66	58.62
2014	32.40	51.15
2015	30.49	41.06
2016	28.14	37.69
2017	34.61	45.53
2018	40.43	49.86
2019	40.59	49.10
2020	41.72	46.86
平均数	36.55	47.46

注：价值创造效率＝宏观利润总额/总资产。

资料来源：Sfive、Gmoutai 公司 2001—2020 年年度报告。

从 Sfive 与 Gmoutai 价值创造率上看，Sfive 的价值创造效率略低于 Gmoutai。结合 Sfive 核心业务酒类的销售情况，公司按照销售价格分为高价位与中低价位酒。根据年报显示，2020 年，Sfive 高价位酒贡献占酒类产品营收的 84.03%，毛利率为 84.95%，其他酒毛利率为 55.68%。Gmoutai 产品结构较单一，酒类定位较为明确，主要分为 Gmoutai 酒（高端系列）和其他系列酒。2020 年，Gmoutai 酒（高端系列）占酒类营收的 89.46%，毛利率达到 93.99%，其他系列酒的毛利率为 70.14%。综合来看，Sfive 和 Gmoutai 高端酒占比较高，都超过了 80%，从 Sfive 高端酒毛利率来看，略低于 Gmoutai，对 Sfive 整体的利润创造力存在影响。

同时，Gmoutai 具有投资属性。一方面，Gmoutai 公司在体量庞大的基础上，仍保持增长势头，在行业内处于领先地位，在全国企业中也保持举足轻重的地位，Gmoutai 连年高质量的业绩增长是提振投资者信心的重要因素。另一方面，以 Gmoutai 公司为代表的酱香酒只能在赤水河流域生产，并且酱香酒生产工艺复杂、生产周期长，导致 Gmoutai 酒产能受限，自带稀缺属性，使 Gmoutai 酒保值增值的形象深入人心，吸引消费者争相购买，用于自饮、送礼、收藏等，如此一来，Gmoutai 的销售情况变得乐观，销量稳步增加，使得 Gmoutai 的宏观利润远远超过 Sfive。

综上所述，我们可以发现，导致 Sfive 公司的宏观利润与 Gmoutai 公司的差距如此之大的原因有很多，例如毛利率、净利率、品牌繁杂、消费者认知混乱或产能与消费节奏不足与 Gmoutai "匹敌"等一系列因素的影响，使 2010 年后 Sfive 的宏观利润被 Gmoutai 赶超。

二 两企业为政府创造的价值分析

政府作为企业价值创造的利益相关者之一，收益主要来源于税收费用。根据 Gmoutai 公司和 Sfive 公司公布的 2001—2020 年年报数据，编制税收费用表（如表 20-4 所示）。

表 20-4   **Sfive 公司与 Gmoutai 公司税收费用**

年份	Sfive 税收费用（万元）	Gmoutai 税收费用（万元）
2001	114203.82	77603.82
2002	157827.40	83676.90
2003	157092.66	107965.30
2004	157892.83	147602.28
2005	183849.58	191877.23
2006	199597.80	229041.18
2007	212577.72	319927.44
2008	204153.02	351542.17
2009	338376.58	404457.48
2010	495081.94	516509.53
2011	636579.16	865447.71
2012	976599.16	1181285.29
2013	827797.24	1341513.84

续表

年份	Sfive 税收费用（万元）	Gmoutai 税收费用（万元）
2014	617713.34	1328974.81
2015	660488.99	1441338.69
2016	732556.47	1926728.94
2017	1065509.41	2651949.51
2018	1574422.81	3507711.84
2019	1849396.74	3782622.61
2020	2083096.76	4178657.81

资料来源：Sfive、Gmoutai 公司 2001—2020 年年度报告。

为了更清晰地展示 Sfive 公司与 Gmoutai 公司的税收费用对比，本书绘制了两个企业的税收费用对比图（如图 20-2 所示）。

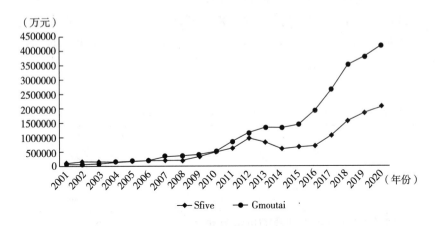

图 20-2　2001—2020 年 Sfive 公司与 Gmoutai 公司税收费用对比情况

从以上图表可以看出，2001—2004 年 Sfive 公司的税收费用高于 Gmoutai 公司，2005 年开始有被赶超趋势，在 2010 年 Sfive 公司的税收费用与 Gmoutai 公司持平，但在 2011 年之后，Gmoutai 公司的增速大于 Sfive 公司，Sfive 与 Gmoutai 的税收费用总额差距逐渐拉大，政府作为企业利益相关者之一，Gmoutai 为其创造的价值略高。那究竟是什么原因导致了这种现象？

2012 年，国家发布限制"三公消费"的禁令，明确提出禁止公款购买高档酒的行为。全国白酒需求量呈断崖式下降，Sfive 高端产品销量下降，同时还受累于企业高额的营销费用，当年营业收入下降，最终导致 Sfive 的税收费用在此期间出现了下滑趋势。Gmoutai 公司面对 2012 年限制"三公消费"政策的出台，一方面依托于前期直营体系的建设优势、控量保价的策略，维持 Gmoutai 酒的高端定位和价格；另一方面加强中端产品的市场布局，对 Gmoutai、Wangzijiu、Yingbinjiu 等进行重塑打造，增加了利润增长点。此外，Gmoutai 公司还拓展团购业务，把团购重心转向富裕阶层、民营企业等，尽量降低公务消费下降的损失，在 2013—2015 年这段时期，及时调整战略，尽量将限制"三公消费"造成的影响降低，使得 Gmoutai 公司的税收费用在此时期也能平稳增长。

2016—2018 年，白酒市场回暖，两企业收入呈现不同水平的增长，税金及附加和增值税也迅速增长。回溯过往我们可以发现，Gmoutai 公司高端白酒市场占有率在行业内领先，略高于 Sfive，其原因有以下两点：第一，Gmoutai 公司的产品定位较明确。受到限制"三公消费"政策影响后，Gmoutai 对不同人群和市场进行了分析，做出让大众消费代替政务消费的决定，开始推出价格相对较为亲民的产品，且定位清晰。第二，营销"国酒 Gmoutai"。"国酒 Gmoutai，喝出健康来"，这一宣传标语使 Gmoutai 的市场定位从国酒的基本符号中，注入了保健的元素。在同等价位的白酒消费者选择倾向看，人们购买 Sfive 的意愿不及 Gmoutai，Gmoutai 确立了中国酒业领先品牌的形象。

综上，在笔者研究期间，Gmoutai 上缴的税额大于 Sfive，从 2016 年起，Gmoutai 的税额涨幅更快，为政府创造的价值更多。

三　两企业为职工创造的价值分析

职工作为企业价值创造的利益相关者之一，收益主要来源于职工薪酬。根据 Gmoutai 公司和 Sfive 公司公布的 2001—2020 年年报数据，编制两企业职工薪酬表（如表 20-5 所示）。

表 20-5　　　　　Sfive 公司与 Gmoutai 公司企业职工薪酬

年份	Sfive（万元）	Gmoutai（万元）
2001	21593.24	10348.85
2002	20220.21	13751.08
2003	31104.46	19015.34

续表

年份	Sfive（万元）	Gmoutai（万元）
2004	32619.83	16474.29
2005	36549.91	26815.72
2006	41707.41	46660.79
2007	66866.32	56873.91
2008	73916.30	111579.80
2009	113158.84	133224.62
2010	203480.93	152912.35
2011	292531.77	200283.62
2012	344750.75	264605.39
2013	310639.94	312623.48
2014	279308.94	412196.91
2015	298976.83	452371.12
2016	308564.52	532718.37
2017	378722.56	576274.31
2018	502673.03	678600.82
2019	645923.65	808041.95
2020	577549.43	869786.77

资料来源：Sfive、Gmoutai 公司 2001—2020 年年度报告。

为了更清晰地展示 Sfive 公司与 Gmoutai 公司的职工薪酬变动情况，本书绘制了两个企业的职工薪酬变动图（如图 20-3 所示）。

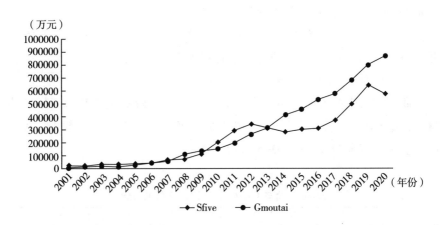

图 20-3 2001—2020 年 Sfive 公司与 Gmoutai 公司职工薪酬变动

近年来，白酒企业不断完善事后奖励的激励制度，不断提高员工工资及奖励绩效等。Sfive 公司和 Gmoutai 公司尤为明显，在职工平均薪酬方面不断提升。根据以上图表，我们可以发现，在 2010 年以前 Gmoutai 公司与 Sfive 公司的职工薪酬总额基本持平，2010—2012 年 Sfive 公司的职工薪酬总额高于 Gmoutai。2013 年起，Gmoutai 公司出现了反超的趋势，近年来两家公司的差距拉大，在工资总额上，Gmoutai 公司高于 Sfive 公司。究其原因，是由于近几年营收的差距导致 Sfive 职工薪酬水平略低。

四　两企业为股东创造的价值分析

股东作为企业价值创造的利益相关者之一，收益来源于税后利润。根据宏观利润表 Sfive 和 Gmoutai 公布的 2001—2020 年年报数据，发现 2001—2006 年，Sfive 公司与 Gmoutai 公司的净利润相差不大，2006—2012 年 Gmoutai 公司的净利润略高于 Sfive 公司，Sfive 在此期间也在持续上升，但在 2012 年后明显高于 Sfive，二者间的差距拉大，产生该现象的主要原因有以下几点。

第一，Gmoutai 注重品牌价值。Gmoutai 定位为我国的国宴酒，Sfive 则采取跟随策略，但成效稍逊，深层原因在于 Sfive 的中低端品牌透支高端品牌形象，市场对 Sfive 的金融属性认可度不高。

第二，Sfive 集团在多品牌战略上取得了成功，但在主营业务酒产品多品牌战略布局上出现了失策。Sfive 酒产业要想追求高质量发展，就必须坚持品牌清理路线，将品牌繁杂的问题彻底解决。Sfive 公司旗下的产品系列多达 124 个，Sfive 集团控制的两家酒业公司又有 37 个产品系列。Sfive 推出过的"四方见喜"等品牌，品牌管理涣散，致使公司的品牌形象受到损害，影响了企业的收益。Sfive 多元化的战略很大程度上分散了公司管理精力，增加了公司各方面资源负担，最终影响到 Sfive 净利润。

第三，销售管理模式的差异。2011—2020 年 Sfive 公司的销售费用率峰值达到了 20.51%，而 Gmoutai 公司一直保持在 5% 左右，远远低于 Sfive 公司的营销投入（如表 20-6 所示）。Sfive 公司曾经借助大商迅速扩张市场，但也在行业低谷时因大商而遭受创伤。在 2012 年的行业寒冬期，Sfive 公司为了提振大型经销商的市场信心和回款积极性，主动提出按回款额的 10%—15% 对经销商进行返点，以稳定市场价格和销量。但该政策的市场反馈不及预期，渠道价格倒挂现象没能得到有效遏制，公司当年的销售费用也没有大幅升高。Gmoutai 公司受益于直营体系的建设，大商面对企业的话语权较低，小商等对其的依赖度较高，长期以来 Gmoutai 公司的渠道定价权都牢牢掌握在公司手中，市场渠道的营销费用相应变低。由此可以看出，销售管理模式带来的差异使得 Sfive 公司与 Gmoutai 公司的差距拉大。从管理费用率上我们可以发现，Sfive 公司和 Gmoutai 公司的管理费用率都偏高，Sfive 公司管理费用率的平均值为 8.35%，Gmoutai 公司为 9.38%。从相对量上看，Gmoutai 公司的管理费用甚至还要略高于 Sfive 公司，但由于差异较小，所以未对企业的净利润造成很大的影响。

表 20-6　　　　　Sfive 与 Gmoutai 管理费用率、销售费用率分析

年份	Sfive 管理费用率（%）	Sfive 销售费用率（%）	Gmoutai 管理费用率（%）	Gmoutai 销售费用率（%）
2011	8.60	10.17	9.10	3.91
2012	7.39	8.30	8.33	4.63
2013	9.16	13.68	9.17	6.01
2014	9.74	20.51	10.70	5.30
2015	9.83	16.47	11.67	4.55
2016	8.73	19.13	10.77	4.33
2017	7.52	12.01	8.08	5.13
2018	5.85	9.44	7.23	3.49
2019	5.30	9.95	7.22	3.84
2020	4.55	9.73	7.15	2.68

资料来源：Sfive、Gmoutai 公司 2011—2020 年年度报告。

此外，Sfive 一直以来都以高额的分红回报投资者，在 2020 年现金分红突破百亿，创历史新高点，卓越的股价表现为投资者带来了巨大的投资增值，也增强了投资者的信心。

综上所述，两企业税后利润的发展趋势与宏观利润的走势大致相同，在 2013 年差距逐渐显著，因此，我们可以判断税后利润的巨大差异是导致两企业宏观利润差异如此之大的主要原因之一。但受到品牌价值、战略管理及销售模式等因素的影响，Gmoutai 的净利润要大于 Sfive，为股东创造的价值更多。

五　两企业为债权人创造的价值分析

债权人作为企业价值创造的利益相关者之一，收益主要来源于利息

费用。根据 Sfive 公司和 Gmoutai 公司公布的 2001—2020 年年报数据，编制利息费用表（如表 20-7 所示）。

表 20-7　　　2001—2020 年 Sfive 公司和 Gmoutai 公司利息费用

年份	Sfive（元）	Gmoutai（元）
2001	79050.00	6855892.07
2002	22320.00	0
2003	413.00	0
2004	0	0
2005	0	0
2006	0	0
2007	0	0
2008	0	0
2009	0	0
2010	0	0
2011	0	0
2012	0	132222.22
2013	0	0
2014	8563830.66	10292572.55
2015	14522441.79	41360986.93
2016	29047315.35	37529578.91
2017	15660240.74	880974.99
2018	0	0
2019	0	0
2020	0	0

资料来源：Sfive、Gmoutai 公司 2001—2020 年年度报告。

如表 20-7 所示，从利息费用的数额上来看，两企业的利息费用都比较少，甚至在多数年份并未产生利息费用，这是由于在一般情况下，白酒行业都拥有充足的现金流，特别是对于我国白酒行业龙头的 Sfive 和 Gmoutai 而言，现金流充足。Sfive 公司采用了大的经销商制度，渠道商汇款力度大，因而现金流很充足；Gmoutai 公司因有良好的商誉作为保障，产品供不应求，有较强的议价能力，因而预收账款数额较大，现金流动性较强。两企业的偿债能力、支付能力等都表现得很出色，无须通过债务融资，因而两企业的利息费用都较低。

六 利益相关者权益占宏观利润的比例分析

基于宏观利润表，Sfive 和 Gmoutai 的价值创造包括员工、债权人、政府、股东四方利益人的所属权益。为此研究统计了从 2001—2020 年职工薪酬占宏观利润比、利息费用占宏观利润比、税收费用占宏观利润比、税后利润占宏观利润比这四个指标的数据详情，并根据 Sfive 公司宏观利润表的数据信息，编制 Sfive 公司和 Gmoutai 公司各利益相关者占宏观利润的比例（如表 20-8 所示）。

表 20-8　　2001—2020 年 Sfive 公司利益相关者占宏观利润比例

年份	职工薪酬占宏观利润比（%）	利息费用占宏观利润比（%）	税收费用占宏观利润比（%）	税后利润占宏观利润比（%）
2001	9.95	0	52.64	37.40
2002	8.45	0	65.93	25.62
2003	11.95	0	60.36	27.69
2004	11.93	0	57.77	30.29
2005	12.20	0	61.38	26.42
2006	11.64	0	55.70	32.66
2007	15.67	0	49.82	34.51
2008	16.03	0	44.28	39.69
2009	14.18	0	42.39	43.43
2010	17.62	0	42.87	39.51
2011	18.65	0	40.58	40.77
2012	14.64	0	41.47	43.89
2013	15.76	0	42.01	42.23
2014	18.57	0.06	41.08	40.29
2015	18.66	0.09	41.23	40.02
2016	17.64	0.17	41.87	40.33
2017	15.43	0.06	43.41	41.09
2018	14.44	0	45.23	40.33
2019	14.96	0	42.83	42.21
2020	12.15	0	43.84	44.01

资料来源：Sfive 公司 2001—2020 年年度报告。

从整体上看，Sfive 公司的税收费用和税后利润占比最大，税收费用占宏观利润比在 40% 左右，税收利润占宏观利润比基本保持在 40% 左右。根据 Gmoutai 公司宏观利润表的数据信息，编制 Gmoutai 公司各利益相关者占宏观利润的比例表（如表 20-9 所示）。

表 20-9　　2001—2020 年 Gmoutai 公司利益相关者占宏观利润比例

年份	职工薪酬占宏观利润比（%）	利息费用占宏观利润比（%）	税收费用占宏观利润比（%）	税后利润占宏观利润比（%）
2001	8.52	0.56	63.89	27.03
2002	10.18	0	61.93	27.89
2003	10.12	0	57.47	32.41
2004	6.69	0	59.97	33.34
2005	8.11	0	58.05	33.84
2006	10.67	0	52.37	36.96
2007	8.45	0	47.51	44.05
2008	12.93	0	40.73	46.35
2009	13.42	0	40.73	45.85
2010	12.71	0	42.92	44.37
2011	10.06	0	43.47	46.47
2012	9.30	0	41.50	49.21
2013	9.62	0	41.27	49.11
2014	12.23	0.03	39.45	48.29
2015	12.77	0.12	40.68	46.44
2016	12.52	0.09	45.27	42.13
2017	9.40	0	43.27	47.33
2018	8.52	0	44.02	47.47
2019	8.99	0	42.09	48.92
2020	8.70	0	41.78	49.52

资料来源：Gmoutai 公司 2001—2020 年年度报告。

根据表 20-8 和表 20-9，我们可以发现，从整体上看，Gmoutai 公司的税收费用和税后利润占比与 Sfive 公司相似，这两个指标占比最大，Gmoutai 公司的税收费用基本保持在 40% 以上，税后利润基本保持在

47%。对比 Sfive 公司和 Gmoutai 公司的员工、债权人、政府及股东权益者发现，宏观会计利润主要流向了政府和股东这两部分，员工和债权人的占比都很小。从绝对量上来看，Gmoutai 公司创造的价值高于 Sfive 公司，但是从相对量上来讲，Sfive 公司和 Gmoutai 公司所创造的价值在股东、政府、债权人职工之间的分配是有差异的。

在利息费用方面，2001—2020 年，Sfive 公司和 Gmoutai 公司的利息费用占宏观会计利润的比重是最小的，占比均不超过 1%，甚至有几年的数据为 0。这主要是基于白酒行业的特质，Sfive 公司和 Gmoutai 公司作为中国白酒行业的龙头老大，资金充足，现金流巨大，不需要发行债券来融资，所以两企业的利息费用占比都非常少，甚至没有产生利息费用。因此，对于 Sfive 公司和 Gmoutai 公司这样的白酒龙头企业而言，更应该考虑的是如何利用巨额账面现金流来创造收益，从而避免资金流的闲置，造成不必要的资金浪费。

在职工薪酬方面，Sfive 公司和 Gmoutai 公司占宏观会计利润的比重都较低，Sfive 公司占比不超过 19%，Gmoutai 公司占比不超过 13%。总体来说，Sfive 公司的职工薪酬占宏观利润比要高于 Gmoutai 公司，Gmoutai 公司的职工薪酬总额高于 Sfive 公司。

在税收费用方面，Sfive 公司的税收费用占宏观利润比平均保持在 47.83%，Gmoutai 公司的税收费用占宏观利润比平均保持在 47.42%，两家企业的税收费用占宏观利润比较高且占比数值相差不大。这主要是因为白酒的销售需要从量和从价计提缴纳消费税，从而城建税、教育费附加等费用都会有相应上升；同时，由于白酒行业的销售毛利率和销售净利率较高，利润率也较高，从而也会影响企业当期所得税的数额，基于以上两个因素，Sfive 公司和 Gmoutai 公司的税收费用均保持较高水平。

在税后利润方面，我们可以看出，Sfive 公司和 Gmoutai 公司的税后利润占宏观利润的比重较大，Sfive 公司的税后利润平均数为 37.62%，Gmoutai 公司的税后利润平均数为 42.35%，Gmoutai 公司的税后利润高于 Sfive 公司，说明其为企业创造的价值更多地流向了股东。分析其主要原因如下：第一，Gmoutai 酒在市场处于供不应求的状态，定价主动权在 Gmoutai 公司，1499 元的指导价格为 Gmoutai 公司带来了高额的利润回报率，再加上 Gmoutai 公司善于经营、管理，能够有效地控制风险和成本，从而更好地为企业创造收入和利润；第二，Sfive 公司在近年来培养了

Wuliangchun、Wuliangol、Jinliufu 等上千个子产品品牌，这些子产品的推
广营销需要消耗 Sfive 公司大量的财力、物力和人力，但投入产出效率较
低，Sfive 公司超级大单品的营收规模有限，杂乱子品牌的收入贡献相对
较小；Gmoutai 公司没有盲目扩张品牌，而是清理品牌、收缩业务，同时
控制产量和价格，不增加销量和新经销商，执行高端高价策略，如此一
来，Gmoutai 公司的税后利润逐渐高于 Sfive 公司；第三，Sfive 公司的品
牌繁杂，关联度较低，容易使消费者认知混乱，且中低价位酒的毛利率
较低，在整体上拉低了 Sfive 公司的毛利率。

第三节　两公司价值创造的对比分析

一　价值创造效率差异性

从差异上看，2001—2020 年 Sfive 公司与 Gmoutai 公司的差异性主要
表现在：从绝对量的指标来看，Gmoutai 公司的宏观利润一直大于 Sfive 公
司，说明其为企业创造的价值更大。从相对量的指标来看，在 Sfive 公司
占宏观利润的比例中，其税后利润的占比低于 Gmoutai，但职工薪酬的占
比却高于 Gmoutai 公司，说明 Gmoutai 公司更注重股东的利益，Sfive 公司
比较重视职工的利益。

Sfive 公司价值创造总量及效率遇上两道坎。第一道坎：价值创造总
量问题。统而观之，2001—2020 年 Sfive 公司价值创造总量为 3024.35 亿
元，而 Gmoutai 公司创造价值总量为 5753.50 亿元，Gmoutai 公司新创社
会价值额超过了 Sfive 公司。从时间序列波动趋势看，观察期间呈现出
"488" 阶段性特征，即前 4 年 Sfive 公司略胜一筹，中间 8 年 Gmoutai 公
司反而超之。第二道坎：价值创造效率问题。从创造价值效率上看，
Sfive 价值创造效率位于 28.14%—52.05%、而 Gmoutai 公司位于
34.37%—64.25%，创造效率的均值分别为 36.55% 和 47.46%，表明
Gmoutai 公司单位资产价值创造额较大，资源利用效率相对较高。从时间
维度看，两家企业价值创造效率有一定波动幅度，但整体上较为平稳，
Sfive 公司平均低于 Gmoutai 公司，表明 Sfive 公司在资源利用效率上还存
在一定的提升空间。

二 成本管理控制的差异性

分析 2011—2020 年 Sfive 公司的销售费用率均值为 12.94%，峰值达到了 20.51%，相较于 Gmoutai 公司同期均值 4.39% 的表现而言，Sfive 公司的成本管理水平还有待提升，这也从侧面说明了 Gmoutai 公司的品牌拉力高于 Sfive 公司；Sfive 公司管理费用率均值为 7.67%，Gmoutai 公司的均值为 8.94%，同一时间期内 Gmoutai 公司的研发强度大于 Sfive 公司的研发强度。成本费用率体现了成本管控水平，Sfive 公司成本费用的提升并未带来明显利润增长，但 Gmoutai 公司在低成本费用率的基础上，仍旧保持较强的增长势头。由此可见，分散"兵力"导致费用预算顾此失彼，Sfive 公司市场开发透支较大，成本控制和经营管理效率有较大提升空间。

此外，Sfive 公司政策性负担重，政策性负担主要指税费和解决就业问题。2001—2020 年，Sfive 公司在职职工从 1.46 万人增长为 2.59 万人，为地方提供了大量的就业机会。Sfive 公司的税费、雇员及薪酬上升幅度较大，新价值创造分配中职工薪酬分配占比均值为 14.53%，而 Gmoutai 公司均值占比为 10.20%，但 Sfive 公司雇员薪酬激励机制不及 Gmoutai 公司。随着 Sfive 公司规模的不断扩大，其承担的政策性负担逐渐增加，相应的政府补助也在逐渐增加，但不足以弥补成本上升的事实。由此可知，Sfive 公司雇员效率未得到充分提升，人员成本增加导致经营压力较大。

三 价值创造流向

2001—2020 年，从共性上看 Sfive 公司与 Gmoutai 公司的相同点主要表现在：Sfive 公司的税收费用平均占比达到 47.83%，税后利润平均占比为 37.62%，Gmoutai 公司的税收费用占比达到 47.42%，税后利润占比高达 42.35%。对比这两家企业的数据，我们可以发现，Sfive 公司和 Gmoutai 公司的税收费用和税后利润占宏观会计利润的比重都是最大的，它们为企业创造的价值都是更多地流向了股东和政府，为职工和债权人创造的价值只是很小一部分。税收费用占比高这主要是白酒作为高端消费品，征收消费税，并适用于定价定量复合征税的计税方式，同时，白酒企业还缴纳增值税、所得税、城建税、教育费附加和地方教育费附加。由于白酒企业的技术研发费用占主营业务收入的比例较低，与高新技术等享受税收优惠的企业相比，享受的税收优惠更少，这些因素自然就导致了 Sfive 公司和 Gmoutai 公司的税收费用过高。而税后利润高则是因为现如今人们的消费需求发生转变，更愿意消费中高端白酒、更看重品牌文化内涵，重视中高端白酒带来的品质认可度和品牌美誉，对价格越高的白酒越有购买欲望，市场需求量逐渐扩大，再加上白酒行业成本占比较低、毛利率较高，尤其是 Sfive 公司和 Gmoutai 公司这两家中国白酒行业的老大，无论是在销量上，还是在高额利润上，都处于绝对领先的地位，两家企业的税后利润都极高。

本章小结

本章基于宏观利润表的研究视角，综合从股东、债权人、政府、职工四个角度进行评价分析，对比研究了 Sfive 公司和 Gmoutai 公司在2001—2020 年的整体价值创造能力。根据研究得出以下结论：Sfive 公司在宏观利润表下的价值创造总量、价值创造效率略低于 Gmoutai 公司，这反映出 Sfive 公司的成本管控存在不足之处，资产利用效率有待提升。从价值创造体系的结构上看，Sfive 公司重视股东和政府创造的价值。未来Sfive 公司需要优化资本结构，同时进一步提升员工整体素质，提升雇员价值创造效率，缓释人员成本增加带来的经营压力。

第二十一章　企业文化建设分析

第一节　Sfive 的企业文化建设

Sfive 将"坚守初心，求真务实，创新求进，永争第一"的企业精神融合在生产经营之中。在物质层面发挥了地域特色，打造独特品牌；在制度层面注重以人为本，关注创新意识，保持发展活力；在精神层面传承历史文化。企业文化成就了 Sfive 品牌，彰显出其独特的文化魅力。Sfive 将其品牌及文化宣扬到全世界，扩大其知名度。2020 年，Sfive 公司多措并举，积极加强品牌文化建设、深化数字化转型、优化产品体系、构建产品全生命周期质量管理体系等，生产支撑力、品质保障力、品牌影响力、产品竞争力、渠道管控力、营销服务力持续提升，核心竞争力持续增强，中国浓香型白酒的龙头地位更加巩固。

一　打造建筑文化，升华企业精神

Sfive 享有"花园公司"的美誉，建筑文化和建筑环境艺术都体现了 Sfive 公司"坚守初心，求真务实，创新求进，永争第一"的企业精神。有以《奋进广场》《鹏程广场》《日月宫》等为代表的现代建筑艺术景点，以《酒圣》《奋进》及《五粮神女》等为代表的雕塑艺术景点。优美的工作环境让员工身心愉悦，而融入建筑中的企业文化，让员工了解 Sfive 公司历史，感受 Sfive 公司的企业精神，激发员工努力工作的积极性。

位于 Sfive 集团大门的奋进塔是 Sfive 公司形象雕塑，塔高 57 米，屹立于奋进广场中部，池中五根立柱直入云霄、池内金鲤凌波潜跃，共同见证 Sfive 的成长与发展，象征着 Sfive 人追求卓越的奋进精神，展现了 Sfive 公司的向心精神。Sfive 以精致壮观的艺术雕塑，将团结一心、追逐成长、拼搏奋进的企业精神镌刻在每一位员工身边，激励着 Sfive 人拼搏上进、奋发向前。

二　坚持以人为本，增强企业凝聚力

为员工的幸福而发展，为消费者创造美好而改良产品，为投资者创造良好回报而拼搏，是 Sfive 公司的核心价值理念。Sfive 公司注重员工利益，在提高员工福利水平上进行了诸多改革，让员工的薪资待遇与企业生产经营发展同步提高，全员参保的基础上，积极建立企业补充保险，多举措帮助困难员工，增强员工的生活幸福感。加大企业文化建设投入，为员工创造良好的工作环境，保障职工权利，关爱员工，帮助员工进行职业规划，挖掘员工潜力，通过目标激励来充分发挥员工的主观能动性。开展丰富多彩的企业文化活动、组织参加各种有益的业务及体育文化竞赛、举办各类培训研讨会、丰富员工业余文化生活、为员工排解工作压力，增强员工的归属感，培养团队精神，提高团队合作能力，增强企业凝聚力。同时，Sfive 公司注重与客户的友好关系建立，近年来在消费者终端信息的收集与分析上投入大量成本，力求满足客户的需求。

三　建立创新意识，增强发展动力

创新是企业发展的第一动力。Sfive 公司长期致力于产品形象创新、新品开发创新、营销思路创新、管理创新、传统产业环境创新、职工教育创新与技术创新，以创新铺就企业文化的长青之路。

近年来，面对经济、行业新常态，以及白酒行业的机遇和挑战，企业文化在发展中更需要完善的制度体系来维系，Sfive 对企业文化制度体系的完善、企业作风建设等的加强正在有序推进。但未来是任重道远的，必须坚持在发展中创新、在创新中发展，公司发展的道路就是一条 Sfive 人不断创新的道路。

四　传承传统文化，和而共进

Sfive 一直牢记"弘扬历史传承，共酿和美生活"的使命，致力于将历史悠久的中国酒文化传承下去。Sfive 的文化内涵集儒家的中庸文化之大成，Sfive 调和五种原料（高粱、大米、糯米、小麦、玉米）口味相互协调，经岁月沉淀的古窖与传统配方工艺相结合，天地人合一、协调共蕴，制成醇美沁香的 Sfive 酒，正体现了中庸的最高境界（郭五林、黄均红，2010）。

而 Sfive 公司也一直秉承"志存高远，坚持不懈"的优良作风。Sfive

公司坚持以和为旗帜，对外优化经销商渠道构成，协调经销商合作，力求建立诚实互利、和谐共生的友好关系，维系恒久的发展；对内加强内部沟通、整合资源、增强部门之间的协同力，提高组织沟通效率。可见 Sfive 的企业文化是中国儒家中庸、诚信、和谐等历史文化的传承和发扬。

五 弘扬企业文化，引领品牌影响力

Sfive 公司以其独特的企业文化，引领品牌文化力、品牌影响力的发展。始终围绕企业"诚信为先、品质为纲、匠心智造、传承创新"的核心价值观，来建设企业文化，并将其贯穿于思想教育和各项经营业务活动中。Sfive 高度重视企业文化的建设与弘扬。Sfive 的文化以儒家中庸思想为基，以历史发展中积淀下的团结奋斗精神为支柱，以新时代吐故纳新、融合世界优秀文化潮流为引导，建设强有力的品牌文化，以此引领企业文化的蓬勃发展。Sfive 不仅通过各种媒介，将其使命、愿景以及核心价值观（诚信为先、品质为纲、匠心智造、传承创新）等抽象理念，转化为可以被公众识别和记忆的具体符号，同时与海外媒体合作，让 Sfive 的形象宣传片也走入海外人民视野，提升 Sfive 以及中国白酒的海外市场知名度。面向未来，是辽阔的，也是充满竞争与风险的，而 Sfive 企业文化将是 Sfive 在拼搏中最强大的精神支柱。2020 年来，Sfive 大力推进以品牌战略为核心的文化建设。Sfive 主品牌、系列酒产品体系进一步完善，组建 Sfive 文化研究院和文化研究与传播中心，实施国家"指南针计划"考古 Sfive 项目，启动高地市场、重点市场"中华名酒堂"体验基地建设。通过重点项目和重大事件加强品牌传播，借助国际大舞台积极发声，提升 Sfive 品牌美誉度，品牌价值和影响力持续提升。

第二节　Gmoutai 的企业文化建设

一 加强文化载体建设，推动国酒文化传播

在 Gmoutai 公司的文化发展过程中，倾向于以多样化的宣传、打造 Gmoutai 的特有文化专刊，如："云上 Gmoutai"，用以宣传 Gmoutai 故事、升华 Gmoutai 文化、沉淀 Gmoutai 精神。此外，还成立了 Gmoutai 学院，开展各种 Gmoutai 文化活动，让广大市民、学生参与，以此来推动 Gmoutai 文化的传播。Gmoutai 不仅在早期创办了《Gmoutai 酒报》。广大职工还积极向省内外刊物投稿。为了宣传 Gmoutai 人艰苦创业、为国争光的精神，厂里还自编、或与外单位合作、或请作家来厂采访等，撰写、拍摄了一批反映 Gmoutai 人精神面貌的报告文学、厂志、电视剧、画册等。更进一步地在 2018 年 9 月建立了以文化与服务为主题的 Gmoutai 文化博物馆，它坐落在北京故宫博物院旁，以实物展陈、影片阐述、体验交互、技术交流等方式，向国民展示了中国酒文化的美、醇、雅，展示了 Gmoutai 酒的发展历程与中国白酒文化精髓的契合与传承。

Gmoutai 公司通过 Gmoutai 文化载体的建设，积极推动 Gmoutai 文化迈向全球，提升 Gmoutai 文化的国际知名度。Gmoutai 公司将自身发展战略所确定的诚信文化、营销文化、质量文化和传承下来的历史文化、红色文化融合起来，坚持"绿色 Gmoutai"的理念，推行"美丽 Gmoutai"的建设，将 Gmoutai 文化融入其中，致力于打造绿色健康的 Gmoutai，它承载着 Gmoutai 健康的价值观、尚美的文化观、激昂的民族观。Gmoutai 公司通过具有丰富内涵的 Gmoutai 文化，着力打造享誉全球的知名企业，建设"美丽 Gmoutai"。

二　传承道家经典，支撑企业文化内涵

Gmoutai 文化传承道家经典，Gmoutai 将道家的无为文化作为 Gmoutai 文化的内涵，将道家文化融入 Gmoutai 酒的发展过程中。Gmoutai 作为中国白酒行业的领军者，对于道家无为文化的应用至深。所谓上善若水，阴阳调和，Gmoutai 酒的水源取自古老的赤水河，其发酵模式结合开放式与封闭式，相辅相成；在酿造中，从端午踩曲到重阳下沙，从蒸煮、取酒到窖藏。从取材、酿造到窖藏，Gmoutai 酒的整个酿制过程充分体现了道家文化的应用，支撑着 Gmoutai 的文化内涵，传承了道家优秀思想。

三　创新 Gmoutai 文化，注重以人为本

近年来，Gmoutai 公司响应"一带一路"倡议，加大对国际化的投入，以"一带一路"作为 Gmoutai 酒文化在国际上交流的桥梁，加快品牌文化的国际化建设，致力于提升 Gmoutai 的综合品牌力。

紧跟时代脚步、创新 Gmoutai 文化使得 Gmoutai 成为白酒行业的巨头，在发展的过程中不断革新思维观念，建设新时代的企业文化。Gmoutai 公司在发展过程中，确定了"酿造高品质的生活"的企业使命，"稳健经营，持续成长"的经营理念和"以才兴业，人企共进"的人才理

念，使得 Gmoutai 的企业文化能适应时代变化。Gmoutai 进行薪酬体系改革，提升薪资的市场竞争力，提高员工的整体收入水平，注重产品质量，高度重视消费者市场，这也是 Gmoutai "以人为本，以质求存；恪守诚信，继承创新"核心价值观的体现。

四　坚持自我反思，建成文化 Gmoutai

Gmoutai 公司重视文化建设，不断自我反思、居安思危，使 Gmoutai 公司多年来文化软实力不断增强。Gmoutai 坚持"健康永远，Gmoutai 永恒"的愿景，推崇以"行动换取心动，超值体现价值"，在自我发展的过程中，常观察自身与其他优秀企业的差别，再根据差别制定具体措施，力争每一个方面都要做好。因而 Gmoutai 公司倾向以文化打造 Gmoutai 品牌，以传统白酒文化为基、吸收优秀文化为辅、以文化交流互鉴为镜，建立 Gmoutai 的文化自信。Gmoutai 坚持以文化 Gmoutai 战略，维持企业的可持续发展，突出文化引领作用，引领 Gmoutai 向高质量发展。

第三节　两公司企业文化建设的对比分析

从以上对 Sfive 与 Gmoutai 文化的分析中，看到了其相同点，也看到了其不同之处。Sfive 在发展前期营收与净利润常年稳超 Gmoutai，随着经济的发展与传统文化意识的苏醒，Gmoutai 借助"Gmoutai 文化"优势，净利润稳步增长，直到白酒产业调整期，而 Sfive 在这期间，其营业收入开始落后于 Gmoutai，造成这一现象的原因有很多，两家企业的文化差异因素便是其一，因此有必要分析二者的企业文化建设。

一　Sfive 与 Gmoutai 浅深层文化的差异性与同源性分析

Sfive 的文化内涵是中国儒家的中庸文化，强调和谐共生，表现为积极进取、刚健有为；Gmoutai 的文化内涵是中国道家的无为文化，强调守成持中，表现为顺其自然、无为而治（郭五林、黄均红，2010）。

由于 Sfive 与 Gmoutai 历史文化底蕴的差异性、地域文化特色的差异性、酿造工艺特点的差异性、发展历程的差异性，使得 Sfive 与 Gmoutai 在企业文化上也颇具差异性。Sfive 与 Gmoutai 的企业文化对比如表21-1所示。

表 21-1　　　　　　　　　Sfive 与 Gmoutai 企业文化对比情况

文化内涵	Sfive	Gmoutai
核心价值理念	为员工创造幸福，为消费者创造美好，为投资者创造良好回报	坚守传承、视质量为生命
企业使命	弘扬历史传承，共酿和美生活	弘扬 Gmoutai 文化，创新生活梦想
企业愿景	致力于基业长青的美好愿望，努力打造健康、创新、领先的世界一流企业，实现高质量、可持续的快速发展	健康永远，Gmoutai 永恒 受人尊敬的世界级企业 享誉全球的中国 Gmoutai
核心价值观	诚信为先、品质为纲 匠心智造、传承创新	以人为本，以质求存 恪守诚信，继承创新 天贵人和，厚德致远
企业精神	坚守初心、求真务实 创新求进、永争第一	爱我 Gmoutai，为国争光
传统作风	老老实实、一丝不苟、吃苦耐劳、艰苦奋斗、坚韧不拔、持之以恒	艰苦奋斗、真抓实干
发展战略	做强主业、做优多元、做大平台	理性扩张、统筹发展
经营理念	厂商一家、实现双赢	稳健经营，持续成长 光大民族品牌
质量理念	质量是企业的生命、为消费者而生而长	崇本守道、坚守工艺 贮足陈酿、不卖新酒

资料来源：Sfive 与 Gmoutai 两公司官网。

虽然 Sfive 与 Gmoutai 在文化内涵上有所不同，但追本溯源，皆承国人持中贵和的性格文化，即崇尚中庸、追求和谐。Sfive 的"中庸"思想，与 Gmoutai 的"无为"思想，都反对无原则的行事，以追求和谐为目标。而中庸强调"有为"，是"无过而无不及"，因而 Sfive 逐渐形成积极进取的文化思想；而"无为"不是"不为"，而是有的放矢，令 Gmoutai 形成无为精神。虽然两者文化的表层现象具有异质性，但其深层文化结构具有同源性。因此，二者在商标的设计上也呈现了鲜明的儒、道特色：Sfive 的徽标中，象征五种粮食的线条相汇向上，"内外同心，集杂成醇"，尽显蓬勃之气。Gmoutai 的徽标中，"M"的标志似海洋也似雄鹰，显厚重与兼容。

Sfive 与 Gmoutai 皆承自中国千年传统文化的思想，"志存高远，坚持不懈"的儒家思想促使 Sfive 自强不息、积极进取；"上善若水，厚德载物"的道家思想造就了 Gmoutai 文化的无为自然。但二者皆欲以最赤诚的心，将中国传统文化继承与发扬，在多年的市场竞争的磨砺中，造就了各自独特的企业文化，以各自独特的风格闻名于世，越发耀眼。

传统儒道文化的内涵固然为 Sfive 与 Gmoutai 的文化建设赋予了灵魂，但需要明晰的是，传统文化内涵是 Sfive 企业文化建设的"基"，Sfive 不可以放弃寻求企业文化的创新，停滞不前，Sfive 企业文化建设这座宏伟大楼，需要的是代代人的传承与创新，如今 Sfive 正面临着文化发展的考验，因为当前中国企业正面临着一场由社会变革、经济转型引发的管理革新，我们所处的时代是新时代也是后疫情时代，企业文化冲突日趋常态化，呈现出范围更广、激烈程度不断上升、形式多样化现象。社会的变革逐渐带来了人们文化多元化、思想多元化的转变。员工的诉求倾向于平等与民主，员工的参与意识逐渐增强，员工对企业文化的影响日趋重要，消费者的诉求倾向于认同与归属，消费者对企业文化的认知结果将实实在在地影响他们行为决策，对企业的发展至关重要。而如今人口环境、政治环境、疫情环境变化等影响因素下，Sfive 企业文化正迎来了创新与变革的关键点。以往的文化建设战略不一定适用于如今复杂的社会背景，Sfive 亟须对企业文化进行更高视角的创新和变革，以适应特殊的社会环境变化。

二 Sfive 与 Gmoutai 企业文化的建设与传播的对比分析

Sfive 与 Gmoutai 作为中国白酒行业的领先者，分别具有其独特的文化。在品牌发展战略过程中，Sfive 的民酒文化、Gmoutai 的红色文化，都在一定程度上扩大了品牌知名度。首先，Gmoutai 大力挖掘和宣传红色文化，利用酒故事突出 Gmoutai 的文化底蕴，为 Gmoutai 文化的传播起了积极的推动作用。Gmoutai 以此为基础，通过酒故事、酒旅游等方式发扬其独特的红色文化，并在企业文化建设中投入大量成本，从酒文化博物馆的建立，到革命烈士园与纪念塔的修筑，为新时代 Gmoutai 的快速成长奠定了积极的文化自信。

Sfive 体现着儒家"集杂成醇"的理念，积极参与儒家文化建设，2020 年 9 月公司推出战略性高端大单品"经典 Sfive"，以顺应消费升级新趋势，进一步丰富高端白酒品类，满足消费者美好生活需要。Sfive 组建 Sfive 文化研究院和文化研究与传播中心，实施国家"指南针计划"考古 Sfive 项目，启动高地市场、重点市场"中华名酒堂"体验基地建设，并与故宫文化 IP 结合，增加其曝光率；围绕重点市场优先布局，紧锁高端消费等方面持续推进经典 Sfive 的宣传和消费者培育工作，受到消费者高度关注和认可。新时代也是一个文化新时代，无论是 Gmoutai 还是 Sfive，都需要以文化自信，推动企业的核心价值体系建设，不断增强企业文化力和品牌文化的传播力，而 Gmoutai 的文化建设更值得 Sfive 借鉴与学习。

最后，Sfive 企业文化理念值得肯定，但其落实到企业实际经营活动的执行力较低，存在基层员工对 Sfive 企业文化的认知度相对薄弱、从上而下的文化渗透力力度不够的问题。从内部原因来看，与 Sfive 实行严格的等级式组织结构，组织层级过多，边界过于清晰，等级比较森严，部门间沟通壁垒高有一定关联。Sfive 在这种制度的管控下，对外界环境的反应能力较弱，究其原因在于部门间的沟通效率较低，易让制度流于形式，导致员工的积极性、组织间的文化传播力受到影响，降低组织整体的运行效率与文化渗透力。

三 Sfive 企业文化建设发展存在的短板

后疫情时代企业文化亟须变革。当前，中国企业正面临着一场由社会变革、经济转型引发的管理革新，我们所处的时代是新时代也是后疫情时代，企业文化冲突日趋常态化，呈现范围更广、激烈程度不断上升、形式多样化现象。社会的变革逐渐带来了人们文化多元化、思想多元化的转变。员工的诉求倾向于平等与民主，参与意识逐渐增强，对企业文化的影响日趋重要；消费者的诉求倾向于认同与归属，对企业文化的认知结果将实实在在地影响他们的行为决策，对企业的发展至关重要。而如今人口环境、政治环境、疫情环境变化等影响因素下，Sfive 企业文化正迎来了创新与变革的关键点。以往的文化建设战略不一定适用于如今复杂的社会背景，Sfive 亟须对企业文化进行更高视角的创新和变革，以适应特殊的社会环境变化。

企业文化传播未得到良好的效应。2020 年来，Sfive 正在积极寻求以品牌战略为核心的企业文化建设，积极寻求契合企业文化的文化 IP、文化旅游等战略合作加强企业文化传播，但尽管 Sfive 在企业文化建设与品牌文化搭建上小有成效，Sfive 企业文化在社会中的整体文化吸引力、文化号召力、文化软实力仍弱于 Gmoutai，有效的企业文化传播并未得到很好的体现。相比于 Gmoutai 的"红色"文化，Sfive 企业文化的品牌符号不够鲜明，略显薄弱，予消费者的印象感上显得苍白乏力，品牌宣传与文化建设结合仍不够紧密，因此，Sfive 应加强其企业文化传播体系的优化与改革，以扩大文化传播的广度与深度。

本章小结

本章对 Sfive 与 Gmoutai 的企业文化建设特点进行研究，并对比分析了以"儒"为核心元素的 Sfive 企业文化内涵与以"道"为核心元素的 Gmoutai 企业文化内涵间的同与异。综合来看，两家企业都注重以人为本、注重以创新文化建设来增强企业凝聚力，但同时也发现了由于地域、历史、酿造工艺、文化发展历程等的差异性，两家企业在文化建设方向与文化内涵表现上也存在差异性。在此基础上，进一步分析了 Sfive 文化建设存在的相关问题，为后文对企业文化建设的对策与建议提供一定的分析基础。

第二十二章 政府支持分析

政府支持能够为白酒企业提供更好的发展环境，帮助企业在困难期渡过难关、在利好期蓬勃发展，因此，政府支持的强度也是企业战略发展当中的重要部分。白酒具有浓厚的地域文化，在白酒企业发展过程中不同程度地享受了地方政府的区域产业政策红利，并通过研发补助、技改补助、税收优惠及税收返还等渠道获得了政府补助，以期对公共资源进行再分配，达到促进本地产业经济发展之效果；之后，白酒企业又通过上缴各项税费、派发现金股利、提供就业岗位等反哺于当地政府支持，形成政商利益互动机制。然而，白酒品牌之间分化越来越严重，行业集中度进一步提升，政府补助作为"扶持之手"是否是影响两家白酒企业差异化发展的因素之一呢？本章节主要通过对比分析 Sfive 公司和 Gmoutai 公司各自获得的政府支持强度以及对地方政府做出的贡献，进而探析两家白酒企业在政府支持与对政府贡献之间的差异和特点。

第一节 Sfive 获得的政府支持

一 Sfive 获得的政府支持分析

（一）产业引导与政策扶持

白酒产业是四川省重点发展的产业。多年来，四川省政府积极引导本省白酒产业的发展，推动白酒产业技术创新、交易平台建设、资本投资流向、产业转型升级等，不仅制定了白酒产业发展规划，也配套出台了多项支持政策，鼓励引导白酒产业的健康持续高质量发展（如表 22-1所示）。

表 22-1　　　　2010—2020 年四川省白酒产业主要政策、规划一览

时间	政策、规划名称	主要内容
2010 年 2 月	《四川省科技创新产业化基地建设规划（2008—2012 年）》	提升白酒生产工艺和技术创新水平规划
2011 年 6 月	《四川省人民政府关于承接产业转移的实施意见》	提出重点承接发展名优白酒等优势特色产业的实施意见
2013 年 6 月	《四川省人民政府关于支持泸州市推进资源型城市可持续发展的意见》	提出壮大泸州优质白酒产业发展的意见
2014 年 9 月	《四川省人民政府关于发展多层次资本市场服务实体经济的若干意见》	提出打造四川联合酒类交易所、四川中国白酒产品交易中心等的若干意见
2015 年 5 月	《关于促进白酒产业转型升级健康发展的指导意见》	提出到 2017 年年末四川白酒产业转型升级的阶段性目标、重点任务等的指导意见
2017 年 9 月	《关于推进白酒产业供给侧结构性改革加快转型升级的指导意见》	提出到 2020 年四川白酒产业发展的阶段性目标、重点任务和重要举措等的指导意见
2017 年 11 月	《中国（四川）自由贸易试验区建设实施方案》	提出要着力发挥川酒优势，探索白酒产销体制创新，打造中国白酒创新创业集聚地的实施方案
2017 年 11 月	《四川创新型省份建设实施方案》	提出推进白酒等传统产业向绿色制造转型升级方案
2018 年 7 月	《四川省推进产业金融体系建设的意见（征求意见）》	提出川南经济区需引导金融资源重点建设世界级白酒产业集群的意见
2018 年 9 月	《四川省人民政府关于大力推动农产品加工园区发展的意见》	提出川南经济区重点发展白酒制造，聚焦四川白酒制造品牌建设等的意见
2019 年 1 月	《优质白酒产业振兴发展培育工作2019 年度工作计划》	提出将品牌提升、提质增效、市场开拓、创新驱动和人才科技等作为 2019 年川酒工作重点
2020 年 5 月	《优质白酒产业 2020 年重点任务》	提出从抓好产业政策引导、推动重大项目建设、支持企业做大做强、提升川酒质量效益、抓好重要活动举办、整顿规范市场行为、推进产业融合发展七个方面对 2020 年白酒产业的重点任务进行了梳理、明确

　　资料来源：四川省人民政府官网。

（二）政府补助与税收优惠

1. 政府补助

政府补助，是指政府向企业无偿发放的货币性、非货币性资产。自 2009 年起，Sfive 开始获得地方政府的补助资金，用于支持 Sfive 的技改和产业发展等，此后年度均有获得补助且金额总体呈现逐年增加的趋势。

总体来看，政府补助占 Sfive 净利润的比例均不高，对 Sfive 净利润的影响均不大。2019 年获得的政府补助金额最高，为 12976.04 万元，占当年净利润的 0.7457%；2016 年获得的政府补助占净利润的比例最高，为 0.9354%，补助金额 6346.12 万元。2014 年以前获得的政府补助占净利润的比例基本上在 0.1%—0.2% 左右。近几年获得的政府补助占净利润较前几年有较大的提升（如图 22-1、图 22-2 所示）。

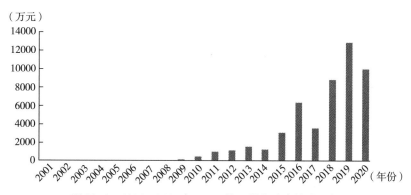

图 22-1 2001—2020 年 Sfive 公司所获政府补助总额

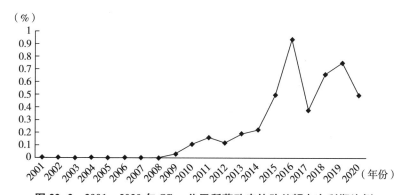

图 22-2 2001—2020 年 Sfive 公司所获政府补助总额占净利润比例

2. 税收优惠

从 2001 年起，地方政府通过税费返还的方式，给予 Sfive 税收优惠。在初期，税费返还的金额及占净利润的比例均很高，2001 年税费返还超过 2 亿元，占当年净利润的 26.68%，税费返还对净利润构成重大影响；2002 年有所下降，但仍占当年净利润的 5.61%，对净利润仍构成较大影响；2003—2008 年，在年报中未有反映收到税费返还的数据；从 2009 年开始，税费返还成为一种常态化的税收优惠，只是返还的金额及占净利润的比例均较 2001 年大幅下降，税费返还对净利润几乎不构成影响（如图 22-3 所示）。

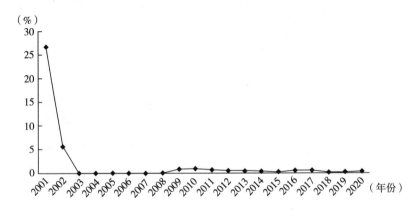

图 22-3　2001—2020 年 Sfive 公司所获税收返还占净利润比例

（三）政府补助明细

按照补助性质的不同，可将 Sfive 公司与 Gmoutai 公司获得的政府补助明细分为三大类：技改类、产业补贴类和其他类。将研究开发、技术更新及改造等获得的补助归为技改类，将从地方政府领取的扶持性补助、从国家领取的特定产业扶持补助归类为产业补贴类，将其他的政府补贴划分为其他类别分析。首先对比分析两家公司获得的这三类明细补助额的差异大小，再分析三类明细情况对两家公司产业净利润的影响程度。

首先根据 Sfive 公司每一年年报中政府补助明细部分收集 Sfive 获得的政府补助明细情况，例如将 6 万吨酱香型白酒陶坛陈酿库技改项目等划分为技改类政府补助；将宜宾临港经济技术开发区产业总部基地入驻企业扶持资金、四川新生代酒品战略暨 Sfive 新生代酒品品鉴会经费补助、招商引资补助、崔滨县财政局环保补助金等划分为产业补贴类政府补助；其他的政府补助则列入其他类。如此划分 Sfive 公司 2018 年的政府补助项目明细情况（如表 22-2 所示）。

表 22-2　　　　2018 年 Sfive 公司获得的政府补助明细情况

政府补助名称	划分类别
9 万吨陶坛陈酿酒库技改工程项目（一期）	技改类
酿酒废水综合治理项目	技改类
质管、质检及检测中心技改项目	技改类
废水综合治理改造工程项目	技改类
510 车间环保锅炉除尘系统改造项目	技改类
6 万吨酱香型白酒陶坛陈酿库技改项目	技改类
宜宾临港经济技术开发区产业总部基地入驻企业扶持资金	产业补贴类
招商引资补助	产业补贴类
环保补助资金	产业补贴类
四川新生代酒品战略暨 Sfive 新生代酒品品鉴会经费补助	产业补贴类
其他零星政府补贴	其他类

资料来源：Sfive 公司 2020 年年度报告。

依据此划分标准，将 Sfive 公司 2009—2020 年所有政府补助明细项目划分完后，再根据每一个项目所获得的政府补助金额，得出 Sfive 公司 2009—2020 年政府补助明细金额表（如表 22-3 所示）。

表 22-3　　　　2009—2020 年 Sfive 公司所获政府补助明细情况

年份	技改类（万元）	产业补贴类（万元）	其他类（万元）
2009	112.45	0	0
2010	328.00	138.22	0
2011	917.87	57.31	0
2012	969.50	90.00	85.82
2013	719.06	628.00	187.69
2014	761.35	231.85	264.17

续表

年份	技改类（万元）	产业补贴类（万元）	其他类（万元）
2015	520. 24	2465. 74	102. 11
2016	706. 50	5458. 46	181. 15
2017	0	1552. 46	2038. 48
2018	2029. 43	6400. 42	454. 15
2019	1381. 30	11319. 08	343. 04
2020	1678. 76	8101. 15	784. 97

资料来源：Sfive 公司 2020 年年度报告。

政府补助明细占总额及比例变化（如图 22-4 所示）。首先，Sfive 公司所获得的政府补助总额呈逐年上升趋势，在 2017 年有所下滑后，在 2018—2020 年回升。2018 年 Sfive 公司的政府补助总额达到近 10 年的最高峰，接近 8884 万元；其次，Sfive 公司获得的技改类政府补助在 2010—2016 年变化幅度并不大，在 2018 年上涨幅度较大，达到 2029 万元；Sfive 公司获得的产业补贴类政府补助也是逐年上涨的，2019 年达到近 10 年来的最大值（约 11319 万元）。

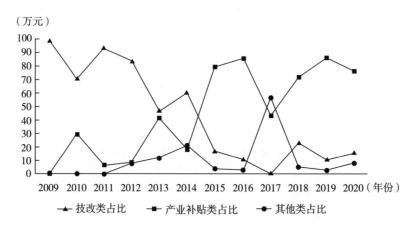

图 22-4　2001—2020 年 Sfive 所获政府补助明细占总额比例情况

二　Sfive 公司对地方政府的贡献分析

Sfive 公司对地方政府的贡献主要体现在派发现金股利、上缴各项税费、提供就业三个方面。

（一）政府分红逐年增加

2001—2020 年，尽管宜宾市国资委持有 Sfive 公司股份的比例从 71.83%下降至 54.84%，但宜宾市国资委从 Sfive 公司所获得的分红却逐年增加。从 2001 年的 5232.53 万元上升至 2020 年的 549197.85 万元，上涨了 103.96 倍；2001—2020 年，宜宾市国资委累计从 Sfive 公司分红 2739037.15 万元（如表 22-4）。

表 22-4　　　　　2001—2020 年 Sfive 公司对地方政府贡献

年份	现金股利（万元）	国资委持股比例（%）	国资委分得现金股利（万元）	占净利润比例（%）
2001	7284.60	71.83	5232.53	6.45
2002	0	71.83	0	0
2003	27114.05	71.83	19476.02	27.71
2004	0	71.83	0	0
2005	27114.05	71.83	19476.02	24.61
2006	16268.43	67.04	10906.35	9.32
2007	0	67.04	0	0
2008	18979.83	56.07	10641.99	5.88
2009	56939.50	56.07	31925.98	9.84
2010	113879.00	56.07	63851.96	14.53
2011	189798.34	56.07	106419.93	17.28
2012	303677.34	56.07	170271.88	17.14
2013	265717.67	56.07	148987.90	18.69
2014	227758.00	56.07	127703.91	21.89
2015	303677.34	56.07	170271.88	27.57
2016	341637.00	56.07	191555.87	28.23
2017	504609.04	56.07	282934.29	29.25
2018	659873.36	54.84	361874.55	27.04
2019	853953.76	54.84	468308.24	26.91
2020	1001454.87	54.84	549197.85	27.52
合计	4919736.18	—	2739037.15	—

资料来源：Sfive 公司 2001—2020 年年度报告。

（二）地方税收稳步增长

根据现行有关税收政策，消费税 100% 属于中央税；营改增之前，即 2001—2016 年，增值税中央归属 75%、地方归属 25%，2016 年之后，增值税中央与地方各 50%；企业所得税中央归属 60%、地方归属 40%；其他的各项税金及附加 100% 属于地方税。

2001—2020 年，Sfive 公司上缴各项税费持续增长，上缴税费归属地方的部分从 2001 年的 24088.47 万元增长至 2020 年的 568189.93 万元，上涨 22.6 倍。受中央出台"八项规定"的影响，Sfive 公司上缴税费在 2012 年及其后的 2013—2015 年出现小幅下滑，但在 2016 年开始恢复，其后呈现较大幅度的增长。2001—2020 年，Sfive 公司累计为地方上缴各项税费 4020487.12 万元（如表 22-5）。

表 22-5　　　　　　2001—2020 年 Sfive 公司对地方政府税收贡献

年份	归属于地方政府的各项税费（万元）	占净利润的比例（%）
2001	24088.47	29.69
2002	35713.72	58.24
2003	40637.61	57.81
2004	42787.50	51.68
2005	45571.09	57.59
2006	57420.25	49.07
2007	62241.12	42.37
2008	58831.06	32.49
2009	101645.01	31.33
2010	144476.24	32.87
2011	192748.59	31.30
2012	294890.86	29.68
2013	256872.80	32.22
2014	192027.32	32.91
2015	195770.74	31.70
2016	228595.72	33.69
2017	405946.67	41.96
2018	561746.42	41.97

续表

年份	归属于地方政府的各项税费（万元）	占净利润的比例（%）
2019	510286.00	29.32
2020	568189.93	28.47
合计	4020487.12	—

资料来源：以上数据除增值税外，均来源于 Sfive 公司年度报告；增值税采用的计算方式：增值税=城市维护建设税÷7%-消费税-营业税-关税。

（三）稳定提供大量就业岗位

2001—2020 年，Sfive 公司在职工人数从 14580 人增长为 25882 人；从 2010 年开始，Sfive 公司在职工人数始终保持在 25000 人以上，为地方提供了大量的就业机会；同时，公司还为部分离退休职工承担了相关费用，切实履行了相应的社会责任。另外，Sfive 公司支付给职工的现金也逐年稳定增长，对提高员工物质文化生活水平、促进地方经济繁荣产生了积极影响（如图 22-5、表 22-6 所示）。

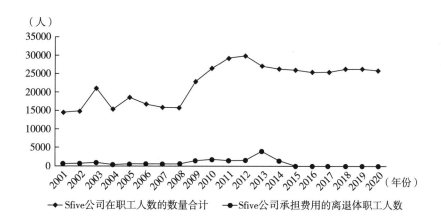

图 22-5　2001—2020 年 Sfive 公司对地方政府就业的贡献

表 22-6　　　　2001—2020 年 Sfive 公司支付职工的现金

年份	支付给职工以及为职工支付的现金（万元）	占净利润比例（%）
2001	21745.65	26.80
2002	20436.83	33.33

续表

年份	支付给职工以及为职工支付的现金（万元）	占净利润比例（%）
2003	31307.71	44.54
2004	32619.83	39.40
2005	39433.55	49.83
2006	45479.97	38.87
2007	69219.23	47.12
2008	89504.95	49.43
2009	112735.30	34.74
2010	172827.55	39.32
2011	220976.40	35.89
2012	253997.84	25.57
2013	274865.85	34.48
2014	284989.69	48.84
2015	287497.88	46.55
2016	319874.70	47.15
2017	349459.85	36.12
2018	482401.04	36.04
2019	563364.52	32.37
2020	574085.61	28.77
合计	4246823.95	—

资料来源：Sfive 公司 2001—2020 年年度报告。

可知，四川省政府对白酒产业的积极引导和各项支持政策，宜宾市政府的政府补助和税收优惠，促进了 Sfive 公司不断发展壮大。Sfive 公司在发展壮大的进程中，通过现金分红、上缴税费、提供就业等反哺地方政府。企业越是良性发展，现金分红、上缴税费、提供就业就越多，对地方政府的贡献就越大；反之，对地方政府的贡献就会减少。企业的健康持续发展与地方经济社会的发展息息相关、相辅相成。

第二节　Gmoutai 获得的政府支持

一　Gmoutai 获得的政府支持分析

（一）产业引导与政策扶持

白酒产业作为贵州省的支柱产业和特色产业，其行业发展一直受到省委、省政府的高度重视。近年来，贵州省出台多个专项产业扶持政策，力求做大做强白酒产业的集群规模，助力贵州省白酒走向高质量发展的新台阶（如表 22-7 所示）。

表 22-7　　　　2010—2020 年贵州省白酒产业主要政策/规划一览

年份	政策/规划名称	主要内容
2010	《贵州省工业十大产业振兴计划》	提出要加大白酒工业投入，扩大优质白酒比例，提升贵州白酒的整体竞争力
2011	《关于发展白酒产业有关税收政策的意见》	灵活利用税收政策，促进贵州白酒产业做大做强
2012	《关于加强品牌建设的指导意见》	提出要大力打造 Gmoutai、习酒、国台酒、青酒、百年糊涂酒等"贵州白酒"品牌
2015	《贵州习水经济开发区总体规划（2013—2030 年）》	将习水经济开发区定位为贵州省重要的白酒生产加工基地、特色酒文化体验区等
2016	《贵州省推动白酒行业供给侧结构性改革促进产业转型升级的实施意见》	明确贵州白酒产业转型升级总体要求、主要任务、保障举措等
2017	《关于积极稳妥降低企业杠杆率的实施意见》	提出聚焦白酒行业兼并重组，以形成一批优质、领军企业
2018	《贵州省十大千亿级工业产业振兴行动方案》	提出要振兴优质烟酒产业，并明确到 2020 年、2022 年白酒产业发展目标
2018	《贵州省实施"万企融合"大行动，打好"数字经济"攻坚战方案》	提出要推进白酒产业个性化定制、服务化转型升级、电商化发展等
2019	贵州《政府工作报告》	提出要大力推进白酒产业转型升级发展，巩固提升贵州白酒产业的优势地位
2020	《贵州省国民经济和社会发展第十四个五年规划和二〇三五年远景目标纲要》	提出贵州坚持把发展经济着力点放在实体经济上，聚焦加快工业化进程，大力实施产业发展提升行动

资料来源：贵州省人民政府官网。

（二）政府补助与税收优惠

1. 政府补助

自 2009 年起，Gmoutai 公司开始获得地方政府的补助资金，此后年度均有获得但绝大部分年度获得的补助金额很小。政府补助占 Gmoutai 公司净利润的比例均不高，对 Gmoutai 公司的净利润几乎没有影响。2013年获得的政府补助金额最高，为 2839 万元，占当年净利润的 0.19%，达到历史峰值；从平均值上看，公司在其余年度获得的政府补助占净利润的比例平均在 0.02% 左右（如表 22-8 所示）。

表 22-8　　　　2001—2020 年 Gmoutai 公司所获政府补助
总额以及占净利润比例

年份	政府补助总额（万元）	净利润（万元）	补助总额占净利润比例（%）
2001	0	32829.07	0
2002	0	37618.35	0
2003	0	58674.78	0
2004	0	82055.40	0
2005	0	111854.13	0
2006	0	150411.68	0
2007	0	283083.16	0
2008	0	379948.06	0
2009	225.00	431244.61	0.05
2010	157.97	505119.42	0.03
2011	73.46	876314.59	0.01
2012	244.96	1330807.96	0.02
2013	2839.00	1513663.98	0.19
2014	90.90	1534980.43	0.01
2015	106.38	1550309.03	0.01
2016	3.62	1671836.27	0
2017	50.00	2707936.03	0
2018	963.41	3520362.53	0.03
2019	88.40	4397000.08	0
2020	733.10	4952332.99	0.01

续表

年份	政府补助总额（万元）	净利润（万元）	补助总额占净利润比例（%）
合计	5576.18	26128382.55	0.0213

资料来源：Gmoutai 公司 2001—2020 年年度报告。

2. 税收优惠

2001—2020 年，Gmoutai 公司只有 6 个年度收到税费返还，累计收到税收返还 26447.90 万元；2004 年收到的税费返还金额最大，为 12326.21 万元；此外，在 2003 年、2005 年也分别收到 8141.74 万元、5055.71 万元的税费返还，分别占当年净利润的 13.88%、4.52%。2005 年之后，仅在 2010 年收到 18.10 万元的税收返还，税收优惠对 Gmoutai 公司的净利润不构成影响（如表 22-9 所示）。

表 22-9　　2001—2020 年 Gmoutai 收到的税收返还及占净利润比例

年份	税收返还（万元）	净利润（万元）	税收返还占净利润比例（%）
2001	184.61	32829.07	0.56
2002	721.53	37618.35	1.92
2003	8141.74	58674.78	13.88
2004	12326.21	82055.40	15.02
2005	5055.71	111854.13	4.52
2006	0	150411.68	0
2007	0	283083.16	0
2008	0	379948.06	0
2009	0	431244.61	0
2010	18.10	505119.42	0
2011	0	876314.59	0
2012	0	1330807.96	0
2013	0	1513663.98	0
2014	0	1534980.43	0
2015	0	1550309.03	0
2016	0	1671836.27	0
2017	0	2707936.03	0

续表

年份	税收返还（万元）	净利润（万元）	税收返还占净利润比例（%）
2018	0	3520362.53	0
2019	0	4397000.08	0
2020	0	4952332.99	0
合计	26447.90	26128382.55	—

资料来源：Gmoutai 公司 2001—2020 年年度报告。

（三）政府补助明细

为了进一步达到对比目的，本书将 Gmoutai 公司所获得的政府补助明细情况按照与 Sfive 公司相同的标准依次划分为：技改类政府补助、产业补贴类政府补助、其他政府补助。根据 Gmoutai 每一年报中政府补助明细情况部分，收集出 Gmoutai 公司每年所获得的政府补助明细项目及各自金额。所收集出的 Gmoutai 所获得的政府补助明细项目及划分类别情况（如表 22-10 所示）。

表 22-10　2011—2020 年 Gmoutai 公司获得的政府补助明细情况

年份	政府补助名称	划分类别
2011	贵州省进出口先进技术和产品贴息收入	产业补贴类
2012	贵州市财政局企业发展项目基金补贴款	产业补贴类
2013	酒类流通电子追溯体系项目奖励款	技改类
2016	贵州省商务厅加拿大国籍酒展补助	产业补贴类
2016	贵阳市商务局批零住餐企业奖励金	产业补贴类
2016	贵阳市商务局外贸企业开拓市场专项奖励扶持资金	产业补贴类
2016	贵州省财政厅外经贸区域协调发展促进资金	产业补贴类
2016	贵州省商务厅进出口增量贴款	产业补贴类
2017	贵州省工业和信息化发展专项资金	技改类
2018	贵州省商务厅进出口增量贴款	产业补贴类
2018	贵阳国家高新技术产业支持	技改类
2020	贵阳市观山湖区招商引业服务中心房租补助	产业补贴类
2020	贵阳市观山湖区商务局奖励	产业补贴类
2020	贵阳市就业与职业技能开发中心培训补贴	产业补贴类

资料来源：Gmoutai 公司 2011—2020 年年度报告。

据此划分标准，将 Gmoutai 公司 2009—2020 年所有政府补助明细项目类别划分完成后，再根据年报每一项目下 Gmoutai 公司所获得的金额得出 2009—2020 年的政府补助明细情况（如表 22-11 所示）。

表 22-11　2009—2020 年 Gmoutai 公司所获政府补助明细情况

年份	技改类（万元）	产业补贴类（万元）	其他类（万元）	政府补助总额（万元）
2009	225.00	0	0	225.00
2010	50.00	107.97	0	157.97
2011	0	73.45	0	73.45
2012	0	244.96	0	244.96
2013	2700.00	139.00	0	2839.00
2014	0	90.90	0	90.90
2015	0	106.38	0	106.38
2016	0	3.61	0	3.61
2017	50.00	0	0	50.00
2018	917.14	46.27	0	963.41
2019	0	88.40	0	88.40
2020	0	733.10	0	733.10

资料来源：Gmoutai 公司 2009—2020 年年度报告。

Gmoutai 公司各类政府补助相对 Sfive 公司都较少，技改类以及产业补贴类政府补助也没有逐渐上涨或者逐渐下降趋势的特定规律，特别是 Gmoutai 公司 2009—2020 年都没有获得其他零星的政府补助。所以，总的来说，Gmoutai 公司所获得的政府补助金额并没有 Sfive 公司所获得的金额多，但创造的净利润却高于 Sfive 公司，这也表明两家公司创造净利润的能力并不因为获得的政府补助多而产生的净利润就一定多，而是与公司自身的专利技术、品牌价值、产品创新等有关。此外，Gmoutai 公司获得政府补助明细占总额比例情况如图 22-6 所示。

二　Gmoutai 公司对地方政府的贡献分析

如文所述，Gmoutai 公司对地方政府的贡献也主要体现在派发现金股利、上缴各项税费、提供就业三个方面。

（一）政府分红逐年增加

2001—2020 年，贵州省国资委从 Gmoutai 公司获得的现金股利逐年增加，从 2001 年的 970.20 万元增长到 2020 年的 130.87 亿元；2015 年之后，分红额度大幅增加；2001—2020 年，累计获得现金股利 719.85 亿元（如表 22-12）。

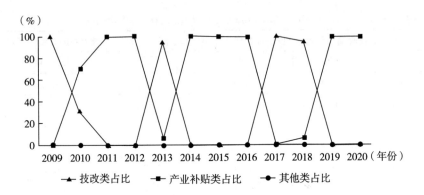

图 22-6　2009—2020 年 Gmoutai 公司所获政府补助明细占总额比例情况

表 22-12　　　　　2001—2020 年 Gmoutai 公司对地方政府贡献

年份	现金股利（万元）	国资委持股比例（%）	国资委分得现金股利（万元）	占净利润比例（%）
2001	1500.00	64.68	970.20	2.96
2002	5500.00	64.68	3557.40	9.46
2003	9075.00	64.68	5869.71	10.00
2004	19662.50	64.68	12717.71	15.50
2005	14157.00	64.68	9156.75	8.19
2006	66066.00	61.78	40815.57	27.14
2007	78901.68	61.78	48745.46	17.22
2008	109103.28	61.71	67327.63	17.72
2009	111840.30	61.71	69016.65	16.00
2010	113879.00	61.76	134064.90	26.54
2011	414960.55	61.76	256279.63	29.25
2012	666407.74	61.81	411906.63	30.95
2013	454099.93	61.99	281496.55	18.60
2014	499509.93	61.99	309646.20	20.17
2015	775199.66	61.99	480546.27	31.00

续表

年份	现金股利 （万元）	国资委持股 比例（%）	国资委分得现金 股利（万元）	占净利润 比例（%）
2016	852581.45	61.99	528515.24	31.61
2017	1381691.96	61.99	856510.85	31.63
2018	1826385.98	61.99	1132176.67	32.16
2019	2138676.75	58.00	1240432.52	30.10
2020	2423582.42	54.00	1308734.51	28.03
合计	11962781.13	—	7198487.04	—

资料来源：Gmoutai 公司 2001—2020 年年度报告。

（二）地方税收稳步增长

2001—2020 年，Gmoutai 公司上缴的各项税费持续稳定增长，上缴税费归属地方的部分 2001—2020 年，上涨了 75.10 倍。即使在中央出台"八项规定"的 2012 年，归属地方政府的各项税费仍然没有出现下滑，在 2016 年以后，更出现较大幅度的快速增长。2001—2020 年，Gmoutai 公司累计为地方上缴各项税费 8566516.48 万元（如表 22-13）。

表 22-13　　2001—2020 年 Gmoutai 公司对地方政府税收贡献

年份	归属于地方政府的各项税费（万元）	占净利润比例（%）
2001	20185.05	61.49
2002	21152.12	56.23
2003	31368.65	53.46
2004	44756.03	54.54
2005	56458.43	50.48
2006	67276.26	44.73
2007	106605.91	37.66
2008	105745.53	27.83
2009	122957.23	28.51
2010	148922.79	29.48
2011	249637.18	28.49
2012	375813.95	28.24
2013	423060.21	27.95

续表

年份	归属于地方政府的各项税费（万元）	占净利润比例（%）
2014	431042.44	28.08
2015	435823.11	28.11
2016	532428.99	31.85
2017	1020255.29	37.68
2018	1386698.80	39.39
2019	1450149.52	35.19
2020	1536178.99	32.90
合计	8566516.48	—

资料来源：1. 以上数据除增值税外均来源于 Gmoutai 公司 2001—2020 年年度报告；2. 增值税采用的计算方式：增值税＝城市维护建设费÷7%-消费税-营业税-关税。

（三）提供就业岗位逐步增加

2001—2020 年，Gmoutai 公司在职工从 3526 人增长为 27005 人，增长为原来的 7.66 倍，为地方提供的就业机会逐步增多；承担费用的离退休职工也从 2001 年的 396 人增加到 2020 年的 1752 人，切实履行了企业的社会责任；支付给职工的现金稳步增长，对提高员工物质文化生活水平、促进地方经济繁荣产生了积极影响（如图 22-7、表 22-14 所示）。

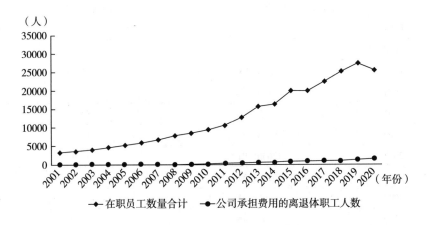

图 22-7 2001—2020 年 Gmoutai 公司对地方政府就业的贡献

贵州省政府出台的白酒产业政策及各项措施，对 Gmoutai 公司的发展起到了积极作用。Gmoutai 公司在近 20 年的发展进程中，现金分红和上缴税费超过千亿元，并且提供了大量就业岗位，对促进地方经济社会的发展做出了贡献。

表 22-14　　　　　2001—2020 年 Gmoutai 公司支付职工的现金

年份	支付给职工以及为职工支付的现金（万元）	占净利润比例（%）
2001	9331.48	28.42
2002	10668.45	28.36
2003	20578.28	35.07
2004	15983.87	19.48
2005	25079.79	22.42
2006	40385.95	26.85
2007	62333.39	22.02
2008	80938.68	21.30
2009	122930.50	28.51
2010	149281.34	29.55
2011	192557.20	21.97
2012	295391.91	22.20
2013	313560.81	20.72
2014	339360.98	22.11
2015	453687.73	29.26
2016	467415.42	27.96
2017	548960.61	20.27
2018	665313.77	18.90
2019	766986.31	18.61
2020	816181.32	17.48
合计	5396927.79	—

资料来源：Gmoutai 公司 2001—2020 年年度报告。

第三节 Sfive 公司和 Gmoutai 公司获得
政府支持的对比分析

一 Sfive 公司和 Gmoutai 公司获得政府支持的对比分析

（一）对企业支持对比

1. 政府补助对比

Sfive 公司在 2001—2020 年的 20 年间，共计获得 5.04 亿元的政府补助，Gmoutai 公司同期获得 0.49 亿元的政府补助，从获得政府补助的金额上看，二者的政府补助金额相差悬殊。Sfive 公司所在的地方政府对白酒企业的支持力度远大于 Gmoutai 公司所在的地方政府对白酒企业的支持力度（如图 22-8、22-12 所示）。

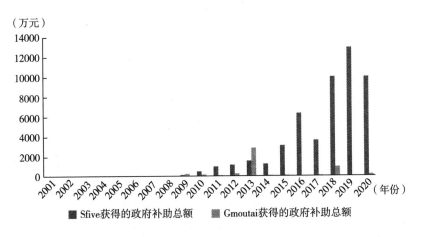

图 22-8 2001—2020 年 Sfive 公司和 Gmoutai 公司所获政府补助额对比

政府补助，作为扶持企业技术创新的政策引导，对壮大企业研发实力有着助推效应。目前政府补助的困局在于，虽然补助能解决企业科研费用的资金问题，但如何规范资金用途、量化成果转化，将补助资金的配置效率最大化，是发挥政府补助正向促进作用的关键所在。因此，建议 Sfive 公司加快建立针对政府补助资金的专项管理制度，合理配置政府扶持资金用于技术研发，实现高效的成果转化。

2. 税收返还对比

2001—2020 年，Sfive 公司累计收到税收返还 65600.46 万元，Gmoutai 公司累计收到税收返还 26447.90 万元。Sfive 公司收到的税收返还是 Gmoutai 公司收到的税收返还的 2.58 倍。在通过税收返还对企业提供支持方面，Sfive 公司所在地区的政府支持力度大于 Gmoutai 公司所在地区的政府支持力度（如图 22-9 所示）。

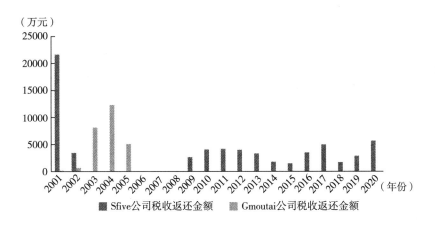

图 22-9　2001—2020 年 Sfive 公司和 Gmoutai 公司所获税收返还对比

3. 政府补助及税收返还占净利润的比例对比

2001—2020 年，Sfive 公司累计收到的政府补助和税收返还为 116609.19 万元，占 Sfive 公司累计实现净利润 11911245.94 万元的 0.98%；Gmoutai 公司累计收到的政府补助和税收返还为 32024.08 万元，占 Gmoutai 公司累计实现净利润 25569425.12 万元的 0.12%。Sfive 公司和 Gmoutai 公司收到的政府补助及税收返还，Sfive 公司是 Gmoutai 公司的 3.64 倍。在政府补助及税收返还对净利润的影响方面，Sfive 公司大于 Gmoutai 公司。但总体而言，二者收到的政府补助和税收返还占净利润的比例均不高、经营业绩对政府补助和税收优惠均不构成依赖，其盈利能力更多来自企业各自的核心竞争优势，如品牌、品质、营销、科研创新和技术攻关等（如图 22-10 所示）。

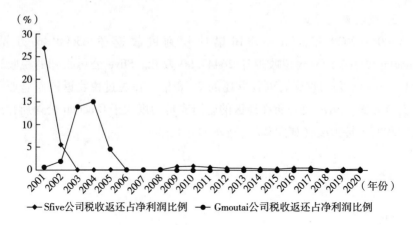

图 22-10　2001—2020 年 Sfive 公司和 Gmoutai 公司政府
补助及税收返还占利润的对比

二　Sfive 公司和 Gmoutai 公司对地方政府贡献的对比分析

（一）现金分红对比

2001—2020 年，宜宾市国资委累计从 Sfive 公司获得现金股利
2739037.15 万元，贵州省国资委累计从 Gmoutai 公司获得现金股利
7198487.04 万元，贵州省国资委获得的现金股利是宜宾市国资委获得的
现金股利的 2.63 倍。在分红方面，Gmoutai 公司对地方政府的贡献大于
Sfive 公司对地方政府的贡献（如图 22-11 所示）。

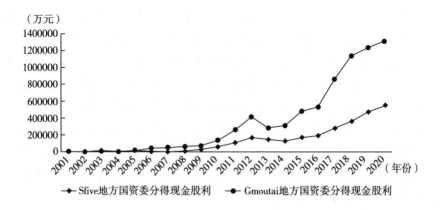

图 22-11　2001—2020 年地方国资委分得 Sfive 公司和 Gmoutai 公司的现金股利

（二）地方税收对比

2001—2020 年，Sfive 公司上缴的归属于地方政府的税收累计为 4020487.13 万元，Gmoutai 公司上缴的归属于地方政府的税收累计为 8566516.48 万元，Gmoutai 公司上缴的归属地方政府的税收是 Sfive 公司的 2.1 倍。由此可见，在地方税收方面，Gmoutai 公司的贡献大于 Sfive 公司（如图 22-12 所示）。

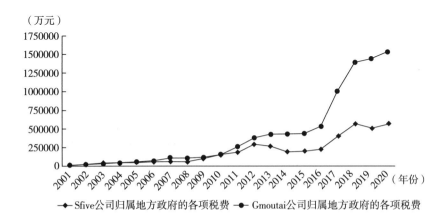

图 22-12　2001—2020 年 Sfive 公司和 Gmoutai 公司归属于地方政府的各项税费对比

（三）就业贡献对比

1. 在职员工人数

2001—2020 年，Sfive 公司历年的在职员工人数总体高于 Gmoutai 公司，亦即 Sfive 公司为地方提供的就业岗位总体上要多于 Gmoutai 公司；另外，Gmoutai 公司历年的在职员工人数逐步增长，而 Sfive 公司历年的在职员工人数呈现一定波动，甚至在 2012 年之后有下降的趋势，以至于在 2018 年被 Gmoutai 公司超越（如图 22-13 所示）。

2. 支付给职工的现金

2001—2020 年，Sfive 公司和 Gmoutai 公司支付给职工的现金均持续增长；2012 年，Gmoutai 公司支付给职工的现金超过 Sfive 公司，增长幅度在此后一度继续领先于 Sfive 公司；2001—2020 年，Gmoutai 公司累计向职工支付现金 5396927.79 万元，Sfive 公司累计向职工支付现金 4246823.95 万元，Gmoutai 公司向职工支付的现金高于 Sfive 公司。详细趋势如图 22-14 所示。

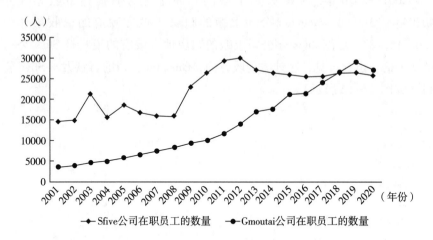

（人）

图 22-13　2001—2020 年 Sfive 公司和 Gmoutai 公司在职工人数对比

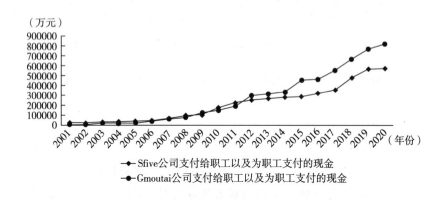

（万元）

图 22-14　2001—2020 年 Sfive 公司和 Gmoutai 公司支付和为职工支付的现金对比

综上所述，在政府补助和税收返还方面，Sfive 公司均远高于 Gmoutai 公司，由此表明，Sfive 公司所在地区政府对企业的支持力度要大于 Gmoutai 公司所在地区政府的支持力度，进一步说明四川省政府对白酒产业的支持力度更大；而在现金分红、地方税收以及在职员工人数、支付给职工的现金方面，Gmoutai 公司均高于 Sfive 公司，即 Gmoutai 公司对地方的贡献高于 Sfive 公司。

综合来看，四川、贵州白酒产业发展均处于全国领先地位，两省的优质白酒企业在白酒行业形成"一超多巨"的竞争格局。其中，贵州Gmoutai 公司坐拥万亿元市值的企业规模，在营业收入、净利润等指标上远超其他省份的白酒企业。但在白酒产量、销量方面，四川遥遥领先于其他省份，白酒产业区域聚集效应明显，中国白酒产业还有不断向四川聚集的显著特征。

本章小结

　　白酒企业对当地政府及社会的贡献功不可没，相应地在企业发展过程中会享受地方政府不同程度的区域产业政策红利及各类补助，但本章通过研究对比发现，Sfive 公司和 Gmoutai 公司享受的政府补助和税收优惠占净利润的比重微乎其微，并不是影响企业战略、构成两家白酒企业差异化发展的因素之一。企业各自的品牌、产品品质、营销战略、科研创新和技术攻关等核心竞争优势才是关键动因。Sfive 公司和 Gmoutai 公司对地方政府的现金分红、上缴的地税、提供的就业岗位均逐步增加，两企业均在良性发展。Sfive 公司所获得的地方政府支持力度远大于 Gmoutai 公司所获得的地方政府支持力度，体现了地方政府的支持力度。

第二十三章　Sfive 和 Gmoutai 战略管理的对策建议

优质的企业战略将促企业发展于博远，劣质的企业战略则损坏企业利益于深邃（王威、王永才，2012）。因此，制定适宜行业环境又能促进企业快速成长的战略是至关重要的。但企业战略的制定及实施应当符合所处的行业背景、社会现状、企业环境等。本章节根据 Sfive 与 Gmoutai 战略对比分析结果，对 Sfive 未来企业战略管理级发展提出以下对策及建议。

第一节　切实提升管理效率

为实现 Sfive 公司的企业战略目标，建立健全契合公司经营特点、顺应市场发展需求的管理机制，Sfive 公司应当尽快转变管理思路，推动集团经营化模式向管理化模式转型发展，从而切实提升管理效率。从长期看，Sfive 公司力争建设成为国内外一流白酒企业，先进的管理经验、高效协作的管理团队是推动公司创新发展的重要力量，而作风建设、治理机制、组织架构、人才培养将是提升管理效率的焦点，具体建议如下：

一是加强作风建设。听取职工意见，对"不作为、不担当"者执行严厉的问责追责制度。开展工作岗位评价，准确核定员工工作量，精减人员，不养"闲人、懒人"，改变企业习气；营造追求创新、协同奋进的企业文化，整合各种资源，简化部门间烦琐的办事流程，建立有效的沟通协同机制，增加部门之间的合力。清理各部门各类管理制度，减少制度冗余，精简制度规范，建立制度执行的监督、考核和追究机制。

二是不断完善企业治理机制。落实企业市场主体地位，推动董事会或股东大会在重大决策中的议事职权落实到位。Sfive 在当前新产业政策下将面临更加激烈的市场竞争压力，在对外投资、兼并重组等方面存在企业经营发展问题，应完善现代股份治理机制，减少行政过度干预，避免决策失误，提高战略决策效率。

三是加快推进组织架构再造。公司应改革等级式组织结构，提高管理人员素质，减少管理层级，逐步建立扁平化组织结构，加快以业务流程为节点的组织架构再造；加强客户的需求管理，在收集、分析、分发、实现、验证等五个阶段，密切关注客户需求，实现过程监控；打破部门之间的沟通壁垒，简化内部办事流程，减少沟通成本，营造团结互助、沟通顺畅、相互信任的工作氛围，充分激发员工的工作积极性和创造性。

四是加大人才培养及引进力度。公司应基于全球化视野建立人才培养与引进机制，以响应总体战略目标。创建实行人才引进、培养、储备、使用计划的联动机制；提高在职员工学历，优化员工知识能力结构；引进与培养具有国际化与数字化的专业性人才或管理人才，以适应全球化、数字化、网络化的需求，为组织变革和经营模式调整等做好人才储备。

第二节　科学制定战略布局

在多元化发展战略上，Sfive 公司的价值创造效率不高，应努力寻找适宜自身发展的方向，而市场的拓展、企业规模的扩大需要多元化发展行业的支持。基于此，建议 Sfive 公司制定战略时注意以下几点：

一是提前做好市场调研分析。战略调整应先由专业团队或机构完成对行业的发展现状、发展周期及未来状况的调研，在综合分析判断基础上提出战略目标。在重大的决策前应由行业专家充分论证决策的可执行性及董事会的支持，除了听取大股东的建议，还应考虑保护中小股东的权益，不能仅凭"领导者"决定。

二是制定风险控制模型。步入新的行业初期，难免会遇到在原来行业未曾经历的风险与困境。因此，在决策制定的同时，对步入的多元行业可能出现的困境及风险提出一套应对方案。方案的制定应结合企业本身的特点及行业的态势；市场的进入应选择正确的切入点和时机，以有效地降低风险，还应考虑到尽量避免风险高、短期利润高的行业，不可盲目扩张，可在初期进入风险较低但与主业相关性强的行业，在基础打造扎实时再增加投资，扩大原有的市场。

三是加强内部协调及整合、提高管理层的管理水平。企业即使兼并收购某企业、进入了某多元化行业，也仅是开始，在企业内部能否获得协同效应是成功的关键：不同企业的内部结构、资源、企业文化等皆有所不同，整合是否成功是一个极大的挑战。因此，管理层的领导作用十分重要，应当提升管理层人员的管理能力，并制定适当的激励机制来激励全体员工，重视企业战略规划，较好地掌握步入行业的市场规律，塑造相同的企业价值观、企业文化，对市场竞争力不佳的"瘦狗业务"或阻碍其他品牌发展的业务进行适当的剥离或者收缩，将优势资源尽量配给优质业务及具有培养潜力的业务，以实现整体价值最大化效应。

第三节　持续推进员工持股计划

酒业是 Sfive 集团最重要的主业板块，因此，提升白酒公司的成长动力成为实现集团公司高质量持续发展的关键一环。员工持股计划的实施，能提高 Sfive 公司的整体凝聚力与士气，也有助于引入人才。将员工持股计划作为搭建协调企业与员工利益的桥梁，借助员工持股计划，推进企业管理机制调整，提高管理效率，促进员工目标与企业目标一致，提高企业应对风险能力与企业整体效率。

2015 年 10 月，Sfive 公司第一次正式推出员工持股计划，但到 2018年才落实发行计划，收购股份最多的国泰君安资产管理计划认购 2370 万股，占发行后总股本的 0.61%。员工持股计划能提高员工的工作热情与凝聚力，打造企业、经销商和员工的"命运共同体"。从计划中可观察出，虽然员工及管理层持股数相较于企业规模及股本数微乎其微，但此次计划给企业传递了一个好的开始，建议 Sfive 公司持续推进员工持股计划，将员工、经销商和企业的"命运共同体"使命感持续增强。

第四节　稳步统筹推进市值管理

企业上市有助于提升企业自身的知名度和品牌形象，Sfive 公司作为白酒行业中为数不多的上市公司，品牌知名度、品牌美誉度较高。同时，Sfive 公司身处蓬勃发展的白酒行业，其行业本身就是资本市场追捧的"优质赛道"，Sfive 公司同时还拥有优质的个股基本面，在营收规模、利润增长、品牌效应、资本结构、产权性质等方面和 Gmoutai 有相似之处，都属于优质的投资标的。因此 Sfive 公司应当主动作为，将市值管理纳入企业管理者绩效考核的重要一环，在合规合法的前提下，稳步提升企业价值创造水平，提升企业品牌形象。

值得注意的是，市值管理是一种采取科学、合规、合法的战略管理行为，不合乎规范的市值管理行为只能损害公司价值。因此，Sfive 公司应强化市值管理，整合品质管理、品牌管理、市场监督、账务审计等部门，统筹推进市值管理工作；构建定期市值报告机制，特别是偶发事件市值评估制度，以提高危机处理能力。

此外，在白酒行业 Sfive 公司和 Gmoutai 公司已经拉开了差距，Sfive 公司要实现"弯道超车"超越 Gmoutai 公司，实现超车的途径是提高 Sfive 公司多元化建设和发展，加大相关多元化的投入，并选择适合的产业进行非相关多元化的发展。

本章小结

战略管理综合体现了企业管理者的决策水平和执行能力，适宜行业环境又能促进企业快速成长的战略对于企业至关重要。本章结合前文的对比分析，针对 Sfive 公司相较于 Gmoutai 公司在战略管理的一些问题提出以下建议：一是切实提升管理效率，推动公司经营化模式向管理化模式转型发展；二是科学制定战略布局，结合市场形势和企业特点统筹长远规划；三是持续推动员工持股计划，提升企业活力与效率；四是稳步统筹推进市值管理，做成一流白酒名企。

第二十四章　产品定位的对策建议

在前文关于 Sfive 公司产品定位战略的分析中，发现 Sfive 公司存在主品牌文化不明确、产品体系缺乏层次、产品定位调整频繁等问题，本章立足于品牌定位的视角，针对上述问题提出对策建议。

第一节　加速产品清理的减法

近年来，白酒企业掀起大单品热潮，Gmoutai、Sfive、LZLJ 等一众白酒企业，都主动清理公司旗下问题产品，只保留大单品，力求体现高端酒和中低端酒的区分度。对于 Sfive 公司而言，在激烈的市场竞争和需求侧供给的倒逼下，需要加速推进产品清理的减法，首先坚持聚焦厚重、特色的品牌文化，并且不断梳理 Sfive 公司旗下"五粮系"嫡系产品，壮大浓香型白酒的市场竞争实力。

首先，Sfive 公司应着力打造特色鲜明的品牌文化，将其作为产品体系建设的指导精神。朗朗上口的广告语言简意赅，利于广泛传播，同时强化了产品特质。可以说，Gmoutai 一路提价顺利，除了产能不足造成的饥饿营销等众多因素交叉作用，还和其 Gmoutai 打造的主品牌文化密不可分。酒业竞争中不乏 Gmoutai 一类的例子，白酒行业重新洗牌，各家酒企都全力打造自己特色鲜明的"品牌名片"。作为浓香型白酒毋庸置疑的领军者——Sfive，可以着重打造自己作为浓香型白酒集大成者的品牌名片，彰显 Sfive 在浓香酒的高端地位，匠心匠意做浓香酒之名门精品且系出精品。Sfive 公司可以围绕"大国浓香，中国酒王"的主品牌文化开展宣传工作，把自身白酒文化的"噱头"做足，对旗下子产品带来更强的销售驱动力，壮大浓香型白酒的市场实力。

其次，Sfive 公司在练好品牌文化"内功"的前提下，深入开展问题产品的清理工作。2019 年，Sfive 公司完成产品梳理后仍旧还有 67 个品牌在销售，其中自营品牌有 9 个，总经销品牌多达 58 个。总经销品牌方面，Sfive 公司仍需对 58 个总经销品牌进行大幅削减，一方面是为自营品牌的长远发展让出跑道，另一方面是借机完善企业内部制度治理体系。结合白酒行业历史上的腐败案来看，不得不承认，经销权、代理权、商标使用权等交易乱象，会间接导致总经销、定制、贴牌等品牌的审核"门槛"较低，其背后则暴露了酒企的"委托代理问题"。Sfive 需要下定决心，借助公司改革契机，以产品梳理为切入点，将低附加值总经销品牌进行清理。对比 Gmoutai 集团在 2019 发布的《Gmoutai 集团关于全面停止定制、贴牌和未经审批产品业务的通知》，其中规定旗下所有公司不得再生产贴牌、定制酒和未经审批的酒，直接将这些产品扫地出门，可见 Gmoutai 公司对问题产品的清理力度同 Sfive 公司一样坚决。目前，Sfive 公司应当继续加强总经销品牌的管理，倘若受制于多方利益问题或者销量考核压力而无法立即撤销，也应该完善总经销品牌的品牌建设，强化对现存总经销品牌的管控，杜绝擦边 Sfive 的现象，加大对主品牌形象的保护力度。

在自营品牌方面，9 个自营品牌中仅 Wuliangol、Jianzhuang、Wuliangtequ 三个品牌出台了成型的品牌规划，剩下的 6 个自营品牌还在等待规划（截至 2019 年年末）。Sfive 系列酒公司应该主动开展市场调研，充分调取消费者、经销商和营销一线人员的宝贵意见，加速自营品牌体系的规划。另外，Sfive 不仅需要清理擦边 Sfive 旗下"Wuliang 系"嫡系产品的低值酒，还应该审视现存产品间的区分度和辨识度，如：Wuliangtequ 定位为中低端，分为 Wuliangtequ、Wuliangtequ（精品）、Wuliangtequ（珍品），其中 Wuliangtequ（珍品）又定位次高端，因而对于品牌定位不能一概而论。

"做好减法"并非简单地删减产品线，首先应该根据特色鲜明的品牌文化，针对现有留存下来的产品组合进行重审评估，对定位仍旧重合的产品进行改良设计。系列酒公司处于初创阶段，旗下新的九大系列酒担负着开拓产品版图的重任，系列酒部门应该做到不破不立，围绕着各个大单品独立打造文化属性、消费场景，尤其是瓶身的设计或属性上相类似的产品需要加以严格区分并做出细致调整。

第二节　适当布局产品体系的加法

品牌延展能丰富产品体系，扩大市场覆盖面和竞争实力，但没有成功品牌定位的品牌延伸是无源之水（李雪欣、李海鹏，2011）。Sfive 系列不仅要继续做减法，还可以适当做加法，精心打造一款大单品级别的中高端白酒，指导价区间在 500—1000 元。

Sfive 打造次高端大单品，有三大驱动力：

一是 Sfive 和系列酒之间存在次高端市场的空白。Sfive 公司的思路是将产品一分为二，Sfive 打造高端，系列酒补充市场空白，但是一分为二的事业部体制不能将产品体系也一分为二。目前在系列酒方面，Wuliangtoutequ、Wuliangol、Wuliangchun 等产品号称定位中端、中高端，但实际价格集中在 100—500 元的价格带，最终面对的是中低端市场，而 Gmoutai、习酒、洋河以及剑南春等一众品牌在 500—1000 元的价格带都有表现不错的次高端产品，Sfive 在该区域存在产品体系的薄弱点。

二是为系列酒的发展提供新思路。目前系列酒面临渠道单一、大单品份额不足的问题，这和系列酒的价格定位有一定关系。500 元以下的中低端酒市场竞争更加激烈，小酒产品、区域产品等都有明显的进入壁垒，而目前系列酒主要依赖于传统分销渠道，利润低的中低端系列酒，对传统渠道经销商的吸引力不足，全国性大单品的推广有一定压力。尽管目前系列酒事业部将消化产能、培育市场作为核心任务，背负的利润绩效压力相对不大，但该事业部总体上利润较低、费用较高，困于中低端市场的激烈竞争未必是长久之计。

三是 Sfive 公司具备打造次高端白酒的稳固基础。首先，Sfive 的工艺技术在浓香酒领域具有显著优势。作为集浓香酒酿造工艺之大成者，Sfive 公司完全有能力生产口感符合次高端价格的浓香酒。以 Wuliangchun 为例，Wuliangchun 的口感并非中低端之列，营销上也是现存系列酒中有特色的。就 Wuliangchun 的价格而言，还有很大的上涨空间，可以作为系列酒的重点培养对象，逐步跻身中高端行列。另外，Sfive 公司具备高端市场的号召力。目前真正能在千元以上高端市场"掰手腕"的品牌为数不多，Sfive 更是其中的佼佼者。Sfive 公司新一代普五涨价过后，Sfive 成功跨入千元竞争地带，和 Gmoutai 引领白酒行业的高端市场。事实证明，Sfive 公司拥有强大的品牌力和品质，以此作为支撑卖好高价酒，这是大多数酒企不具备的优势。既然如此，Sfive 公司更应该打造一款中高端白酒作为 Sfive 产品体系的补充。

本章小结

　　本章立足于品牌定位视角，根据前文关于 Sfive 产品定位战略的分析，就 Sfive 公司主品牌文化不明确、部分产品战略缺失、产品体系缺乏层次性等问题，进行进一步的研究并提出相关对策建议。其中，本书建议 Sfive 公司可着力打造特色鲜明的品牌文化，推进产品清理的减法，对现有留存下来的产品组合重新审视，加大对主品牌形象的保护力度。此外，还应适当布局产品体系的加法，以丰富产品体系，扩大市场覆盖面和竞争实力。

第二十五章 技术创新的对策建议

目前中国酒业正处在一个结构性繁荣的长周期，在区块链、大数据等新技术革命的大背景下，行业发展模式不断创新，白酒企业唯有不断推进科技创新和技术进步，才能抢抓结构性升级机遇，才能适应消费升级的需求。技术创新是企业进步的动力来源，是企业保持市场竞争力的关键因素。通过对 Sfive 公司的技术创新分析中所产生的问题，本章将有针对性地提出改善企业技术创新动力、促使企业腾飞的对策建议。基于相关问题，将从提高研发投入、技术创新人才培养、专利体系的建立与保护、科学技术本身等方面，对 Sfive 公司技术创新发展提出建议。

第一节 提高研发投入强度

一 着力引进外部资金

企业研发经费的投入，有侧重地反映出企业的技术创新能力。而外部资金的引进可以解决企业内部资金投入压力，也不断激发技术创新活力，为技术创新项目的落地提供坚实的保障。

（一）争取政府财政的支持

根据前文的对比分析可知，Sfive 公司的研发投入强度不及 Gmoutai 公司，说明 Sfive 公司在技术创新的资金支持不如 Gmoutai 公司。除此之外，对比以全省之力来发展的 Gmoutai，Sfive 在政府支持方面显得稍微不足。因此应争取上级资金支持，准确把握国家政策导向，大力争取国家和省更多的项目资金支持。首先企业可以努力获取政府政策性贷款，利用财政补贴的方式，从金融机构贷款中获取补贴，以筹集技术创新所需的资金。

技术研发投入是实现技术创新的物质基础。Sfive 公司应当积极争取政府财政支持，对标 Gmoutai 公司等企业，加大对基础科研项目的经费投入，"十四五"前期将研发投入强度提高 0.5%，"十四五"末提高到 1%。建立技术创新基金，对有关企业战略目标的重点项目倾斜性地加大资金投入，突出重点、关键项目的技术资金支持。加大对科研技术创新平台投入，以资金保障技术创新平台的运作，保证技术创新的可持续性。完善相关科研经费落实的制度，确保每个技术项目具有足够的技术资金，同时落实相关责任制度，评估技术投资回报率及贡献价值，促使研发经费真正助力企业科学技术创新。

（二）吸引社会资本投资

首先，技术研发不仅要依靠企业自身资金的投入，但从长期来看，有效吸引社会资本发展技术也是使技术不断创新的重要源泉。首先 Sfive 需要开拓外部融资渠道，依托自身的品牌信誉和实力，建立多层次的融资体系。社会融资体系的建立为企业引进了广泛的资金，助力了企业技术创新发展。其次，鼓励金融机构积极支持、发展白酒产业技术，服务于核心白酒腹地产业技术群的建设。着力建立有影响力的白酒技术产业园区，加强同行之间的交流，拓展相关行业的资金支持渠道，以更小成本达到技术发展的目标。

二　追加企业自身研发投入

保证技术创新活力的重要因素是真正实现自主创新，而技术研发投入则是实现自主创新的基本物质基础。因此，Sfive 公司应加大对基础科研项目的经费投入，对相关重点项目倾斜性地加大资金投入，突出重点、关键项目的技术资金支持。创建更多的科研技术创新平台，以资金保障技术创新平台的运作，保证技术创新的可持续。完善相关科研经费落实的制度，落实每笔技术项目的资金使用情况，落实相关责任制度，评估技术投资回报率及贡献价值，以真正有效利用资金，最大限度地让研发经费真正助力白酒企业科学技术创新。

第二节　加强技术人才队伍建设

一　提高内部研发人员的质量

技术研发人员是技术创新的直接参与者，技术研究人员的质量在一定程度上决定着企业技术创新的整体水平和质量。

（一）加强自我、集体培训程度

时代在进步，技术也将随之进步。历史证明只有努力适应发展需要，紧跟时代，才能在技术创新的大海中找到自己的方向。技术创新人才应加强自我学习，理论与实践相结合，扎根一线，以成果促创新，以创新促成果。把自身知识不断深化，扩大研究领域、更新知识结构，努力实现自主创新。Sfive 公司可定期组织技术骨干进行培训，帮助研发人员学习更前沿的技术知识。建立符合 Sfive 公司需要的白酒实践培训基地、校企合作示范区，不断提高技术研究人员的实践能力。

（二）建立研发人员管理机制

一个好的技术团队不仅要有优秀的人才，也要有能发挥人才能力的科学管理机制，只有这样才能提高技术创新的效率。具体可以从以下几个方面来落实：

一是研发人员项目负责制。研发人员要对自己的项目负责，项目期间严格遵循相关公司条例，以项目为导向来调整工作时间。明确项目责任工作，对于每一个人员做到具体责任具体落实，以责任促效率。

二是研发人员薪酬激励制。完善相关科研人员的激励政策，加大对科研人员的经费投入，努力让人才成为技术创新源源不断的动力。研发人员作为企业技术创新重要的内生动力，助力企业不断腾飞，因此应最大程度上保证研发人员的激励，努力加大作为研发投入之一的人才工资水平。除了公司对于研发人员基本的工资明确准则外，对于有突出贡献的研发人员要进行奖励，采用多种激励方法增加科研人员的收入，使研发人员的目标与企业目标保持一致。并利用技术创新基金，提高人才研发产品的积极性。

三是研发人员技术培养制。Sfive 要根据每一个研发人员的具体情况，为其制定符合自身需要的职业规划，为研发人员创造和完善符合发挥他们潜力和能力的科研环境条件。

二　持续引进优质科研人员

（一）制定吸引人才的政策与措施

加强高学历人才引进，改善人力资源结构体系，提高创新型人才比重，制定吸引优秀研发人才的政策与措施，从薪金报酬、职业发展、生活环境等方面加大对优秀科研人才的吸引力。主动培养创新型人才，增加技术创新类骨干人才的科技创新成果收益分享，给予科技人才充分的激励，提高技术创新人才工作的积极性和创造性。公司应坚持实施专项人才引进计划，规划建立相应的人才基金，制定并完善薪酬和科技成果分红制度，吸引高层次人才到企业工作，激发企业的创新活力，提升管理效率。

（二）增强人才团队建设及人才保障体系

公司继续加强应届生培养机制，增加校招人数，研究生人才占比持续提升，为长期发展提供源泉。另外，Sfive 公司要合理分配人才岗位，充分调动团队积极性，并对销售干部进行轮岗任用，全面考核。对于Sfive 旗下公司，如普什集团要重视产业链的延伸，保障其"机械制造"和"高分子材料"等人才队伍建设。

（三）发挥现有白酒院士工作站的功能

技术创新是白酒产业发展的强大动力，一流人才是白酒产业发展的重要支持。白酒院士工作站的建立能有效为 Sfive 智库更稳定地输入科技因子，助力 Sfive 公司在科技创新方面高质量发展。在加强技术人才队伍建设方面要充分发挥现有 Sfive 公司工作的作用及其高层次人才培养的功能，把院士工作站打造成为 Sfive 集团、Sfive 股份公司引才、育才、聚才的重要基地，引进优质科研人员，提高内部研发人员的质量，加强白酒相关技术的转换，此外充分利用"千百十人才工程"，通过共建研究生培养基地，加快企业高层次创新人才培养。

三　建立创新收益分配制度

如何激发科研人员的科研热情？怎样实现科技成果最大化？可以通过建立创新收益分配制度来解决这个问题。这样有助于打开科研人员参与科技成果转化、收益分配激励问题的"黑箱"，进而完善技术创新激励机制。

（一）确立创新收益分配制度的量化准则

明确创新收益的保障体系之后，如何确定创新收益的量化标准？实施怎样的创新收益分配才能确保公平？解决这个问题有助于科研人员打开技术创新的新天地，极大地激发科研人员的热情。首先，Sfive 公司应确立人力资本参与技术创新的贡献率大小，工作时长、工作精力对于技术创新具有推动作用。其次，明确各个岗位的重要性，不同岗位对于技术创新的重要程度不同，可以衡量技术创新所取得的创新收益。最后，科研人员的综合能力也是衡量创新收益的重要指标。通过工作绩效、出勤率、工作时长、整体综合表现得分等方面对个人的创新收益进行评估。Sfive 公司通过以上几个方面进行综合对比，可以明确创新收益的量化准则。

（二）建立创新收益分配制度的激励机制

创新收益分配制度的经济基础是科技成果的成功转化，建立有助于科技成果转化的激励机制，可以促进科研人员的积极性。企业的创新收益分配制度的激励机制是企业凝聚干部、职工，发挥企业多方面积极性的必要机制。通过建立科学的激励竞争机制才能使职工与企业真正做到紧密结合。改革开放 40 年来，Sfive 公司在建立激励竞争机制方面做了很多有益探索，也取得了较大成效，但在制度激励机制设计上还有待进一步加强。

对于创新收益分配制度，要根据其价值、收益大小完善整体激励机制。要结合市场准则，同时考虑经济效益不断调整激励机制，以符合企业自身发展需要。同时还要优化科研项目管理体制，明确研发人员对项目的负责制，实现成果收益和岗位责任的统一。简化科技成果申请流程，加快保障科技转化成果，赋予项目完全自主权，即自主决策科技成果的转移、转让、出售、许可、对外投资等的处置权和收益权。明确项目责任，对于每一个科研人员做到具体责任具体落实，以责任促效率。

第三节　完善研发专利体系

白酒专利是白酒企业最重要的科技成果，决定着白酒企业的生存与发展。Sfive 公司专利体系的不完善，在一定程度上制约着企业技术创新发展，因此，完善研发专利体系对于提高 Sfive 技术创新能力具有重要的意义。

一　丰富专利申请类型

由前文的对比分析可知，Sfive 在具有技术创新能力的发明专利、新型实用专利占比较低，外观专利占据较大比重。但是，发明专利、新型实用专利与生产效率、产品质量息息相关，对此 Sfive 公司应加大对基础科研专利的研究，有侧重地对整个技术创新体系进行创新。对薄弱的、不足的技术方面应不断加大力度，做到精准技术创新，努力实现发明专利与新型实用专利的增长。在专利申请的过程中，仔细评估专利价值，对于价值较低的专利应及时淘汰，严格审查专利申请质量，做到细而精。

总的来说 Sfive 公司专利申请数量多，但是发明专利、新型实用专利较少，专利结构有待优化。所以应严格把控专利申请的各种类型，做到均衡发展。

二　建立专利保护机制

Sfive 公司应维护自身科研成果，对申请的专利进行规范保护。建立自己的科研成果保护体系，严厉打击科研成果侵权行为，对于侵犯企业科研成果的行为要依法进行追究和严惩，确实保障自身研发成果。Sfive 公司自身的创新不论大小都要及时申请专利保护，建立自己完整的一套专利保护体系。加强对知识产权的研究，针对白酒行业技术特点，建立专利突发事件预警系统，运用各种法律、机制保护企业专利。

三　建立专利管理数据库

建立一套精细、高效的科研成果数据信息库，在 Sfive 公司内部实现技术共享。专利数据库的建立一定要围绕着关键技术和关键产品，规划成可实时更新的专业数据库。通过一定的主题分类使数据库简单化、透明化。并确立技术范围，明确数据库的边界范围，确立专利数据库的规范标准并编辑检索表达式。通过互联网进行安装、调试，并检测专利数据库的实用性与稳定性。

第四节　激发科技创新活力

一　强化基础性研究

促进基础性研究和应用研究有机结合，着力提高科技成果的质量，通过新工艺、新技术、新设备、新方法，有规范、有效率地实现白酒生产制造的全方位创新。理化分析是生产的眼睛，是开展酿酒生产技术研究的手段。因此，Sfive 公司应加强酿酒工艺的基础研究，注重核心技术工程的突破，既要单点突破产品设计的"微创新"，也要注重白酒酿造核心技术的突破，增加高端白酒附加值。进一步实施数字化企业转型战略，注重用数字化改造提升 Sfive 公司生产运营体系，优化公司整体资源的利用效率和价值创造能力。

二 加强同行间技术创新合作

在整个技术创新中要传承与发扬传统技术的精华，但也不能一味地盲目继承经验、墨守成规。在新时代下，Sfive 公司应该根据市场的变化，有针对性地学习先进、优秀的技术，以满足企业不断增长的技术创新需求。同行交流是促进科技创新的重要方式，在四川省全力推进川酒振兴的背景下，通过同业技术研发人员（如 LZLJ、SDJY）的沟通交流，能有效提升企业内部的技术创新效率，加速酿酒工艺、就踢设计等技术创新的成果转化。因此，建议 Sfive 公司在某些领域加强与川酒企业间的技术创新合作，补足现有科研建设的短板。

本章小结

技术创新是提升企业价值创造能力的重要路径，是企业立足于市场的核心竞争力。Sfive 公司在创新战略和创新指标上均有改善之处，科研创新意识不足，技术创新机制尚待完善。基于此，本书认为 Sfive 应当从以下四个方面提升技术创新能力：第一，提高研发投入强度，拓宽企业研发投资渠道；第二，加强技术人才队伍建设，稳步提升科研收益绩效；第三，完善研发专利体系，催化高质量科研成果；第四，激发科技创新活力，鼓励基础性研究与同行的技术创新合作。

第二十六章 渠道管理对策建议

目前，白酒行业处于挤压式增长的新阶段，营销渠道的竞争更加激烈。根据前文的分析，相较于 Gmoutai，Sfive 厂商目标一致性较弱，在传统流通渠道方面，Sfive 公司对经销商的管控能力有待提升。自 2017 年铁腕改革以来，Sfive 公司锐意推进渠道变革，渠道管理中原本存在的问题有了长足的改善，但还需进一步推进渠道的变革，提高企业对渠道整体的管控能力。

第一节 多渠道构建并行

一 实现以消费者为中心的全渠道营销模式

近年来，白酒行业进入低速增长、竞争激烈的新常态，线上渠道的崛起，使白酒企业的营销战略侧重方向由传统的"渠道为核心"转向以"消费者为核心"。大众私人消费的消费比重逐年增加，多样化的消费需求进一步加剧了白酒企业的市场竞争。2016—2017 年，Sfive 公司、Gmoutai 公司分别推出了"五粮 e 店""Gmoutai 云商"，可见白酒电商体系正在茁壮发展。随着电商的普及，各个年龄层的消费者都倾向使用线上渠道，相比线下渠道，线上渠道对消费者来说，更容易获取他们所需要的消费信息。白酒也不例外，随着白酒电商体系的改革与完善，Sfive 公司可以进一步整合实体渠道与电子商务渠道，构建全渠道营销模式，以满足消费者的购买需求，消除信息不对称需求，良好购物体验需求，做到以消费者为中心，为消费者提供无差别的购物体验，促进友好型交易的进行，从而加深 Sfive 的品牌形象。

在全渠道营销模式下，可以根据目标顾客对渠道类型的不同倾向，对产品设计、信息交流、物流支付等方面进行有效的整合与控制，完善渠道流程。如针对价格低、利润小的白酒产品，考虑到物流配送过程中酒品易碎与配送费提升等问题，更适合采用传统渠道进行销售；而针对高端白酒产品、定制化白酒产品、限量限定款白酒产品等，因交易成本、时间成本以及营销机制的影响，消费者或倾向选择线上渠道进行购买。因此 Sfive 可以在完善渠道流程、降低渠道成本、稳定产品品质、平衡渠道成员利益的市场化选择下，加大对全渠道终端的建设，同时推动网络营销渠道与传统门店渠道的结合，合理利用互联网资源，入驻大电商平台，增加 B2B 模式，建立与企业消费者的长期合作关系。

二 增设 BOPS 线上线下渠道融合模式

互联网的线上渠道信息获取优势与传统门店的线下产品体验优势相融合，更有利于扩大两种渠道的优势。因此，企业可以增设线上线下渠道融合模式，即 BOPS 模式（buy-online-and-pick-up-in-store），有利于提升消费者的购买体验与满足消费者的多元化需求。受 2020 年新冠肺炎疫情影响，酒类企业短期内会在消费、价格、渠道和竞争上受到较大影响，但线上线下融合将会缓解这一压力，可进一步整合优化渠道，探索疫情下的渠道管理方式，以及疫情放缓经济复苏后的渠道管理。

在该模式下，顾客可通过线上获取相关产品信息，选择并购买心仪产品，无须经过物流配送，只需在就近的实体店便可提取相应的商品，一方面避免了物流中白酒包装碎裂的风险，另一方面也可以有效地根据自身需求购买到最优产品。同时对厂家来说，利用用户购买大数据分析，可以进一步正确地将产品特性与消费者偏好进行归类，获得更优化的精准销售。实现 BOPS 的渠道融合模式，不仅可以缓和目前线上线下的渠道冲突问题，同时可以极大程度地提高消费者的购买体验与品牌产品满意度。不过需要注意的是，此模式需要线上供应商与线下零售商的友好合作，对于促成线上线下合作的顺利进行，一般存在两种销售方案，其一是对线下零售商予以一定的补偿，其二是将线上自提类订单记入线下零售销量中，因此企业需要根据线上线下渠道的具体建设情况进行协调，确定实行怎样的 BOPS 渠道融合的销售模式更为有利（顾谅谅、石苗青、刘斌，2020）。

三 加速向扁平化营销渠道模式转变

近年来，随着 Sfive 公司数字化体系的建设，Sfive 公司在渠道变革中开始向扁平化营销渠道模式转化、有意地减少渠道销售层级，专卖店、专卖连锁店、直营店等新型终端快速发展，零售终端呈现多元化格局。

结合目前白酒产业的发展阶段与 Sfive 产品的市场情况，渠道深耕将是 Sfive 未来提升发展效率的重要策略，渠道深耕即通过更好地获知产品流量与走向，实现产供销一体化、打入渠道空白区域、提高白酒企业运营效率。白酒产业近年来已渐渐进入成熟期，需求稳定却不如黄金十年旺盛，而行业内竞争依旧激烈，无论是知名白酒品牌还是区域小品牌，都在不断加大对渠道的投入，以求获取更多的市场份额。对 Sfive 公司来说，更需要通过优化终端等措施来促进销量的增加，实行扁平化管理模式，能加速终端建设与渠道下沉，增强对渠道终端的掌控力。扁平化营销渠道能将渠道的流通环节进行压缩，缩短交易时间，拉近与消费者的距离，提高白酒营销渠道的流通速度，使渠道各环节利润不断扩大。Sfive 公司可以着重打造直营体系，提高专卖店的比重，形成"专卖店+总经销+特卖店"的制衡模式。

第二节　建立新型渠道合作关系

Sfive 公司应平衡渠道成员利益，与经销商形成更深的"捆绑关系"，可将自身利益与经销商的利益联系在一起，充分调动经销商的积极性、扩大市场占有率、化被动为主动，最终提升 Sfive 公司的渠道管控能力。通过构建这种产销利益共同体，有助于均衡经销渠道成员利益，从而保障价格体系的正常运转，使渠道畅通并持续运行（王璐，2019）。另外，可加强对渠道成员与终端信息的管理，尤其是对渠道终端数据的收集，能进一步加强企业对渠道存货与市场变化的感知。

针对大商管理，Sfive 公司可派遣人员入驻各经销商，在经销商的主导区域内参与市场开发、渠道优化、品牌宣传、客户管理等工作，精简剔除违约的、不符合要求的经销商，加强终端零售的宣传和推广，明确渠道成员内部奖励机制和分工，采取阶段式、阶梯级奖励及宣传配额；加强终端零售宣传，赋能终端智慧零售，强化品牌意识，融入年轻消费群体，拉近 Sfive 品牌与青年群体市场的关系，及时与消费者互动，掌握最新市场反馈信息。

与此同时，Sfive 公司还应该加快推进分销渠道的拓展工作。公司可以根据各区域市场的消费特点，制定适应市场需求的渠道运作机制，将

Sfive 高端白酒与浓香系列的支线地位和渠道分布进行区分，同时价格错位，不同产品本质上体现差异化。同时加强与线上渠道覆盖较全的企业或者电商进行合作，弥补线上市场的不足，以互利合作的模式取得共赢。

第三节　提升渠道专业化运作水平

Sfive 公司应培育专业渠道人才，提高渠道管理人员的自身素质，以满足渠道建设的需要，如加强营销渠道管理理念的提升，包括库存管理、渠道成员管理、客户管理等专业知识（朱虎成，2018）。有更高素质的渠道人才，才能更好地优化 Sfive 公司的渠道管理、加大 Sfive 酒企对渠道的控制力，尤其是对渠道终端的控价能力，避免因渠道管理不足而导致严重的区域窜货现象。进一步与 IBM 合作、加强渠道人才的数字化培养，推动产业数字化升级，积极引导贯彻实行数字化变革，掌控渠道库存、价格情况，避免市场经销商压货窜货。

目前是 Sfive 量价提升的关键期，要吸取历史上价格倒挂的教训，加大对市场的动态监控力度，涨价要根据市场而定。对低价甩货、跨区域窜货的经销商应实施更为严格的惩罚措施，形成一套更为严格细致的经销商奖惩机制，实现 Sfive 公司重建市场、完善渠道的战略目标。

本章小结

本章根据前文的分析，针对 Sfive 公司渠道管理存在的问题进行思考，在此基础上提出对策分析与建议。Sfive 公司在渠道管理上存在对渠道整体管控能力较弱、渠道扩展难度大等问题，在经历了 2017 年铁腕改革后，渠道管理存在的不足之处有了较大改善，但渠道改革还应继续深化。结合渠道管理相关知识与经验，针对 Sfive 公司目前渠道管理现状，提出了多渠道构建并行、建立新型渠道合作关系等渠道改革的建议，包括深入建立全渠道营销模式、BOPS 线上线下渠道融合模式、继续加速向扁平化渠道模式的转变，以及注重提升渠道专业化运作水平，优化 Sfive 公司自身的渠道管理能力。

第二十七章　提高价值创造能力的对策建议

企业财务资源具有稀缺性，提高价值创造率的前提是实现财务资源的有效分配，以实现白酒企业创造价值最大化。Sfive 公司在价值创造上能力突出，为保持企业高质量可持续发展并针对对比结果，本章深入分析了 Sfive 公司提高价值创造能力的发展方向，为 Sfive 公司高质量发展提供一定建议。

第一节　加强现金流管理，调整股权结构

一　加强现金流管理

研究发现 Sfive 公司持有现金存在超额现象，针对企业资金闲置问题，Sfive 公司需要重视现金管理工作，采取一些必要的措施加强对现金的管理。针对此问题，Sfive 公司可以通过购买理财产品、债券等实现现金的保值增值。单一的投资很可能不适合数百亿的资金，企业更需要多方面多维度进行投资。投资决策是公司价值创造的有效途径之一，对于投资项目需要多方法反复论证，从不同维度进行有效的项目测评，Sfive 除了债券投资，也可建立金融业务实体。比如，资产管理公司。当然，还可以进入银行、证券、保险、信托等行业。为了让大量闲置的资金提高收益率，Sfive 公司成立了财务公司，这意味着 Sfive 公司这家酿酒企业踏上了"大金融"的发展道路，产融结合的战略路径能盘活企业内外部资本运作，进一步拓展产业布局，实现企业价值最大化。此外，Sfive 公司还提出了"金融 Sfive"的概念，董事长李曙光强调在风险可控的情况下加快金融领域布局，把金融传统业务与新业务都充分发挥好，可以为 Sfive 公司的主业提供坚强的金融支撑。"再造一个金融 Sfive"的想法可以将其超额的现金流充分利用起来，为 Sfive 公司长远的发展奠基好坚实的资金

基础。综合来看，改善资金运营活动可以进一步提高 Sfive 公司的收益率，对 Sfive 公司可持续发展具有重要意义。

二 股权结构调整

Sfive 公司的股权较为集中，企业受政府的干预程度较高，且 Sfive 集团的管理层和 Sfive 公司的管理层存在高管高度重合的情况，容易受到集团多元化战略影响。建议以国有资本混合所有制改革为重要抓手，采取引入战略投资、经销商、股权激励改革等措施，不断优化股权结构。此外，针对 Sfive 资金被闲置的问题，建议公司适当利用现金股利政策信号功能，以股利分派作为提升公司市场形象的最佳广告，以此不断加强公司的市值管理。

第二节 完善内部管理结构

一 契合战略管理理念

将 Sfive 公司价值管理与战略管理相融合，系统性的审视 Sfive 公司战略实施管理和财务绩效评价管理对企业价值是正影响还是负影响，从管理角度提高 Sfive 公司价值创造能力，树立 Sfive 公司价值创造能力最优化的经营理念。进一步构建以客户或细分市场利润报告为中心的服务体系并构建与之配套的绩效考核体系来进一步完善 Sfive 公司的内部管理结构。提高企业绩效管理水平、渠道管理能力、执行能力等方面，进一步优化企业抗风险能力。

二 加强职工薪酬管理

首先，职工创造的利益，Sfive 公司应做好应付职工薪酬的管理，以实现管理层与基层员工的权责明确，做好职工薪酬管理并优化一套健全的监督制度。具体来看，应健全公司中高层薪酬与绩效的挂钩，高层领导实行民主考核，中层职工薪酬与业绩实现统一，特别是对于基层员工，需普遍提高基本工资及福利待遇。其次，可以在公司实行员工持股计划或股权激励机制，既可以提高职工的待遇，通过有效的制衡和激励来提高员工运作效率。此外，企业人力资源尤其是创新型人才是企业顺应时代发展的关键。最后，Sfive 公司应该注意白酒产业创新型人才的引进和培养，提高公司员工整体创新型能力的同时，应加大员工培训投入，提高员工企业文化认同度，进一步完善 Sfive 公司内部治理结构。

第三节　优化成本管理，延长价值持续期

一　深入成本控制管理

　　Sfive 公司创造价值与营销成本、生产成本息息相关。Sfive 公司多元化战略以及实行经销商制度，取得了巨大成功但也耗费了大量资源，为适应企业进一步高质量发展战略的改变，做好成本控制管理是取得下一步发展成功的关键之一。针对对比分析结果可知，Sfive 公司营销费用花费较高，后续在有效保障品牌运营发展的基础上，需要严格管控销售费用支出，降低产品营销成本和顾客成本，并寻求持续提升企业竞争力和降低成本最佳路径。Sfive 公司与京东、拼多多、阿里集团等不同电商平台进行了不同程度的合作，也构建了多种线上购物平台，促进了线上销售，在一定程度上减少线下的销售成本。另一方面，Sfive 公司面对较高管理费用，应该结合自身情况，构建合理的预算管理体系，将管理费用分解落实到每个部门，并就其汇编上报的预算支出进行合理性审议，如针对差旅费、办公费等费用的报销可以采取限额和定额报销的财务制度。通过一系列政策，对管理费用的每笔支出都做好严格把关，真正落实成本管理。

二　延长价值持续期

　　Sfive 公司想要持续创造企业价值必须保障自身企业可持续发展，在消费需求发生重大转变、转为高质量发展的新时期，公司应尽快适应消费环境转变来持续保证企业发展，将高端品牌 Sfive 公司持续做强的同时，急需打造次高端产品弥补市场空白，不谋求某段时期内现金流量最大化，应具有长期战略谋划，能持续获得长期的竞争优势。一是尽量延长获得现金流量的时间。消费习惯发展重大转变对品质和服务都有了更高的需求，Sfive 公司协同多个电商开展线上销售渠道的同时，需要不断的优化售后服务、加强渠道管理进而降低成本，增加现有商品的品牌价值在线上竞争中不断累积优势。二是财务活动符合可持续发展，结合利益相关者理论，除考虑股东、员工、消费者、政府的利益还需要考虑环境的可持续性发展，建议 Sfive 公司应加大企业环保投入，加大创新投入进一步

降低能耗、减少有害气体和废水的排放，加大酒糟利用率，争取在行业内取得领先位置，对建设品牌形象、弘扬品牌文化、提高价值创造能力具有重要意义。

本章小结

提升价值创造能力是企业长期经营的战略愿景，也是企业实现高质量发展的重要标志。本章建议 Sfive 公司将价值创造的指导思想确定为"市场驱动、聚焦主业、产业金融、技术突破、数字智能"，并通过以下路径实施：一是加强现金流管理，优化股权结构，提升闲置资金使用效率；二是完善内部管理结构，契合战略管理理念并加强职工薪酬体系，激发员工活力；三是加强成本控制优化预算管理体系，延长价值持续期，稳步提高价值创造能力。

第二十八章　企业文化建设的对策建议

本章通过结合前文对 Sfive 文化建设的分析，从企业文化制度、企业文化氛围与品牌文化三个方面提出相关的对策与建议，首先，Sfive 公司文化制度的完善是企业文化建设的一项重点工作，其中包括企业作风、建设以及制度执行力的提升；其次，增强 Sfive 公司员工之间的和谐友好关系、打破低效沟通、创新组织氛围是提升企业凝聚力的重要途径；最后，以 Sfive 公司文化引领品牌文化、发挥品牌个性、加强企业文化的创新性，这是新时代 Sfive 公司文化建设的必然要求。

第一节　以企业文化引领品牌文化

企业文化是企业精神的核心体现，是企业内部员工凝聚力与向心力的精神来源，是凝聚企业内部的坚实力量（张永峰，2006）。品牌文化是企业在市场中与向消费者沟通中产生的理念体系，是 Sfive 公司在发展过程中对外彰显的文化底蕴而逐渐形成的独特的品牌文化。

一　以品牌文化为核心，强化企业文化引领作用

强化企业文化引领作用，在整体战略下确定品牌定位。一是借企业文化现有优势，将品牌的主产品进行整合优化，发挥文化特色与个性。二是凸显地域优势，分析当前形势，优先以 Gmoutai 公司发展较为薄弱的地区为主要发展方向，强化在该地区的竞争优势，加大 Sfive 公司企业文化宣传力度，争取能够在该区域做大做强。三是基于当前的发展环境，将 Sfive 公司奋斗、创新的企业文化元素融合在品牌文化内涵中，不断丰富品牌文化内涵，提高员工认可度，形成强有力的企业文化凝聚力。四是对企业文化如何引领品牌文化进行专题研究，探求如何进一步将企业文化元素渗透到品牌文化建设的日常工作中去，推进以品牌战略为核心

的企业文化建设。

二 统一文化建设思想，强化"三个融合"意识

统一员工与企业对品牌文化与企业文化建设的思路，强化内容与形式、传统与时代、物质与精神"三个融合"的意识。一是强化"以品牌文化为先导，以企业文化为指导"的理念，深入推进企业文化建设，保持员工的思想与企业高度一致，解决企业文化与品牌文化混淆的问题，避免品牌文化建设工作与企业文化建设工作分层。二是强化"四个一"的融合，构建一个新型白酒文化交流平台，承以国酒文化精髓，继以交流创新发展；培养一流高素质人才，将 Sfive 公司的文化再度升华；打造一组原创特色文化 IP，提炼 Sfive 公司优秀文化，打造属于 Sfive 公司文化的独特个性；搭建一个传播渠道，将 Sfive 公司文化体系向更广范围传播出去。三是明确相关规范，做到协调统一，将 Sfive 公司企业文化的内涵融入企业的制度、行为以及物质层面。

三 加强品牌文化创新，促进企业文化发展

Sfive 公司企业文化发展应注重创新。一是加强品牌文化的创新性，注重品牌文化与企业文化的合理对接和实践创新，制定符合企业组织战略与时代要求的品牌文化，确保品牌文化的可接受性，形成积极参与的企业文化创新活动氛围。二是坚持企业文化先行，进而带动品牌文化建设的理念，深入贯彻企业文化精神、经营理念与核心价值观，引导员工行为与公司发展目标保持一致。三是根据企业文化建设的重点难点，提出工作要求，动员员工积极参与企业文化建设，确保企业文化引领品牌文化建设的各项措施高效执行，将企业文化融入品牌文化建设的过程中。四是坚持创新引领文化建设，正确处理好创新与传承之间的关系，坚持辩证取舍、去粗取精、转化创新、融入当下，保证品牌文化服务于当前企业发展的目标。遵循"和谐包容、美美与共"理念，弘扬中华千年传承的国酒文化，承以精华，去以糟粕，随着新时代的发展不断创新 Sfive 公司企业文化，谱写中国美酒与美酒文化的新篇章。最后，坚持文化自信，以"一带一路"为桥梁，以白酒为媒，促进国际酒文化的交流互鉴，推动中国白酒国际化发展进程，从而达到国家、企业、员工的共建共享共繁荣。

第二节 完善制度文化建设

一 建立健全企业文化制度体系

企业是一个由各种生产要素集结而成的组合体，需要通过管理制度来协调各种生产要素。Sfive 应厘清各部门工作所涉及的制度，把制度建设作为企业文化建设的重要内容，明确制度建设各项内容的具体实施方案；减少不必要的、重复的制度，精简修订制度规范，既要考虑制度的规范性，又要考虑制度的可操作性；制度出台前与相关部门进行充分沟通交流和协商讨论，并听取职工意见，减少职工对制度的抵触情绪；健全制度汇编工作，按年修编制度汇编，以保证制度的最新性、搜索性、方便性；将制度学习作为新员工入职培训内容和培训结业考试内容，通过公司网站、工作例会、培训会等多种形式，组织员工学习掌握最新制度规范。

二 建立健全制度执行的监督考核和追究机制

Sfive 公司虽建有较为完善的企业文化制度，但执行能力依旧不可或缺，若要维持制度体系的功能、提高制度体系的有效性，必须同步提升制度执行力。建立健全制度执行的监督考核与追究机制，一方面，可以清晰监督层级、落实监督责任、完善考核流程、加强监督力度、加强考核的稳定性和连续性；另一方面，能够促进各项规章制度的有序执行，遏制失责不究、违者不罚的现象，提高员工工作质量与效率。

三 加快推进企业文化建设

Sfive 公司应将文化建设与工作推进相融合，围绕工作任务推进加强文化建设，营造团结互助、沟通顺畅、相互信任的工作氛围，充分激发员工的工作积极性和创造性；开展工作岗位评价，准确核定员工工作量，精减人员，坚决不养"闲人、懒人"；积极构建企业文化建设长效机制，多渠道开展部门与部门之间、员工与员工之间的沟通交流活动，增强凝聚力和向心力，逐步建立和完善重大决策意见征询制度，推行工作业务公开制度，增强工作透明度，凝聚员工向心力。引进文化建设方面专业人才，对自身文化建设工作进行全面梳理，建立更加科学与适宜的文化体系，引进适合 Sfive 公司自身的、先进的文化管理理念，确保人才培养工作水平进一步提升，为企业文化建设提供可靠的人才保障。

第三节　落实企业文化理念，促进企业文化有效传播

一　优化扁平化组织结构

Sfive 公司的等级式组织结构在当时的发展阶段曾发挥重要作用，但随着组织内外环境的变化和管理技术手段的日新月异，这种等级式组织结构在公司发展中的弊端日益显现，应逐步构建扁平化组织结构，以促进企业文化理念的渗透作用。一是提升管理人员素质，提高其管理更多数量下属的能力，对新的管理理念、模式、方法、技术进行系统培训，革新管理思维。二是整合业务流程，加快以业务流程为节点的组织架构再造，对关键业务流程节点实施控制，切实保障公司围绕重要业务来推进各项工作；加强对信息技术的应用，提升工作效率与沟通效率。三是建立学习型组织文化，培养和提高员工的自主学习能力，引导员工主动学习，激发员工的创造性思维，形成全员学习和全员创新的组织氛围，以提升员工的文化接受能力与传播文化能力，从内而外将企业文化传承与发扬。四是成立内部人才交流中心，将组织机构改革中淘汰的人员安排到内部人才交流中心进行再学习、再竞争、再上岗，形成有效的人才学习闭合回路，以优秀人才带动人才优秀，以企业文化成就文化企业。

二　把握消费市场，渗透企业文化理念

Sfive 公司可根据消费者需求分析，探寻消费者与企业之间的和谐友好关系的搭建，寻求企业文化理念更快、更好地向消费者渗透。Sfive 公司可以运用市场需求与品牌定位工具，进行市场差异化分析，有效明确客户需求，有目标、精细化、针对性地宣传企业文化理念，提高消费者与企业文化的共鸣性。在传播途径上，可通过物联网的优势通过各种媒体传达文化理念、通过案例撰写传播树立"Sfive 精神"；通过发行图书期刊等方式扩大传播的影响力度；在企业文化宣传中植入企业文化理念，扩大市场影响力，争取更多的市场占有率。同时，分派专业性的人员开展企业文化对外建设任务，保障文化建设工作的质量、践行企业文化。让消费者更加全面地了解 Sfive 公司企业文化内涵，促使企业文化在市场

上持续保持活力。

本章小结

　　本章结合前文对 Sfive 企业文化建设的分析，从企业文化制度、企业文化氛围与品牌文化三个方面提出相关的对策与建议，首先，Sfive 公司文化制度的完善是企业文化建设的一项重点工作，其中包括企业作风、建设以及制度执行力的提升；其次，增强 Sfive 公司员工之间的和谐友好关系、打破低效沟通、创新组织氛围是提升企业凝聚力的重要途径；最后，以 Sfive 企业文化引领品牌文化、发挥品牌个性、加强企业文化的创新性，这是新时代 Sfive 公司文化建设的必然要求。

第二十九章　发展战略研究结论和主要观点

目前，Sfive 公司正处于创新发展、转型发展、跨越发展的关键期，如何在新发展阶段实现从"量的积累"到"质的飞跃"的跨越式发展，促进 Sfive 公司在消费模式转变的背景下，仍能继续引领白酒行业结构性改革和高质量发展，持续彰显龙头酒企的品牌韧性与活力，这是本书的核心立意。基于此，本书采用定性研究和定量研究结合的研究方法，立足白酒行业发展前景和行业平均水平。首先，梳理 Sfive 集团和 Gmoutai 集团各自的战略发展历程，结合战略目标从整体上把握 Sfive 公司与 Gmoutai 公司在各阶段的战略侧重。其次，以 Sfive 公司和 Gmoutai 公司上市以来的阶段表现作为研究着眼点，通过定性与定量相结合的研究方法，从产品定位、技术创新、渠道管理、宏观利润表下企业价值创造能力、企业文化建设、政府支持等方面的情况进行对比研究，总结 Sfive 公司的发展战略得失，以及 Sfive 公司被拉开差距的深层原因。在企业发展的必备条件和 Sfive 公司与 Gmoutai 公司存在差异的基础上，有针对性地提出相关建议。

第一节　Sfive 和 Gmoutai 上市以来的发展战略对比分析

从 Sfive 集团与 Gmoutai 集团各自的战略实施效果来看，Sfive 集团多元化战略取得了显著成功，但在酒业核心业务的品牌多元化上出现了部分失误，模糊的品牌定位导致公司旗下品牌间的无序竞争，战略决策较为依赖企业家角色等问题，从一定程度上影响了集团发展。从核心酒业 Sfive 公司和 Gmoutai 公司的产品定位来看，总体战略相似，均以高端酒和系列酒作为双轮驱动企业高质量发展的发力点，两公司中低端系列酒均处于培育阶段，但 Sfive 公司高端酒的上升空间相较于 Gmoutai 公司更高。深入分析发现，Sfive 公司目前的产品定位存在产品体系梯度不明晰、次高端产品薄弱等问题。从 Sfive 公司和 Gmoutai 公司的技术创新战略来看，Sfive 公司的研发人员占比、新增专利数量等指标均优于 Gmoutai 公司，Gmoutai 公司的研发投入强度则高于 Sfive 公司，但 Sfive 公司在"十三五"时期主动改善技术建设，创新资源效能得到明显提升。从历年渠道发展历程来看，Sfive 公司和 Gmoutai 公司都在积极推进渠道变革，Sfive 公司锐意改革精简渠道，Gmoutai 公司则选择扩大渠道。对比分析渠道建设发现 Sfive 公司存在渠道变革推力不足、全国单品与区域单品争夺共享渠道、线上渠道建设"杂而不精"等问题。从企业价值创造上看，Sfive 公司的价值创造效率有待提升，主要体现在成本管理控制不足、政策性负担重等问题。分析 Sfive 公司和 Gmoutai 公司的文化建设可知，Sfive 公司和 Gmoutai 公司的文化特点在于文化表层的异质性以及深层文化的同源性，Sfive 公司重视地域文化，Gmoutai 公司强调红色文化。同时从文化建设的分析中发现，Sfive 公司等级式的组织架构亟须改革，管理运行效率需要进一步提高。

第二节　Sfive 发展战略的对策建议总结

战略管理的对策建议。第一，切实提升管理效率。实施路径包括强化作风建设，不断完善企业治理机制，加快推进组织架构再造，加大人才培养引进力度。第二，科学制定战略布局。主要措施有提前做好市场调研分析，制定风险控制模式，加强内部协调及整合，提高管理层的管理水平。第三，持续推进员工持股计划。第四，稳步统筹推进市值管理。

产品定位的对策建议。第一，推进产品清理的减法。坚持聚焦厚重、特色的品牌文化，并不断梳理 Sfive 公司旗下"五粮系"嫡系产品，壮大浓香型白酒的市场竞争实力。第二，适当布局产品体系的加法。Sfive 公司可以尽心打造一款大单品级别的次高端白酒，以丰富产品体系，扩大市场覆盖面和竞争实力。

技术创新的对策建议。第一，提高研发投入强度。包括着力引进外部资金；追加企业自身研发投入。第二，加强技术人才队伍建设。包括提高内部研发人员水平；持续引进优质科研人员；建立创新收益分配制度。第三，完善研发专利体系。包括丰富专利申请类型；建立专利保护机制；建立专利管理数据库。第四，激发科技创新活力。包括强化基础性研究；加强同行间技术创新合作。

渠道管理对策建议。第一，构建多渠道并行模式，实施路径包括实现以消费者为中心的全渠道营销模式；增设 BOPS 线上线下渠道融合模式；逐渐转变为扁平化营销渠道模式。第二，建立新型渠道合作关系，Sfive 公司应平衡渠道成员利益，加强企业对渠道存货与市场变化的感知。第三，提升渠道专业化运作水平，Sfive 公司应培育专业渠道人才，实现企业的渠道战略目标。

提升价值创造能力的对策建议。第一，加强现金流管理，调整股权结构。第二，完善内部管理结构。包括契合战略管理理念；加强职工薪酬管理。第三，优化成本管理，延长价值持续期。包括严格把控成本费用；尽量延长获得现金流量的时间；使得财务活动符合可持续发展。

企业文化建设对策建议。第一，以企业文化引领品牌文化。包括以品牌文化为核心，强化企业文化引领作用；统一文化建设思想，强化"三个融合"意识；加强品牌文化创新，促进企业文化发展。第二，完善制度文化建设。包括建立健全企业文化制度体系；建立健全制度执行的监督考核和追究机制；加快推进企业文化建设。第三，落实企业文化理念，促进企业文化有效传播。包括优化扁平化组织结构；把握消费市场，渗透企业文化理念。

附　　录

附录 1　白酒企业战略实施绩效量化标准

指标：产品质量管理

1 分：全文未提及产品质量管理和认证信息；

2 分：文中有提及产品使用的质量管理体系的信息；

3 分：年报或者企业社会责任报告中有描述通过产品质量管理体系和管理办法的粗略介绍；

4 分：年报或者企业社会责任报告中有描述通过具体产品质量管理体系和管理办法的详细介绍，如资金投入和管理办法措施等；

5 分：企业产品质量管理得到有效改善或获得有关荣誉。

指标：安全生产

1 分：年报或者企业社会责任报告中未提及安全生产的信息；

2 分：年报或者企业社会责任报告中有提及安全生产信息或者安全事故发生率；

3 分：年报或者企业社会责任报告中有对安全生产的粗略介绍；

4 分：年报或企业社会责任报告中有对安全生产的详细介绍，如对人员投入、资金投入等；

5 分：年报或企业社会责任报告中提及安全生产制度、生产环境等有所改进。

指标：战略实施保障结构

1 分：未成立战略委员会且未建立战略实施相关制度；

2 分：成立战略委员会或建立战略实施相关制度；

3 分：成立战略委员会且建立战略实施相关制度；

4分：成立战略委员会、年报或者企业社会责任中提及战略委员会相关制度对完成战略有提升；

5分：成立战略委员会、年报或者企业社会责任中提及战略委员会相关制度对完成战略有显著提升。

指标：企业战略规划布局

1分：年报或企业社会责任报告中没有提及企业战略规划；

2分：年报中有粗略的提及企业战略规划；

3分：年报中有粗略的提及企业战略规划和粗略的实施计划；

4分：年报中有详细的企业战略规划及粗略的实施计划；

5分：年报中有详细的企业战略规划及详细的实施计划。

指标：员工有效发展

1分：年报或企业社会责任报告中没有提及（明年）员工培训内容；

2分：年报或企业社会责任报告中简单提到过培训的信息；

3分：年报或企业社会责任报告中对员工培训计划数和完成数有详细的统计；

4分：年报或企业社会责任报告中对员工培训计划数、实际完成数、资金投入有详细介绍；

5分：培训计划和规划与前期比较有很大的改进。

指标：污染治理

1分：年报或企业社会责任报告中未提及单位酿酒耗水的内容或酿酒单位耗水上升；

2分：年报或企业社会责任报告中提及单位酿酒能耗情况或单位耗水未增长；

3分：年报或者企业社会责任报告中提及单位酿酒能耗情况且单位耗水略有下降；

4分：年报中单位能耗的具体情况及相关工艺、资金运用情况；

5分：酿酒单位水耗明显下降并获得政府奖励等。

附录 2　系统动力学主要公式

1. 人均销售额＝销售收入／（新员工人数+老员工人数）Units：元／人

2. 人工工资＝新员工人数×新员工平均月薪+老员工人数×老员工平均月薪 Units：元

3. 创新发展＝INTEG（创新发展变化率，0.5）Units：Dmnl

4. 可用资金＝INTEG（现金流入速率－现金流出速率，1e+008）Units：元

5. 合格率＝IF THEN ELSE（库存<计划生产量，库存/计划生产量，1）Units：Dmnl

6. 员工成熟速率＝新员工人数/技术成熟时间 Units：人/Month

7. 员工满意度＝INTEG（员工满意度变化速率，0.3）Units：Dmnl

8. 员工满意度变化＝工作负荷对员工满意度的影响×0.35+员工培训对员工满意度的影响×0.3+人均销售额对满意度的影响×0.35Units：Dmnl

9. 员工满意度变化速率＝员工满意度变化/Time Units：Dmnl/Month

10. 基期 time＝1Units：Month

11. 客户满意度＝INTEG（客户满意度变化速率，0.5）Units：Dmnl

12. 客户满意度变化＝创新发展×0.2+员工满意度对客户满意度的影响×0.2+投诉反映时间对客户满意度的影响×0.2+污染处理对客户满意度的影响×0.2+累计投诉量对客户满意度的影响×0.2Units：Dmnl

13. 客户满意度变化速率＝客户满意度变化/TimeUnits：Dmnl/Month

14. 工作负荷＝库存/总员工专业生产量数 Units：Dmnl

15. 平均工作时长＝60Units：Month

16. 平均总员工专业产能＝老员工人数+新员工人数×0.5Units：人

17. 总员工专业生产量数＝平均总员工专业产能×平均每位员工正常生产量 Units：吨

18. 总成本＝折旧成本+对外捐赠+治污费+管销费用+营业成本+长期资本投资金额 Units：元

19. 技术成熟时间＝3Units：Month

20. 投诉产生速率＝投诉生产量/Time Units：件/Month

21. 现金流入速率＝现金流入/Time Units：元/Month

22. 污染物排放速率＝污染物排放量/Time Units：吨/Month

23. 新员工人数＝INTEG（员工招聘速率－员工成熟速率，200）Units：人

24. 污染存量＝INTEG（污染物排放速率－污染物治理速率，1000）

Units：吨

    25. 污染物排放速率＝污染物排放量/Time Units：吨/Month

    26. 现金流出＝总成本＋长期资本投资金额 Units：元

    27. 污染存量＝INTEG（污染物排放速率－污染物治理速率，1000）Units：吨

    28. 治污费＝污染物治理量×单位治污价格 Units：元

    29. 现金流出速率＝现金流出/Time Units：元/Month

    30. 累计投诉数量＝INTEG（投诉产生速率－投诉处理速率，0）U-nits：件

    31. 老员工人数＝INTEG（员工成熟速率－员工离职速率，基础员工人数）Units：人

    32. 营业成本＝人工工资＋制造费用＋原材料＋能源 Units：元

    33. 销售净利＝销售收入－总成本 Units：元

    34. 销售收入＝每吨平均价格×销货量 Units：元

    35. 销售速率＝销货量/Time Units：吨/Month

    36. 销货量＝市场前景×市场占有率×市场流量 Units：吨

附录3　四川白酒产业竞争力评价指标权重调查表

尊敬的各位专家：

    您好！非常感谢您在百忙之中填写此份问卷！本问卷旨在调查四川白酒产业竞争力评价指标的权重，请您帮助判断各指标相对重要程度。本次问卷采用匿名填写，所有答案均无对错好坏之分，只需根据您对白酒产业竞争力的研究或经验作答即可，您的回答仅作学术研究使用，我将对您填写的所有信息严格保密，请您放心填写，感谢您的配合！

一　四川白酒产业竞争力评价指标体系

    基于波特钻石模型与白酒产业特点，选取生产、企业、需求、产业、政府五个要素，以及对白酒产业发展至关重要的文化建设要素，建立四川白酒产业竞争力评价指标体系（如附表3-1所示）。

附表 3-1　　　　　　四川白酒产业竞争力评价指标体系

一级指标	二级指标	三级指标
生产要素	酿酒生产要素	自然资源
		酿酒设施
	高级生产要素	人力资源
		资本资源
企业要素	企业竞争力	区域内白酒企业数目
		区域内企业运营水平
	企业发展潜力	技术创新能力
		战略管理能力
		白酒产业集中度
文化及品牌要素	区域品牌	区域品牌形象
		区域品牌传播力
	文化建设	酒产品文化构建
		酒产品文化推广
需求条件	经济水平	居民人均可支配收入
		地区人均生产总值
	需求状况	白酒产能
		酒产品优质情况
产业要素	横向相关产业支持	高等院校数量
		科研机构数量
		白酒产业园区建设
	纵向相关产业支持	上游产业竞争优势
		下游产业竞争优势
政府要素	区域政府支持力	白酒产业宣传力度
		白酒产区建设力度
	政府监管力	白酒产业政策健全性
		政府执行力

二　正式填写

1. 基本信息

请您在下列问题后的□中打"√"。（点击□即可）

（1）您从事白酒产业研究或管理工作的时间

3 年以下□　3—5 年□　5 年以上□

（2）您对白酒产业竞争力的熟悉程度

不了解□　一般□　熟悉□

（3）您的专业技术职称是

初级□　中级□　副高级□　正高级□

2. 填写说明

通过两两比较的层次分析法，将下层指标与上一层指标进行两两比较，判断其相对重要的程度，使用 1—9 的标识。

附表 3-2　　　　　　　　　　　层次分析法评价尺度表

1	3	5	7	9
A 比 B 同样重要	A 比 B 稍微重要	A 比 B 明显重要	A 比 B 重要得多	A 比 B 极端重要
2，4，6，8		介于上述两相邻判断之间		
若 A 没有 B 重要，比如 B 比 A 明显重要，则用倒数表示				

3. 赋值

请在附表 3-3 空白处填上合适的数值。

附表 3-3　　　　　　　　　　　　评分表

指标 A	指标 B	标识尺度								
		1	2	3	4	5	6	7	8	9
生产要素	企业要素									
	文化及品牌要素									
	需求条件									
	产业要素									
	政府要素									
企业要素	文化及品牌要素									
	需求条件									
	产业要素									
	政府要素									

续表

指标 A	指标 B	标识尺度								
		1	2	3	4	5	6	7	8	9
文化及品牌要素	需求条件									
	产业要素									
	政府要素									
需求条件	产业要素									
	政府要素									
产业要素	政府要素									
酿酒生产要素	高级生产要素									
企业竞争力	企业发展潜力									
区域品牌	文化建设									
经济水平	需求状况									
横向相关产业支持	横向相关产业支持									
区域政府支持力	政府监管力									
自然资源	酿酒设施									
人力资源	资本资源									
区域内白酒企业数目	区域内企业运营水平									
技术创新能力	战略管理能力									
	白酒产业集中度									
战略管理能力	白酒产业集中度									
区域品牌形象	区域品牌传播力									
酒产品文化构建	酒产品文化推广									
居民人均可支配收入	地区人均生产总值									
白酒产能	酒产品优质情况									
高等院校数量	科研机构数量									
	白酒产业园区建设									
科研机构数量	白酒产业园区建设									
上游产业竞争优势	下游产业竞争优势									
白酒产业宣传力度	白酒产区建设力度									
白酒产业政策健全性	政府执行力									

问卷到此结束，再次感谢您的参与！

附录4　四川白酒产业竞争力评价指标
体系定性指标专家打分表

尊敬的专家老师：

您好！非常感谢您在百忙之中填写此问卷！该问卷主要围绕所构建的四川白酒产业竞争力评价指标体系，了解您对评价指标体系中所涉及的19个定性指标在宜宾、泸州、成都、德阳、绵阳、遂宁、巴中七个城市中不同状况的认识和判断，并通过打分的形式获得这些定性指标的数据。本次问卷采用匿名填写，您的回答仅作学术研究使用，研究将对您填写的所有信息严格保密，请您放心填写。

为获取标准化数据，麻烦您就以下19项指标按照10分制的标度在以下表格中打分，最高10分，最低1分，非常感谢您对此次研究的支持与帮助！

附表 4-1　　　宜宾、泸州、成都、德阳、绵阳、遂宁、巴中七城市指标评分表

	宜宾	泸州	成都	绵阳	遂宁	巴中	德阳
自然资源							
酿酒设施							
人力资源							
资本资源							
区域内白酒企业数目							
区域内企业运营水平							
技术创新能力							
战略管理能力							
白酒产业集中度							
区域品牌形象							
区域品牌传播力							
酒产品文化构建							
酒产品文化推广							

续表

	宜宾	泸州	成都	绵阳	遂宁	巴中	德阳
居民人均可支配收入							
地区人均生产总值							
白酒产能							
酒产品优质情况							
高等院校数量							
科研机构数量							
白酒产业园区建设							
上游产业竞争优势							
下游产业竞争优势							
白酒产业宣传力度							
白酒产区建设力度							
白酒产业政策健全性							
政府执行力							

参考文献

安景文、朱伟、李松林、孙雅:《基于拓展型 BSC-FANP 模型的煤炭企业绩效评价》,《统计与决策》2018 年第 18 期。

边卫军:《鼓励民营企业切实履行社会责任》,《人民论坛》2019 年第 24 期。

蔡跃三:《企业选择多元化战略的原因及实施绩效分析》,《企业经济》2002 年第 10 期。

曹远征、孙安琴:《国际竞争力比较》,《经济学动态》1995 年第 11 期。

陈青兰、莫长炜、李爽:《战略实施与企业绩效:项目管理机制的中介效应》,《南开管理评论》2009 年第 2 期。

陈收、毛育晖、杨艳、张晔:《企业战略绩效评价研究述评》,《财政研究》2011 年第 4 期。

陈天航、潘兴扬:《五粮液:"智造"白酒香誉国际——专访五粮液集团董事长唐桥》,《当代县域经济》2016 年第 6 期。

陈蕙霜:《五粮液:进击的曙光》,《新食品》2018 年第 3 期。

程铁辕、由耀辉:《四川白酒出口战略研究》,《食品工业》2019 年第 3 期。

程卓蕾、孟溦、齐力、刘文斌:《构建测量组织战略绩效的指标体系方法研究》,《科研管理》2010 年第 3 期。

党齐民:《国外企业社会责任的发展趋向与启示》,《甘肃社会科学》2019 年第 2 期

范德宽:《"五粮液"的管理思路——从科学管理到文化管理》,《中外管理》1996 年第 5 期。

范定祥、来中山:《企业财务绩效对政府补助与研发投资关系的调节效应——基于华东地区高新技术企业的实证分析》,《华东经济管理》

2019 年第 33 期。

范用余：《中国五粮液》，四川大学出版社 1992 年版。

方美燕：《四川省白酒产业区际竞争力研究》，西南财经大学出版社 2009 年版。

方振邦：《战略性绩效管理》，中国人民大学出版社 2007 年版。

高华、张璇：《地方政府债务风险评价研究：动态系统模型与预测》，《财经论丛》2020 年第 3 期。

高晴：《我国知识产权战略实施的绩效评估指标设计》，《河北大学学报》（哲学社会科学版）2011 年第 4 期。

弓韬：《山西省白酒制造业竞争力提升路径研究》，山西大学出版社 2010 年版。

龚咏棠、黄国光：《中国名酒五粮液史话》，《文史精华》2001 年第 10 期。

顾谅谅、石苗青、刘斌：《零售商主导的双渠道供应链 BOPS 定价与服务合作》，《数学的实践与认识》2020 年第 7 期。

国家体改委经济体制改革研究院、中国人民大学、综合开发研究院联合研究组：《中国国际竞争力发展报告》，中国人民大学出版社 1997 年版。

郭五林：《五粮液酒文化研究》，清华大学出版社 2017 年版。

郭五林、黄均红：《五粮液文化与茅台文化的比较研究》，《中国商界》2010 年第 2 期。

郭旭、周山荣：《仁怀市酱香型白酒产业发展的 SWOT 分析》，《中国酿造》2018 年第 11 期。

郭旭、周山荣：《基于"五力模型"的中国酱香型白酒产业竞争环境分析》，《中国酿造》2019 年第 6 期。

郭玥：《政府创新补助的信号传递机制与企业创新》，《中国工业经济》2018 年第 9 期。

郭正军：《"五粮液"多品牌战略得失分析》，《中国优秀硕士学位论文全文数据库》2013 年第 3 期。

韩草：《贵州白酒产业集聚的经济效应研究》，贵州财经大学出版社 2018 年版。

郝彤：《269 亿：五粮液的神奇跨越——"中国酒王"五粮液品牌策

划纪实》,《财经界》2005 年第 2 期。

黄国光、左孝本:《五粮液人的营销策略》,《瞭望》1997 年第
24 期。

黄均红、彭智辅:《试论酒都宜宾酒文化之特色》,《社会科学研究》
1994 年第 5 期。

胡宏:《振兴白酒产业,政策支持保障——专访全国人大代表、五粮
液集团董事长唐桥》,《中国西部》2012 年第 10 期。

黄均红、彭智辅:《试论酒都宜宾酒文化之特色》,《社会科学研究》
1994 年第 5 期。

惠树鹏、郑玉宝:《基于五维动态平衡计分卡的企业战略绩效评价》,
《统计与决策》2016 年第 11 期。

季克良:《季克良:我与茅台五十年》,贵州人民出版社 2017 年版。

金碚:《产业国际竞争力研究》,《经济研究》1996 年第 11 期。

金碚:《中国工业国际竞争力:理论、方法与实证研究》,经济管理
出版社 1997 年版。

康明中:《茅台酒厂》,当代中国出版社 1995 年版。

李守林、赵瑞、陈丽华:《基于灰色关联分析和 TOPSIS 的物流企业
创新绩效评价》,《工业技术经济》2018 年第 4 期。

李曙光:《根深才能枝繁叶茂魂正才能基业长青——五粮液集团以文
化为企业培根铸魂》,《企业文化》2019 年第 9 期。

李曙光:《用文化为企业培根铸魂,推动新时代中国企业高质量发
展》,《中外企业文化》2019 年第 10 期。

李涛、张国旺:《利用系统动力学方法进行仿真和预测》,《管理工程
学报》1999 年第 4 期。

李蔚、冯渝:《品牌延伸吞噬五粮液?》,《企业管理》2002 年第
12 期。

李馨子:《政府补助、持续性与未来盈余》,《管理评论》2019 年第
31 期。

李雪欣、李海鹏:《中国品牌定位理论研究综述》,《辽宁大学学报》
(哲学社会科学版) 2012 年第 3 期。

李幼民:《五粮液酒文化》,中国轻工业出版社 2015 年版。

李玉刚、白人朴:《战略实施绩效衡量指标系统研究》,《商业研究》

2000 年第 6 期。

李岳云、吴滢滢、赵明：《入世 5 周年对我国农产品贸易的回顾及国际竞争力变化的研究》，《国际贸易问题》2007 年第 8 期。

李子奈、叶阿忠：《高等计量经济学》，清华大学出版社 2000 年版。

刘冰、张涵双、曹娟娟、许劼、徐雷：《基于公交可达性绩效的武汉市空间战略实施评估》，《城市规划学刊》2017 年第 1 期。

刘健、卜炎、姜子玉、刘虹利：《基于灰色关联 TOPSIS 法的地热资源开发选区评价》，《中国矿业》2019 年第 9 期。

刘沛龙：《质量，永恒的主题——五粮液人的质量观》，《世界标准化与质量管理》2001 年第 5 期。

卢亚群：《基于平衡计分卡的企业战略绩效评价体系研究》，《财会通讯》2013 年第 5 期。

马鸿佳、董保宝、葛宝山：《创业能力、动态能力与企业竞争优势的关系研究》，《科学学研究》2014 年第 3 期。

毛道维：《企业综合评价的趋势及理论》，《经济体制改革》2001 年第 2 期。

毛莉平：《泸州白酒产业园区竞争力研究》，重庆师范大学出版社 2016 年版。

孟宝、郭五林、尹奇凤、杨龙：《国内酒文化旅游研究现状分析及展望》，《酿酒科技》2014 年第 11 期。

宁宇新、李悦玲：《基于粗糙集的企业技术并购战略绩效评价方法》，《统计与决策》2016 年第 10 期。

裴长洪、王镭：《试论国际竞争力的理论概念与分析方法》，《中国工业经济》2002 年第 4 期。

蒲萍、普什：《抒写五粮液集团多元化发展的奇迹》，《中国西部》2002 年第 5 期。

强志源：《科技型中小企业战略绩效评价研究》，《价格理论与实践》2014 年第 5 期。

乔永忠、文家春：《国家知识产权战略实施绩效评估基本问题研究》，《科技管理研究》2009 年第 6 期。

芮明杰：《产业竞争力的"新钻石模型"》，《社会科学》2006 年第 4 期。

盛世豪:《产业竞争论》,杭州大学出版社 1999 年版。

石会娟、王俊芹、商翠敏:《河北省苹果产业竞争力评价研究——基于生产视角》,《中国果树》2019 年第 4 期。

史文雷、阮平南、徐蕾、魏云凤:《创造共享价值的企业战略实施绩效评价——基于改进 BSC 和 DEMATEL-ANP 方法的模糊综合评价模型》,《技术经济与管理研究》2019 年第 11 期。

舒显奇、陈庆、魏东:《四川邛崃白酒产业跨越发展的战略研究》,《农村经济》2012 年第 5 期。

宋政颖、王海杰:《××白酒集团渠道策略优化研究》,硕士学位论文,郑州大学,2016 年。

苏潮:《邛崃白酒产业竞争力分析》,电子科技大学出版社 2010 年版。

苏奎:《供给侧结构性改革背景下我国白酒产业新型增长路径探索》,《四川理工学院学报》(社会科学版) 2017 年第 1 期。

苏雅英、张向前、周岳亮:《基于 BSC 的快递企业绿色发展战略绩效评价》,《企业经济》2015 年第 10 期。

孙太清:《可持续发展理论之探讨》,《经济问题》2004 年第 1 期。

孙艳兵:《平衡计分卡在高新技术企业绩效管理中的应用》,《财会月刊》2019 年第 1 期。

谭力文、丁靖坤:《21 世纪以来战略管理理论的前沿与演进——基于 SMJ(2001—2012)文献的科学计量分析》,《南开管理评论》2014 年第 2 期。

唐杰、周勇涛:《企业知识产权战略实施绩效评价研究》,《情报杂志》2009 年第 7 期。

唐莉、王明利:《中国肉羊产业竞争力及影响因素分析基于成本效益视角》,《价格理论与实践》2018 年第 12 期。

唐桥:《我坚信,2013 年是蕴含重大机遇的一年》,《新食品》2013 年第 1 期。

唐涛:《基于"钻石模型"的产业集群竞争力研究——以泸州白酒产业工业园为例》,《现代经济信息》2012 年第 12 期。

陶建英:《浅析如何进一步推进企业文化建设机制》,《经济师》2020 年第 1 期。

陶忠元、唐秀玲：《中泰农机产品出口竞争力比较研究》，《价格月刊》2019 年第 8 期。

田泽、王莹、任芳容：《高质量发展视域下长江经济带先进制造业的生产效率评价》，《生态经济》2019 年第 11 期。

万小丽：《知识产权战略实施绩效评估中的专利质量指标及其作用研究》，《科学学与科学技术管理》2009 年第 11 期。

王迪、向欣、时如义、聂锐：《中国煤炭产能系统动力学预测与调控潜力分析》，《系统工程理论与实践》2017 年第 5 期。

王国春、范德宽、刘宁等：《"中国酒业大王"的桂冠是如何摘取的——五粮液酒厂企业文化建设调查》，《中外企业文化》1997 年第 2 期。

王国春、范德宽：《建设企业文化，促进经济发展：五粮液酒厂企业文化调查》，《中国软科学》1997 年第 9 期。

王化成：《中国会计指数研究报告 2017》，中国人民大学出版社 2019 年版。

王驾祥、罗明友：《质量是名酒的生命——五粮液酒厂质量管理调查与思考》，《理论与改革》1989 年第 2 期。

王岚：《五粮液企业文化》，中国轻工业出版社 2015 年版。

王雷、陈亮：《基于钻石模型的广西白酒业竞争力分析》，《广西轻工业》2010 年第 11 期。

王璐：《白酒企业全渠道营销模式构建研究》，《山西能源学院学报》2019 年第 2 期。

王思瑶：《基于哈佛框架的五粮液集团财务状况分析》，《现代商业》2019 年第 20 期。

王韬、丁杰、张进华：《企业战略绩效评价系统实证研究——基于结构方程模型》，《经济问题》2010 年第 4 期。

王韬、张进华、刘华：《基于二阶因子模型的企业战略绩效评价实证研究》，《情报杂志》2010 年第 3 期。

王天：《在中国白酒史册上书写传奇——中国"五粮液"集团公司创造名牌发展名牌纪实》，《中国食品工业》2001 年第 2 期。

王威、王永才：《论企业战略管理的重要性——基于"兴衰德亿"案例的分析》，《新一代》（理论版）2012 年。

汪莹：《产业竞争力理论研究述评》，《江淮论坛》2008 年第 2 期。

王应之、尹波：《"一带一路"倡议下四川白酒国际化探究》，《中国酿造》2018 年第 6 期。

王治：《基于 BSC 的大企业战略绩效综合评价及其灰色模糊模型》，《统计与决策》2010 年第 7 期。

魏后凯、吴利学：《中国地区工业竞争力评价》，《中国工业经济》2002 年第 11 期。

魏玲、张铁柱、高乐：《基于系统动力学的平衡计分卡理论及其应用》，《商业研究》2009 年第 7 期。

吴蓉：《中国的五粮液，世界的五粮液》，《新食品》2009 年第 24 期。

吴莎莎、何玉梅：《四川省泸州白酒产业集群的竞争力评价研究——基于 GEM 模型》，《中国商论》2016 年第 23 期。

奚晓鸣、田志宏、吴迎新：《BSC 与 ABC 在医院绩效管理中的运用》，《天津大学学报》（社会科学版）2015 年第 6 期。

夏思楠：《我国商贸流通业国际竞争力评价模型与历史转进》，《商业经济研究》2019 年第 21 期。

谢峰：《企业战略绩效评估及其提升的因素分析》，《湖北社会科学》2012 年第 9 期。

徐光华：《基于共生理论的企业战略绩效评价研究》，博士学位论文，南京农业大学，2007 年。

徐国祥、檀向球、胡穗华：《上市公司经营业绩综合评价及其实证研究》，《统计研究》2000 年第 9 期。

许晖、邹慧敏、王鸿义：《基于多重组织结构分析的国际化战略绩效评价——天士力集团国际化组织的案例研究》，《管理世界》2009 年第 S1 期。

许金叶、杨翌、许玉琴：《基于企业战略的绩效评价体系研究——以 F 公司为例》，《会计之友》2018 年第 6 期。

许良虎、万露：《基于可持续发展的企业社会责任战略绩效评价》，《财会通讯》2014 年第 23 期。

徐启琴、李松柏、何军等：《五粮液的新思维》，《企业管理》2010 年第 7 期。

杨晨、孙旋：《SCP 视角下区域知识产权战略实施绩效探析》，《科技进步与对策》2011 年第 5 期。

杨海余：《网络环境下产品开发的新模式》，《电子与信息化》2000 年第 11 期。

杨慧、殷为华：《钻石模型分析视角下山西杏花村酒业集群转型对策研究》，《世界地理研究》2015 年第 2 期。

杨柳：《中国白酒业的核心竞争力研究》，《酿酒》2006 年第 1 期。

杨柳、伏伦、王建民：《四川白酒区域品牌伞：理论逻辑与实施框架》，《酿酒科技》2019 年第 8 期。

杨柳、徐洁：《"一带一路"倡议下打造川酒"国家名片"的优势与思路》，《酿酒科技》2017 年第 9 期。

杨修发、许刚：《利益相关者理论及其治理机制》，《湖南商学院学报》2004 年第 5 期。

杨宇心、黄国光：《太阳的队阵——记"中国酒业大王"五粮液酒厂的名牌战略举措》，《当代》1996 年第 4 期。

杨志琴、李林：《"茅台""飞天"之谜——访茅台（集团）公司董事长季克良先生》，《酿酒科技》2004 年第 6 期。

尹文诚：《可持续发展：现代企业发展战略选择的新视角》，《内蒙古社会科学》1998 年第 2 期。

于丽艳、穆月英：《我国不同地区蔬菜产业竞争力聚类分析》，《中国蔬菜》2019 年第 8 期。

曾祥凤：《我国白酒产业战略转型路径研究》，《四川理工学院学报》（社会科学版）2017 年第 1 期。

邹涛：《传承为源，创新为变》，《新食品》2018 年第 18 期。

邹祖贵：《育企业文化之花，结两个文明之果——宜宾五粮液酒厂企业文化建设概貌》，《国内外经济管理》1991 年第 8 期。

左孝本：《抓住"三大机遇"：五粮液集团跨世纪的思考》，《中国西部》2000 年第 5 期。

左孝本：《诠释"酒业帝国"的世纪之谜——对"五粮液"十二个比较优势的调查研究》，《瞭望》2004 年第 38 期。

章成帅：《政府研发资助对企业 R&D 支出以及技术创新的效应研究——以大中型企业为例》，博士学位论文，中央财经大学，2017 年。

章家清、刘杜若：《中国白酒产业国际竞争力分析》，《商业现代化》2008 年第 5 期。

张浩、何明珂、张铁男、黄珍：《基于熵值法的企业战略绩效评价模型》，《统计与决策》2011 年第 7 期。

张敏、彭宇泓、吴书、范莉莉：《地方产业集群锁定效应研究——以中国白酒金三角（川酒）为例》，《软科学》2018 年第 11 期。

张仁萍、刘军荣、罗洁：《基于因子分析法的企业战略绩效评价——以白酒行业为例》，《企业经济》2016 年第 2 期。

张天舒、陈信元、黄俊等：《政治关联、风险资本投资与企业绩效》，《南开管理评论》2015 年第 18 期。

张学军、赵梦盈：《组合赋权法在平衡计分卡评价体系中的运用——以某白酒企业为例》，《会计之友》2017 年第 5 期。

张艳：《产业竞争力的相关理论及其模型分析》，《经济研究导刊》2009 年第 15 期。

赵冬青、王钦：《甘肃省经济绿色竞争力系统动力学仿真评价及预测》，《科技管理研究》2020 年第 11 期。

赵嘉茜、宋伟、叶胡：《基于链式关联网络的区域知识产权战略实施绩效评价研究——来自中国 29 个省高技术产业的实证数据》，《中国科技论坛》2013 年第 4 期。

郑春：《竞值架构视角下战略性人力资源管理对企业绩效战略实施影响分析》，《商业经济研究》2016 年第 3 期。

周虹、李端生、张苇锟：《战略性企业社会责任与企业绩效：顾此失彼还是两全其美?》，《经济与管理研究》2019 年第 6 期。

周婷婷、张浩：《COSO ERM 框架的新动向——从过程控制到战略绩效整合》，《会计之友》2018 年第 17 期。

朱承亮、岳宏志、李婷：《基于 TFP 视角的西部大开发战略实施绩效评价》，《科学学研究》2009 年第 11 期。

朱方霞、陈华友：《民生工程综合绩效的 TOPSIS 评价》，《统计与决策》2020 年第 6 期。

朱虎成：《白酒销售渠道模式优化研究》，《时代金融》2018 年第 10 期。

朱肖颖、吴红：《企业专利战略实施绩效的因子分析评价研究》，《科技管理研究》2010 年第 11 期。

Arefeh Rabbani, Mahmoud Zamani, Abdolreza Yazdani-Chamzini, Edmundas Kazimieras Zavadskas, "Proposing a New Integrated Model based on Sustainability Balanced Scorecard (SBSC) and MCDM approaches by Using Linguistic Variables for the Performance Evaluation of Oil Producing Companies", *Expert Systems With Applications*, Vol. 16, 2014.

Balassa B., "Trade Liberalisation and 'Evealed' Comparative Advantage", *Manchester School*, Vol. 33, No. 2, 1965.

Bernhard Swoboda, Lukas Morbe, Johannes Hirschmann, "International Strategy's Effects on Retailes' Local Implementation and Performance-Science Direct", *International Business Review*, Vol. 27, No. 3, 2018.

Charan, R. and Colvin, G., "Why CEO's fail?" *Fortune*, 1999.

Conant J. S., Varadarajan M., "Strategic types, Distinctive Marketing Competencies and Organizational Performance: A Multiple Measures-Based Study", *Strategic Management Journal*, Vol. 11, No. 5, 1990.

Das P. K., "Impact of Balanced Scorecard Implementation on Corporate Performance", *American Journal of Humanities and Social Sciences*, Vol. 7, No. 1, 2019.

Datta D. K., "Organizational Fit and Acquisition Performance: Effects of Post-acquisition Integration", *Strategic Management Journal*, No. 4, 1991.

Dias-Sardinha, L. Reijnders, P., "Antunes, From environmental Performance Evaluation to Eco-Effic iency and sustainability Balanced Scorecards", *Environmental Quality Management*, Vol. 12, No. 2, 2002

Epstein M. J., Wisner P. S. "Using a Balanced Scorecard to Implement Sustainability", *Environment al Quality Management*, Vol. 11, No. 2, 2010.

Fagerberg J., "User-producer Interaction, Learning and Comparative Advantage", *Cambridge Journal of Economics*, Vol. 19, No. 1, 1995.

Joanna L. Y. Ho, Anne Wu, Steve Y. C. Wu, Performance Measures, "Consensus on Strategy Implem Entation, and Performance: Evidence from the Operational-level of Organizations", *Accounting, Organizations and Society*, Vol. 39, No. 1, 2014.

Jorgenson D. W., Kuroda M., "Productivity and International Competitiveness in Japan and the Ited States, 1960-1985", *Economic Studies Quarterly*, Vol. 43, No. 11, 1991.

Kalender Z. T. , Vayvay Z. , "The Fifth Pillar of the Balanced Scorecard: Sustainability", *Procedia-Social and Behavioral Sciences*, 2016.

Kaplan R. S. , Norton D. P. , "Using the Balanced Scorecard as a Strategic Management System", *Harvard Business Review*, Vol. 74, No. 2, 1996.

Kaplan R. S. , Norton D. P. , "Having Trouble with Your Strategy? Then Map It", *Harvard Business Review*, Vol. 78, No. 5, 2000.

Kaplan R. S. , Norton D. P. , "The Balanced Scorecard-Measures That Drive performance", *Harvard Business Review* No. 1, 1992.

Karaalp H. S. Yilmaz N. D. , "Assessment of Trends in the Comparative Advantage and Competitiveness of the Turkish Textileand Clothing Industry in the Enlarged EU Market", *Fibres &Textiles in Eastern Europe*, Vol. 2, No. 3, 2012.

Lewy, Claude, Lex Du Mee, "The Ten Commandments of Balanced Scorecard Implementation", *Management Control and Accounting*, No. 5, 1998.

Ming-Tsang Lu, Chao-Che Hsu, James J. H. Liou, Huai-Wei Lo, "A hybrid MCDM and Sustainabil Ity-balanced Scorecard Model to Establish Sustainable Performance Evaluation for International Airports", *Journal of Air Transport Management*, Vol. 71, No. AUG, 2018.

Porter, Michael E. , *Competitive Strategy: Techniques for Analyzing Industries and Competitors*, New York: Free Press, 1980.

Porter M. E. , *The Competitive Advantage of Nations*, Lon-don: Macmillan, 1990.

Robert Kaplan, David Norton, "The Balanced Scorecard-Measures that Drive performance", *Harvard Business Review*, Vol. 1, No. 97, 1992.

Vanark B. , *Productivity and Competitiveness in Manufacturing: A Comparison of Europe, Japan and the United State*, Amsterdam: Elsevier, 1996.

Wagner K. , Ark B. V. , *International Productivity Differences: Measurement and Explanations*, Amsterdam: Elsevier, 1996.

Xepapadeas A. , Zeeuw A. , "Environmental Policy and Competitiveness: The Porter Hypothesis and the Composition of Capital", *Journal of Environmen-*

tal Economics & Management, Vol. 37, No. 2, 1999.

Xu J. , *Digital Enterprise Strategy Planning and Implementation*, Paris: Managing Digital Enterprise Atlantis Press, 2014.

Yamanashi T. , Yahagi T. , *Corporate's Competence in Formulation and Implementation of Strategy: Its Impact on Corporate Performance*, Germany: Springer Berlin Heidelberg, 1985.